Ilustraciones e infografías: undoestudio

Diseño y maquetación: undoestudio

ISBN: 978-84-16720-54-5

E-ISBN: 978-84-17545-03-1

Depósito legal: B-24.461-2018

Impreso por: MACROLIBROS, S.L.

Polígono Industrial de Argales – Vázquez de Menchaca, 9 – 47008 Valladolid

Impreso en España – *Printed in Spain*

MI NIÑO
come sano

Autora del *best seller* **Mis recetas anticáncer**

DRA. ODILE FERNÁNDEZ

con HEVA HERNÁNDEZ

COOKED
- BY URANO -

A nuestros niños,
Eire, Iker, Abel, Nacho y Adán
Gracias por enseñarnos el camino

Índice

Introducción

¡Hola!

Me llamo Odile Fernández, soy médico de familia, superviviente de cáncer de ovario y madre de tres niños: Nacho (2007), Iker (2013) y Eire (2016).

Desde que fui madre por primera vez empecé a interesarme por la alimentación saludable: quería ofrecerle a mi hijo lo mejor para que creciera sano. Pero realmente fue la intuición lo que me llevó a cambiar mi forma de comer, primero durante mi embarazo y, después, cuando mi hijo mayor comenzó con la alimentación complementaria. Como médico de familia, tenía poca formación oficial sobre nutrición saludable, así que fue mi instinto el que me fue guiando durante el proceso: más fruta y verdura, menos ultraprocesados, lactancia materna para mi peque, etc. Pero no fue hasta 2010, año en que me diagnosticaron un cáncer de ovario con metástasis, cuando realmente comencé a investigar y a formarme en el ámbito de la alimentación saludable. Mi cáncer estaba bastante extendido, y mis posibilidades de sobrevivir eran limitadas, así que necesitaba hacer algo que me ayudase a superar la enfermedad y a romper las estadísticas. Por eso, combiné el tratamiento médico oficial con un cambio de alimentación y de estilo de vida, basándome en las últimas publicaciones científicas. Ese cambio de alimentación, que mantengo ocho años después del diagnóstico, obviamente también repercutió en la alimentación de mi hijo. A partir de ese momento comencé a investigar sobre alimentación infantil saludable, conocimientos que he ido aplicando con mi hijo mayor y después con los dos pequeños, que nacieron años después de la enfermedad. Ahora quiero compartir contigo conocimientos y experiencias.

Cuando las mujeres nos convertimos en madres nos asaltan muchas dudas, y gran parte de ellas giran en torno a la alimentación infantil.

Queremos lo mejor para nuestros hijos, queremos alimentarlos bien para que crezcan sanos y fuertes, pero muchas veces no sabemos por dónde empezar. A veces tenemos mucha información, recibimos consejos: de vecinos, amigos, familiares, de los profesionales sanitarios, de la industria alimentaria, etc. Y en ocasiones esa información es contradictoria y nos hace dudar aún más. Leemos sobre el tema, buscamos información respaldada por estudios científicos, nos hacemos con ingredientes nuevos, preparamos recetas saludables y se las presentamos ilusionadas a nuestros hijos con la esperanza de que coman su plato con alegría, sabiendo que sus padres han preparado con cariño la mejor comida posible para ellos. Cuando nuestros niños ven el plato a veces se lo comen todo con auténticas ganas, pero muchas veces también lo rechazan nada más verlo, o lo prueban pero escupen la comida, o te dicen: «yo no quiero nada verde». La verdad es que es difícil hacer que los niños coman de modo sano, sobre todo si empezamos a cambiar su alimentación cuando son mayores de cinco o seis años y su paladar ya está acostumbrado a otro tipo de comida. Ni que decir tiene que si empezamos a hacerlo cuando son adolescentes tenemos por delante una ardua labor.

La transición hacia una alimentación saludable puede ser difícil. No hay trucos infalibles, a veces es cuestión de ensayo y error, y lo que funciona para un niño no funciona para otro. Lo que tengo claro que funciona es ponerle amor y paciencia, así como dar ejemplo. Si nos ven habitualmente comer de manera sana, tarde o temprano nos imitarán, pues nosotros somos el espejo donde se reflejan cuando son pequeños. Somos su modelo y tienden a imitarnos, en lo bueno y en lo malo. Ser padres se convierte en una excelente ocasión para cambiar los hábitos de alimentación y estilo de vida, para empezar a cuidarnos más.

Actualmente sabemos que sembrar hábitos de alimentación saludables desde el propio embarazo y a lo largo de los primeros años de vida es determinante para la salud de los niños a corto, medio y largo plazo. Que el riesgo de sufrir determinadas enfermedades en la vida adulta tales como diabetes, obesidad, enfermedades cardíacas o determinados cánceres puede verse influido por la alimentación en estos primeros años.

Por eso, es imprescindible contar con información fidedigna, basada en estudios científicos actualizados. Y eso es lo que quiero ofrecerte en este libro, unido a mi experiencia como madre de tres niños.

En el libro encontrarás tanto información teórica como práctica, con ricas y saludables recetas creadas con la colaboración de Heva Hernández, fotógrafa, bloguera, cocinera, vegetariana y amorosa madre de dos niños.

Puedes ir leyendo hacia delante o hacia atrás, puedes saltarte capítulos según la información que más te interese en cada momento. Puedes ir directamente a las recetas o empaparte primero de la teoría y luego lanzarte a la práctica. Si te quedas con ganas de más, puedes seguirme en las redes sociales (Facebook: Mi niño come sano; Instagram: Mi_nino_come_sano), donde vamos actualizando información sobre lactancia materna, Baby Led Weaning (BLW), alimentación infantil y durante el embarazo, y nuevas y deliciosas recetas para toda la familia.

Antes de que empieces a leer quiero pedirte un favor. Si te apetece, comparte tus recetas saludables y tu experiencia y peripecias con el cambio de alimentación conmigo y con todas las familias interesadas en este tipo de alimentación. ¿Por qué te pido esto? Porque me he dado cuenta en estos once años de crianza de que, compartida, la crianza es mejor. Encontrarte con otras familias que están sumergidas en el mismo tipo de crianza que tú hace que la maternidad/paternidad sea un poco más fácil, porque sentir el apoyo, aunque sea virtual, de otras familias hace que los días negros se vean más grises y que los días claros brillen aún más. Síguenos en las redes y comparte tu experiencia con el *hashtag* #miniñocomesano. ¡¡Gracias!!

¿Estás preparado? Empecemos.

:fb: Mi niño come sano
:ig: mi_nino_come_sano

1.000 primeros días de vida. Sentando las bases de la salud futura

1.
La alimentación de los 1.000 primeros días. Empezando la vida con buen pie

Embarazo + año 1 + año 2 = 1.000 primeros días

Los 1.000 primeros días en la vida de un niño constituyen la fase más importante de su desarrollo. Comienzan en el momento de la concepción hasta el nacimiento (270 días) y continúan hasta el segundo año de vida (730 días).

Lo que comemos durante el embarazo y todo aquello con lo que alimentamos a nuestros hijos durante sus primeros 1.000 días de vida determina su salud, bienestar y el desarrollo de su cerebro para el resto de su vida[1] y es la clave para una futura vida sana. Se trata de una oportunidad única y crítica para asegurar una nutrición óptima y, por tanto, es realmente importante que intentemos darles la mejor alimentación posible en estos primeros años. Este período es la ventana crítica en el desarrollo del niño, ya que implica cambios trascendentes para su salud y brinda una oportunidad única para que obtengan los beneficios nutricionales e inmunológicos que necesitarán el resto de su vida[2]. En esta etapa se forman la mayor parte de los órganos, los tejidos y también el potencial físico e intelectual de cada niño. Se desarrollará la inteligencia y se asentarán los hábitos de alimentación.

La idea de los 1.000 primeros días se basa en evidencias científicas, surge como una estrategia de salud pública para ser implantada por los diferentes gobiernos para promocionar la salud desde el momento de la concepción. Se ha demostrado que seguir las recomendaciones propuestas para estos 1.000 primeros días favorece la salud de los niños y un óptimo crecimiento y desarrollo fetal e infantil[3]. Una buena alimentación durante esta etapa traerá beneficios para toda la vida y tendrá un impacto profundo en la capacidad del niño para crecer, aprender y prosperar, además de un efecto duradero en su salud.

Para que los niños alcancen su máximo potencial, es necesario que se nutran de manera adecuada, pero que además sean estimulados y criados con cariño y apego, pues esto influirá en su desarrollo cognitivo y emocional.

En estos primeros momentos, la malnutrición, tanto por defecto como por exceso, puede causar daños irreversibles en el desarrollo cerebral del niño y en su crecimiento físico, lo que conduce a una menor capacidad de aprendizaje, un rendimiento escolar más bajo y una mayor susceptibilidad a las infecciones y enfermedades como la obesidad, la diabetes, el cáncer o las enfermedades cardiovasculares.

En estos 1.000 primeros días debemos asegurar una cantidad adecuada y variada de nutrientes, y para eso debemos empezar a cuidar lo que come la embarazada.

El reloj de los primeros 1.000 días no se puede reiniciar; por ese motivo es indispensable que médicos, pediatras, enfermeros, maestros y padres tengan información nutricional veraz y contrastada. El objetivo de este libro es brindaros a padres y profesionales las herramientas teóricas y prácticas necesarias para ofrecer a toda la familia un asesoramiento nutricional actualizado que alimente de manera saludable a niños y futuros adultos sanos. Desgranaremos esos 1.000 primeros días en los siguientes capítulos.

1.1.
La alimentación durante el embarazo

Durante el embarazo, los bebés dependen por completo de sus madres para obtener los nutrientes que necesitan para que sus cuerpos crezcan y sus órganos se desarrollen adecuadamente.

Estar embarazada puede ser el mejor incentivo para empezar a comer de forma más saludable, sabiendo que lo que comamos afecta al desarrollo de nuestros hijos.

La nutrición de la madre afecta el crecimiento del feto, y de igual forma impacta en el desarrollo durante su infancia y la salud en la edad adulta. La salud futura y el crecimiento del niño se programan durante esta fase y de hecho se habla de "programación fetal intra útero"[1]. Existe la suficiente evidencia experimental y clínica para sugerir que patologías como la hipertensión arterial, la enfermedad isquémica coronaria, la obesidad, el síndrome metabólico y la diabetes *mellitus* tipo 2; pueden «programarse» durante las primeras etapas del desarrollo fetal y manifestarse en etapas tardías[2] en función de la alimentación de la madre y de los factores medioambientales que rodean a la embarazada (exposición al humo del tabaco, contaminación ambiental, tóxicos, etc.). Un creciente cuerpo de evidencia científica está descubriendo cómo la calidad de la dieta de la madre durante el embarazo afecta al metabolismo de su futuro hijo y a su riesgo de desarrollar enfermedades en la vida adulta.

Durante el embarazo, la nutrición de la madre impulsa el desarrollo del cerebro en rápido crecimiento del bebé. ¡Cuando nazca nuestro bebé, su cerebro contendrá cien mil millones de neuronas!

Una dieta saludable durante el embarazo también asegura que el bebé nazca con un peso saludable, ni demasiado grande ni demasiado pequeño, lo que reduce el riesgo de complicaciones en el nacimiento y futuros problemas de salud. ¿Sabías que las niñas que nacen demasiado grandes tienen más riesgo de sufrir cáncer de mama[3]?

La dieta de la madre durante el embarazo incluso prepara el escenario para las preferencias alimentarias del niño en los primeros años. Increíblemente, los sentidos del olfato y del gusto de los bebés comienzan a desarrollarse durante el primer trimestre, lo que significa que toda la "degustación" temprana que un bebé hace en el útero puede influir en el tipo de alimentos que le gustarán en el futuro. Así, el embarazo es el mejor momento para comenzar a entrenar esas pequeñas papilas gustativas[4].

Claves para un embarazo saludable

Lo ideal para un embarazo saludable es que la embarazada:

1. *Tenga entre 19 y 35 años*
2. *Su peso sea normal (IMC 20,46 kg/m²)*
3. *No fume, no beba y no consuma drogas*
4. *No tenga patologías crónicas, ni anemia*
5. *Tenga una alimentación saludable*

Hay factores que podemos modificar y otros que no. La edad del embarazo no siempre se puede elegir, y si tenemos una enfermedad o no tampoco, pero los otros tres factores sí son modificables, y debemos hacer especial hincapié en ellos.

¿Qué implica tener una alimentación saludable durante el embarazo?

Durante el embarazo, las necesidades de energía, proteínas, vitaminas, minerales y ácidos grasos aumentan para asegurar el correcto desarrollo del feto, y por eso la alimentación de la madre debe adaptarse. Vamos a ir desgranando cuál es esa alimentación adaptada a las necesidades del feto.

En resumen:

Si estás embarazada debes saber que:

1. Durante el embarazo, el bebé "come" lo que come la madre. Todos los nutrientes que obtiene un bebé provienen de su madre. Hay que comer para dos, no por dos.

2. Las madres necesitan una dieta saludable, basada en alimentos ricos en ácido fólico, hierro, calcio, vitamina C y omega 3 para apoyar el crecimiento de su bebé y el desarrollo del cerebro.

3. La calidad de la nutrición de la madre puede influir en la salud de un niño durante toda su vida, incluidas sus predisposiciones a padecer ciertas enfermedades.

4. La dieta prenatal de la madre puede influir en las preferencias de sabor y alimentos del bebé.

Claves para comer rico y sano durante el embarazo

Nuestro cuerpo convierte lo que comemos en nutrientes para nosotras y para nuestro bebé, así que debemos asegurarnos de que lo que comamos y bebamos esté repleto de dichos nutrientes.

Comiendo una amplia y variada selección de comida saludable, fresca y ecológica estaremos dándole a nuestro bebé el mejor comienzo posible.

Durante el embarazo son particularmente importantes los siguientes nutrientes:

1. Ácido fólico o vitamina B9

El ácido fólico es una vitamina necesaria para el crecimiento celular. Es una vitamina muy sensible a la luz y al calor. Se disuelve fácilmente en el agua de cocción, por lo que es importante ingerir alimentos crudos que la contengan. Se recomienda la ingesta de 200-400 microgramos al día. Se encuentra en las **hortalizas de hoja verde, zanahorias, tomates, brócoli, levadura nutricional y frutos secos.**

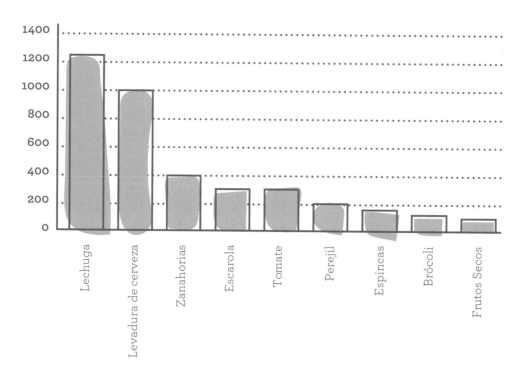

Ácido fólico. Microgramos / 100 g

La recomendación de la Organización Mundial de la Salud es que "todas las mujeres, desde el momento en que comienzan a intentar quedarse embarazadas hasta las 12 semanas de la gestación, deben tomar suplementos de ácido fólico (400 µg de ácido fólico al día)".

Un **déficit de ácido fólico en el embarazo** se ha relacionado con defectos del tubo neural tales como **espina bífida o anencefalia** (niños que nacen sin cerebro), y por eso se recomienda que se tome desde tres meses antes de quedarse embarazada hasta por lo menos la semana doce de gestación, tras la que el tubo neural ya se ha formado. Un déficit de esta vitamina también se ha asociado a más riesgo de **labio leporino o paladar hendido.**

¿No basta entonces con una dieta rica en folatos?

Parece que no, no basta con una dieta rica en folatos para cubrir la dosis necesaria de esta vitamina en una mujer embarazada, ya que:

> *Una media del 70% de los folatos contenidos en los alimentos se destruye por el calor, la cocción, el contacto con el aire y el tiempo de almacenamiento del alimento. Las verduras pierden hasta el 80% cuando las cueces.*

Pero ¿puede haber algún riesgo si consumimos un exceso de ácido fólico?

Las últimas investigaciones han hecho saltar las alarmas, pues algunos estudios han relacionado una sobresuplementación de ácido fólico con un mayor riesgo de autismo[5].

En un estudio realizado en la Universidad de Johns Hopkins los investigadores hallaron que si una madre tiene un alto nivel de folato en sangre (>60,3 nmol/L), justo después de parir —como cuatro veces más del recomendado—, el riesgo de que su hijo padezca un trastorno del espectro autista (TEA) es el doble con respecto a aquellas madres que tienen unos niveles normales de este componente. Asimismo, aquellas que tenían altos niveles de vitamina B12 triplicaban el riesgo de desarrollar un TEA. Si tuvieran los dos factores muy altos, esta predisposición aumentaría 17,6 veces el riesgo, según el estudio. Los investigadores vieron que las madres que tomaban el suplemento de ácido fólico entre 3-5 veces por semana durante el embarazo tenían menor riesgo de tener un hijo con autismo, y sin embargo, las que lo tomaban más de cinco veces a la semana o, por el contrario, lo tomaban menos de dos veces por semana tenían más riesgo de tener un hijo autista[6].

La muestra para la investigación fue de 1.257 madres que dieron a luz entre los años 1998 y 2013, y se les hizo seguimiento en el tiempo. Los resultados indicaron que una de cada diez mujeres tenía niveles excesivos de ácido fólico y seis de cada cien presentó niveles altos de vitamina B12. Los autores señalan como causas de este exceso de ácido fólico el hecho de tomar demasiados suplementos vitamínicos, o la posibilidad de que algunas mujeres estén genéticamente predispuestas a la absorción de mayores cantidades de folato, tengan un metabolismo más lento o suceda una combinación de ambos factores.

Sin embargo, otros estudios no han encontrado esta asociación, aunque la madre tome el suplemento a diario[7].

Y entonces ahora, ¿qué hacemos? Parece que mientras no sobrepasemos los 400 microgramos diarios de ácido fólico no hay ningún efecto adverso, pero el problema es que algunos suplementos para embarazadas contienen hasta 800 microgramos, y algunas embarazadas toman el suplemento de ácido fólico que les ha prescrito el médico de familia y también el "súper suplemento" para embarazadas que les ha recomendado el ginecólogo privado. Así que, ojo a los suplementos en el embarazo. Revisa lo que estás tomando.

La creencia general con la mayoría de los suplementos vitamínicos es que su consumo en grandes cantidades no es perjudicial porque el cuerpo eliminará los excesos, pero parece que no es el caso con el ácido fólico y la vitamina B12.

Recomendación:

> *1. Tomar un suplemento diario de ácido fólico diario, pero solo uno, insisto (no más de 400 microgramos) al menos las doce primeras semanas.*

> *2. Tomar una dieta rica en folatos.*

2. Calcio

El calcio es necesario para una correcta formación de los huesos y dientes del feto. El calcio es esencial para la estructura ósea, la transmisión del impulso nervioso, la excitabilidad neuromuscular, la coagulación, la permeabilidad celular y la activación enzimática.

El bebé va a recibir un aporte adecuado de calcio aunque la madre no lo ingiera, porque lo "secuestra". Para asegurarnos de que la cantidad de calcio que recibimos tanto las embarazadas como los bebés es adecuada, debemos aumentar la ingesta de calcio en la dieta.

¿De dónde obtenemos el calcio? Fuentes de calcio

Pensemos en lo que comen los animales que tienen unos huesos fuertes y robustos: vacas, caballos, rinocerontes, elefantes... Todos ellos comen **hojas verdes**. Las hojas verdes son muy ricas en calcio y magnesio.

Los alimentos ricos en calcio son: **algas, sésamo, brócoli, frutos secos, higos secos, coles, berros, berenjenas, espinacas, puerros, garbanzos, lentejas, leche** y derivados.

En principio, si la dieta es saludable, la suplementación no es necesaria.

Calcio. Mg / 100 g de alimento

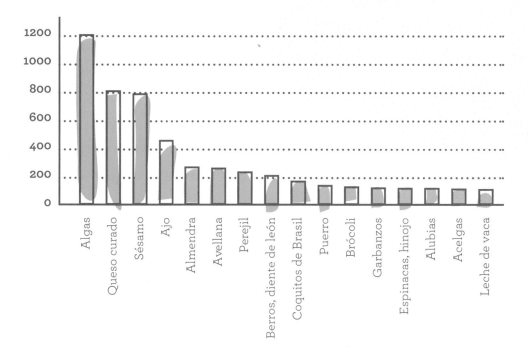

3. Vitamina D

Es esencial para el correcto funcionamiento de nuestro organismo. Participa en la formación y el mantenimiento de los huesos y dientes, regula el sistema nervioso e inmunológico y permite la absorción de algunas sustancias esenciales como el calcio o el fósforo. Regula nuestro estado de ánimo y es esencial en la regulación del crecimiento celular, ayudándonos a prevenir ciertos tipos de cáncer cuando los niveles de esta vitamina en sangre se encuentran en niveles óptimos.

Una falta de esta vitamina no solo puede poner en peligro el desarrollo adecuado del sistema musculoesquelético del feto, sino que puede aumentar el riesgo de que se produzcan algunas alteraciones y complicaciones propias del embarazo.

Diversos estudios han aportado pruebas de que las mujeres embarazadas que toman suplementos de vitamina D (solos o combinados con calcio) de forma regular durante el embarazo presentan menor riesgo de complicaciones como **preeclampsia** o **parto prematuro**[8]. En esta línea, aunque todavía los resultados no son concluyentes, también se ha observado que aquellas mujeres con niveles adecuados de esta vitamina presentan menor riesgo de **diabetes gestacional**[9].

Incluso los niveles de vitamina D deficitarios durante el embarazo se han relacionado con mayor riesgo de **asma** en la infancia[10] y dolencias futuras como **enfermedades autoinmunes, enfermedad cardiovascular, diabetes y cáncer**[11].

Los beneficios que aporta la vitamina D no son exclusivos del proceso del embarazo, sino que se extienden hasta el futuro próximo de la mujer ya que, a largo plazo, aquellas mujeres que durante el embarazo toman cantidades adecuadas de calcio y de vitamina D tienen menos probabilidades de desarrollar problemas óseos como la **osteoporosis**.

Por lo que respecta al feto los beneficios de tener unos niveles adecuados de esta vitamina se reflejan en un menor riesgo de **parto prematuro** y/o de tener un **recién nacido con bajo peso al nacer** en comparación con aquellas mujeres que presentan carencias de esta vitamina[12]. Los recién nacidos con déficit de vitamina D tienen más riesgo de nacer con **raquitismo, osteopenia o craneotabes** (reblandecimiento y adelgazamiento del cráneo).

Incluso se ha relacionado el déficit de vitamina D con un mayor riesgo de nacimiento por **cesárea**[13], siendo la cesárea cuatro veces más frecuente en mujeres con déficit de vitamina que en mujeres con niveles de vitamina D óptimos[14].

A diario necesitamos obtener entre 200-400 UI de vitamina D al día y para eso debemos tomar el sol a diario, consumir alimentos ricos en vitamina D y probablemente necesitemos tomar un suplemento para llegar a estos requerimientos.

Aunque vivamos en zonas donde el sol está asegurado, se ha observado en multitud de estudios que en estos sitios muy soleados también existe un déficit considerable de esta vitamina. Por ejemplo, en un estudio realizado en países soleados como Arabia Saudí, Australia, España, Turquía e India, entre el 30-50% de los niños y adultos presentaban deficiencia de vitamina D. Se calcula que entre el 20-40% de las embarazadas presentan un déficit de esta vitamina[15] y, en consecuencia, son muchos los recién nacidos que nacen con este déficit.

¿Cómo saber si tenemos déficit de vitamina D?

Con un análisis de sangre. Cuando tengas que someterte a un chequeo rutinario durante el embarazo, pide a tu médico que mida los niveles de vitamina D en sangre. Diferentes estudios ya apuntan que comprobar los niveles de vitamina D durante el embarazo debería ser rutinario, y sin embargo, esto no suele hacerse.

Si los niveles son inferiores a 20 ng/ml hay un déficit y es necesaria la suplementación.

Lo ideal es que los niveles de vitamina D de la embarazada sean superiores a 30 ng/ml.

¿Cómo obtenemos la vitamina D?

- *Exposición al sol. Debemos exponernos 20 minutos como mínimo a diario (entre las 10 de la mañana y la una de la tarde) al sol para sintetizar vitamina D en nuestra piel a través de los rayos ultravioleta B.*

- *Consumiendo alimentos ricos en vitamina D: pescado azul y huevo ecológico.*

- *Suplementar con 800-1000 UI al día[16]. La Academia Canadiense de Pediatría y el Colegio Americano de Obstetricia y Ginecología incluso recomiendan consumir 2.000 UI diarias. En el caso de los recién nacidos, se recomienda suplementar durante el primer año con 400 UI al día.*

La mayoría de suplementos para embarazadas disponibles en el mercado contienen 400 UI, cantidad insuficiente para alcanzar unos niveles óptimos de vitamina D. Por ello, quizás debas tomar un suplemento únicamente de vitamina D3 para alcanzar los 800 UI al día.

4. Hierro

El déficit de hierro es el déficit de nutrientes más frecuente en embarazadas. Las necesidades de hierro se ven incrementadas durante el embarazo y, en ocasiones, un aporte adecuado a través de la dieta resulta insuficiente. A veces, cuando el déficit de hierro es importante aparece anemia ferropénica. El déficit de hierro perjudica al rendimiento cognitivo y al desarrollo físico de los recién nacidos.

El hierro forma parte de la hemoglobina de la sangre. Interviene en el transporte de oxígeno a las células, por lo que es muy importante para que nuestras células estén bien oxigenadas. Interviene en los procesos de respiración celular mediante los cuales la célula obtiene energía.

La vitamina C ayuda a nuestro cuerpo a absorber el hierro de los alimentos que tomamos. Tomar alimentos ricos en vitamina C a diario, junto con alimentos ricos en hierro, nos ayudará a absorberlo. Los alimentos ricos en vitamina C son: naranjas, frutos rojos, tomates y vegetales de hoja verde como la col rizada, las espinacas y el brócoli.

Es habitual que cuando nos prescriben un suplemento con hierro nos recomienden que lo tomemos junto a un vaso de zumo de naranja. Ahora ya sabes el motivo de esta recomendación.

La suplementación con hierro durante el embarazo se ha asociado a menor riesgo de bajo peso al nacer, además de ayudar a prevenir la anemia y el déficit de hierro durante el embarazo. Pero, ojo, el hierro en suplementación no siempre es bien tolerado y hay riesgo de sobredosificación. Nuestro suplemento no debería contener más de 45 mg/día de hierro, siendo lo ideal 30 mg/día.

Hierro. Mg / 100 g

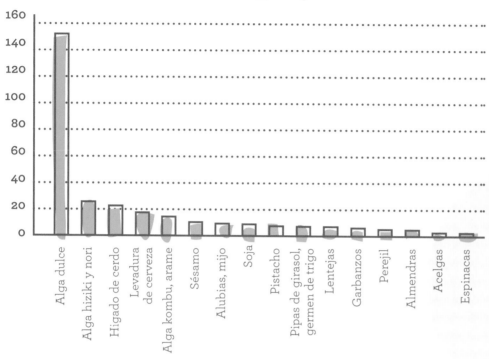

5. Omega 3

En los últimos años se está ampliando la investigación en torno a los ácidos grasos omega 3 y su relación con un embarazo saludable.

Los omega 3 son ácidos grasos esenciales que nuestro organismo es incapaz de producir, pero los necesitamos para mantener nuestro cuerpo en perfecto funcionamiento. Como el organismo no los sintetiza, los obtiene de la dieta. Los omega 3 participan en la formación de las membranas celulares, el desarrollo del cerebro, la elasticidad de los vasos sanguíneos, la coagulación y la respuesta inflamatoria e inmunitaria. Los **omega 3** se transforman en **ácido docosahexaenoico (DHA) y eicosapentaenoico (EPA)**.

Los requisitos del omega 3 durante el embarazo no se han establecido, pero probablemente superan los requeridos fuera del período de gestación.

Los ácidos grasos omega 3 son críticos para el desarrollo del sistema nervioso del feto, en especial del cerebro y los ojos. Un **déficit de omega 3** se ha relacionado con mayor riesgo de **preeclampsia[17], parto prematuro y bajo peso al nacer**[18].

Diversos estudios han demostrado que cuando las madres toman cantidades óptimas de omega 3 durante el embarazo, sus hijos muestran una mayor coordinación ocular y desarrollo psicomotor[19, 20].

La mayoría de las mujeres embarazadas probablemente no consuman suficientes ácidos grasos omega 3 porque la fuente principal de la dieta es el pescado azul, las semillas y los frutos secos, y estos no son alimentos que suelan consumirse con frecuencia.

Para que las mujeres embarazadas obtengan los ácidos grasos omega 3 adecuados, deben consumir[21]:

- *2 raciones semanales de pescado azul y/o marisco: sardina, boquerón, caballa, salmón, gambas, bacalao...*

- *½ cucharada de aceite de lino o 2 cucharadas de semillas de lino o chía molidas. Mejor consumir semillas de lino que aceite de lino, porque un estudio de la Universidad de Montreal encontró un leve riesgo de parto prematuro entre las mujeres que consumieron este aceite durante el segundo y tercer trimestre del embarazo, riesgo que no se observó con las semillas de lino.*

- *1 ración diaria de frutos secos crudos sin sal, preferiblemente nueces.*

- *Suplemento de omega 3 (a base de aceite de pescado o ácido docosahexaenoico y a base de algas para veganas). Lo ideal son 400-550 mg de omega 3, de los cuales 225 mg deberían ser de DHA.*

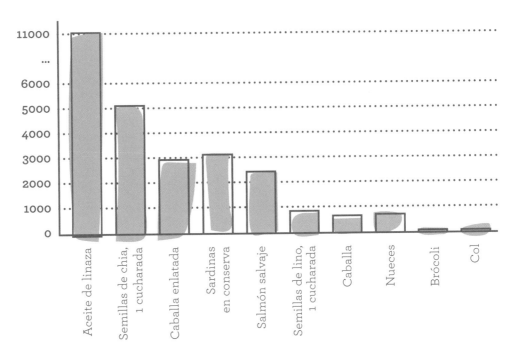

Omega 3. Mg / 100 g

En principio, si tomamos pescado azul pequeño o marisco dos veces por semana, más semillas de lino y chía, no necesitamos tomar un suplemento. En caso de no tomar suficiente pescado o de seguir una dieta vegetariana, te recomiendo un suplemento de omega 3 a base de algas, para así evitar la contaminación por metales pesados del pescado y el consumo de la vitamina A que contienen habitualmente los suplementos a base de aceite de hígado de bacalao, y que se ha demostrado que pueden ser contraproducentes para el feto.

El momento en el que el feto requiere mayor aporte de omega 3 para su correcto desarrollo parece que coincide con el segundo y, en especial, con el tercer trimestre de gestación, y de ahí en adelante hasta los 18 meses de vida.

6. Yodo

El yodo es necesario en el embarazo y durante el primer año de vida porque favorece el desarrollo del sistema nervioso, y en concreto del cerebro del niño. El yodo es necesario para el metabolismo adecuado de las células, es decir, para el proceso de conversión de los alimentos en energía. Las personas necesitamos el yodo para el buen funcionamiento de la tiroides y para la producción de las hormonas tiroideas. Además, este juega un papel fundamental en el crecimiento y desarrollo de todos los órganos, especialmente del cerebro.

Si nos falta yodo de forma crónica puede aparecer hipotiroidismo. Los hijos de mujeres hipotiroideas no tratadas pueden presentar problemas de aprendizaje y desarrollo, es el llamado **cretinismo**. Además, su déficit puede ocasionar **retraso del crecimiento intrauterino, hipoacusia** (sordera) y aumento de la **morbimortalidad perinatal**.

Un bajo aporte de yodo durante el embarazo puede afectar al desarrollo del cerebro del niño. Para suplir esta posible carencia se recomienda tomar sal yodada y un suplemento de 200 mcg de yodo al día en el embarazo y durante la lactancia.

Los mariscos y pescados también son una importante fuente de yodo, así como las algas.

En España, en donde casi todo el mundo toma sal yodada, parece que este es un suplemento que podría obviarse tan solo reforzando la toma de sal yodada, consumiendo pescado con frecuencia y, con mucha moderación, las algas (hablaremos de ellas más adelante).

7. Vitamina A, un suplemento que no debes tomar si estás embarazada.

La vitamina A contribuye al mantenimiento y desarrollo de los tejidos, desempeña funciones esenciales en la visión y el crecimiento óseo, así como en el sistema inmunitario y en el nervioso. Durante el embarazo, todas estas acciones se llevan a cabo también en el feto. Por ello, es esencial un aporte adecuado de esta vitamina durante toda la gestación. No obstante, al ser una vitamina soluble en grasa, el organismo tiene reservas de ella y no suele ser necesario un aporte extra. Sin embargo, esta vitamina suele estar presente en muchos suplementos para embarazadas y hay que tener en cuenta que un aporte excesivo de vitamina A puede producir toxicidad.

La vitamina A está implicada en procesos de división celular y crecimiento. Dosis excesivas ingeridas durante el embarazo pueden provocar la interrupción del mismo. También pueden causar la aparición de anomalías congénitas en el feto, como malformaciones craneofaciales (cara y cráneo) que incluyen la falta o malformación del pabellón auricular, frente estrecha, nariz muy pequeña y ojos separados de la línea media. Se ha documentado asimismo que el exceso de esta vitamina puede provocar anomalías cardíacas, alteraciones en el sistema nervioso y en el desarrollo del timo, un órgano relacionado con la inmunidad.

Para asegurarnos un buen aporte de vitamina A basta con consumir frutas y hortalizas ricas en betacarotenos, que son aquellas de color naranja, rojo y amarillo, así como huevos y lácteos.

1.2. De 0 a 12 meses. Primer año de vida. Lactancia materna a demanda como ideal de alimentación. Inicio de la alimentación complementaria

El primer año es el momento en el que se realizan los mayores cambios en la alimentación durante la vida de un niño y es un periodo trascendente para él. En esta edad, nos centraremos en la lactancia y en la introducción de la alimentación complementaria. Gran parte de este libro está dedicado a esos dos grandes temas.

El principal alimento durante el primer año de vida debería ser la lactancia materna (LM) y, en caso de no ser posible, la lactancia artificial (LA). La lactancia materna o artificial deberían ser el único alimento que tomase un recién nacido durante los primeros seis meses de vida. A partir de los seis meses se pueden empezar a ofrecer alimentos, pero la base seguirá siendo la LM o la LA. Veremos cómo introducir la alimentación complementaria de manera saludable.

Lactancia materna y lactancia artificial

La leche materna es un alimento único e irremplazable, debido a que suministra todos los nutrientes que garantizan un desarrollo adecuado, previene infecciones y favorece el vínculo madre-hijo[22]. Cuando no se puede alimentar con lactancia materna se aconseja utilizar fórmulas de inicio.

La composición nutricional de la leche materna está influenciada en parte por la alimentación materna, por lo que durante este periodo la madre debe tener una completa y adecuada nutrición.

Una nutrición óptima del niño durante esta ventana crítica del desarrollo humano no solo salva vidas, sino también mejora el desarrollo cognoscitivo y el rendimiento escolar[23].

El tipo de lactancia, la duración de la lactancia materna y el momento de introducción de los sólidos en la dieta se han considerado como puntos importantes en la patogenia de algunas enfermedades, como la alergia, la obesidad o la enfermedad celiaca, cuya prevalencia en nuestra población se está incrementando de manera alarmante.

La LM ayuda a prevenir la obesidad, tanto que por cada mes de LM que reciba un bebé hay una disminución del 4% de riesgo de obesidad.

Una patología muy prevalente en la etapa infantil es la alergia. Las alergias están aumentando de manera considerable en los últimos años, y la lactancia materna nos ayuda a prevenirla. Pero como no siempre es posible ofrecerla, también hay medidas que podemos adoptar para su prevención o tratamiento. Se pueden tomar medidas de prevención cuando el niño tiene dermatitis atópica manifiesta o hay antecedentes familiares de enfermedades alérgicas y la lactancia materna no sea posible. En esos casos se recomienda usar fórmulas extensamente hidrolizadas de caseína (eHF-C) o hidrolizados parciales de proteínas del suero láctico[24].

Alimentación Complementaria

A partir de los seis meses se introduce la alimentación complementaria y del sexto al duodécimo mes se asienta la futura relación del niño con la comida. Los alimentos a ofrecer durante esta etapa deben ser saludables y debemos evitar los alimentos ultraprocesados, los azúcares libres, la sal y las grasas trans. A la alimentación complementaria dedicaremos un amplio capítulo, pero os adelanto que para mí la forma ideal de iniciar la alimentación es practicando el método **Baby Led Weaning.**

1.3. De 12 a 24 meses. Segundo año de vida. Sentando las bases de la alimentación del futuro

La etapa prenatal y los primeros dos años de vida constituyen un período crítico para el desarrollo cognitivo, del lenguaje y de las destrezas sociales y emocionales de las personas. Lo que sucede con un niño durante esta etapa es determinante para su bienestar presente y futuro: el 40% de las habilidades mentales del adulto se forman en los dos primeros años de vida. Los mayores cambios ocurren en el cerebro y se dan durante los primeros dos años de vida. Se trata del período de la vida en que el cerebro experimenta un crecimiento único: su tamaño se duplica y el número de sinapsis neuronales crece exponencialmente. Este crecimiento y desarrollo cerebral está determinado en gran parte por una buena nutrición, pero también por la experimentación y la vivencia de experiencias emocionales enriquecedoras. El niño necesita buenos alimentos, mucho cariño, apego, juego y estimulación para un óptimo desarrollo cerebral.

La leche materna sigue jugando un papel fundamental en la alimentación del niño, y la OMS recomienda continuar la LM hasta los dos años como mínimo.

En esta etapa nos vamos a centrar en fomentar un correcto desarrollo del sistema nervioso central y en centrar las bases para la prevención de la obesidad.

Para un correcto desarrollo cerebral y del sistema nervioso los niños necesitan consumir:
Hierro, calcio, vitamina D, proteínas y ácidos grasos omega 3.

El ácido omega 3 es particularmente necesario para el crecimiento del cerebro y el sistema nervioso, para prevenir la inflamación y para el correcto funcionamiento de los ojos y el cerebro.

Los alimentos que aportan omega 3 son:

- *Semillas de lino y chía.*
- *Pescado azul, como las sardinas, la caballa o el salmón.*
- *Huevos enriquecidos con omega 3.*
- *Leche materna.*
- *Frutos secos, en especial las nueces.*

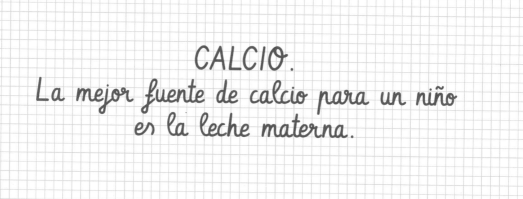

CALCIO.
La mejor fuente de calcio para un niño
es la leche materna.

OBESIDAD, un problema cuya raíz está en los dos primeros años de vida

Un factor que parece que se relaciona con la obesidad en la edad adulta es la rápida ganancia de peso o el ser grande durante los dos primeros años de vida[25]. Los lactantes más "gorditos" o aquellos que crecen rápidamente durante los dos primeros años tienen un mayor riesgo de obesidad posterior. La excesiva ganancia de peso durante los primeros 24 meses es el mejor predictor de sobrepeso en la edad escolar. Tener niños rechonchos, que es una aspiración de la mayoría de madres y abuelas de este país, es en realidad un factor de riesgo de enfermedad.

Una elevada ingesta de proteínas en la infancia temprana puede incrementar el riesgo de obesidad y otras patologías en edades posteriores[26]. Y en nuestro país, los niños toman mucha más proteína de la recomendada, en especial mucha más carne y lácteos de los recomendados, como veremos más adelante. Según el proyecto ALSALMA, el 95,9% de niños de entre 7-36 meses presentan un exceso de proteínas en la ingesta diaria de nutrientes, consumiendo cuatro veces más de la ingesta diaria recomendada[27]. Las proteínas que toman estos niños provienen de carne, pescado, huevo y lácteos. Se cree que la ingesta proteica estimula la secreción del factor de crecimiento, semejante a la insulina (IGF-I), que lleva a la proliferación celular, acelera el crecimiento y aumenta el tejido adiposo y con ello la obesidad.

Consejos para una alimentación saludable durante el segundo año de vida

- Ofrecer variedad de alimentos saludables.

- Ofrecer cereal integral a diario.

- Añadir muy poca sal a la comida y que la que se use sea yodada.

- Reducir o eliminar los productos ricos en azúcares libres como golosinas, chuches, dulces, helados y refrescos.

- Ofrecer agua con frecuencia.

- Ofrecer fruta y hortalizas a diario, 5 raciones al día como mínimo, aunque lo ideal son 8-9.

- Reducir la cantidad de carne que se ofrece a una o dos veces por semana. Como alternativa, ofrecer proteína vegetal, como legumbres, frutos secos, semillas y cereales.

2.
Alimentación saludable durante el embarazo

Como ya hemos visto, la alimentación durante el embarazo es fundamental para un adecuado desarrollo del feto. Ingerir alimentos de alta calidad y asegurar un adecuado aporte de macro y micronutrientes durante el embarazo es crucial para la salud de la madre y del feto, e incluso influye en la salud futura del recién nacido[28].

Vamos a profundizar un poco más en este asunto para ver qué alimentos son los más recomendados y cuáles debemos evitar.

1. Alimentos imprescindibles durante el embarazo

Frutas y vegetales

Son ricos en vitamina C y ácido fólico, nutrientes especialmente importantes durante el embarazo.

Las embarazadas necesitan consumir al menos 70 mg de vitamina C diaria, que se encuentra en **cítricos, fresas, brócoli, tomates, perejil**, etc.

Para consumir los 0,4 mg de ácido fólico diarios recomendados, deberíamos consumir 2-4 piezas de fruta al día y 4 o más raciones de vegetales diarios. El ácido fólico se encuentra en los **vegetales de hoja verde y las legumbres,** principalmente.

Haz de tu plato un arcoíris, varía las frutas y hortalizas que consumas para obtener el máximo de vitaminas, minerales y fitoquímicos que nos ofrece la naturaleza.

Cereales integrales

Los cereales integrales nos aportan hierro, vitamina B, fibra y proteínas. Siempre es mejor consumir el grano entero que las harinas: **quinoa, avena, arroz, trigo sarraceno, cebada**, **espelta**, **centeno**, etc.

Proteínas

Necesitamos proteínas para formar los órganos de nuestro bebé, sí, pero no necesariamente deben provenir de la carne. Consume con regularidad **legumbres, frutos secos, semillas, pescado y huevo**. La carne es opcional, reduce especialmente la de ternera, los embutidos y los preparados de carne tipo *nuggets*, hamburguesas y salchichas.

Las mujeres que ingieren mucha carne tienen más riesgo de tener hijos con asma y eczema[29].

Alimentos ricos en calcio

El calcio lo usa el bebé para formar huesos y dientes. Necesitamos consumir 1.000 mg de calcio al día durante el embarazo.

El calcio se encuentra en los siguientes alimentos: **yogur, kéfir, quesos curados, leche, bebidas vegetales fortificadas, zumo de naranja natural, cítricos, sardinas, boquerones, vegetales de hoja verde, semillas de sésamo, almendras, legumbres y productos derivados de la soja.**

Alimentos ricos en fibra

Durante el embarazo, necesitamos consumir más de 25 g de fibra al día. La fibra la encontramos en la **fruta, los vegetales, los cereales integrales** y sobre todo en las **legumbres**. La fibra nos ayuda a prevenir el estreñimiento que muchas veces va asociado al embarazo.

Alimentos ricos en hierro

El hierro es importante durante el embarazo. El volumen sanguíneo se incrementa en un 50% en el tercer trimestre, y necesitamos aumentar los depósitos de hierro para no sufrir anemia. Necesitamos obtener 30 mg al día de hierro. Para mejorar la absorción del hierro toma los alimentos ricos en hierro (**hierbas aromáticas, almejas, sésamo, huevos, tahin, quesos curados, legumbres, semillas, avena, frutos secos**...) junto a alimentos ricos en vitamina C (hortalizas, fresas, perejil, zumo de naranja).

Alimentos ricos en omega 3

Una dieta rica en omega 3 puede mejorar el desarrollo del cerebro y del sistema nervioso del bebé antes de nacer, y también mejorar la visión, memoria y aprendizaje en los primeros años de vida. Además, reduce el riesgo de depresión postparto.

Son ricos en omega 3 las **semillas de lino** y **chía,** los **frutos secos,** los **huevos ecológicos** y el **pescado azul.**

Agua

Es importante estar bien hidratada, especialmente si tenemos vómitos. Una correcta hidratación nos ayuda a prevenir infecciones urinarias y el estreñimiento.

Beber muchos líquidos no produce edemas e hinchazón de piernas, como piensan algunas embarazadas.

Evita las bebidas azucaradas y las infusiones con azúcar. Se recomienda beber agua, infusiones, batidos, sopas, cremas, gazpacho, etc.

2. Alimentos a evitar o reducir durante el embarazo

Debemos evitar o reducir al máximo los siguientes alimentos

- **ALCOHOL.** *El alcohol pasa al bebé a través del cordón umbilical y su consumo produce malformaciones fetales como* **labio leporino o microcefalia** *(cabeza pequeña), así como* **malformaciones cardíacas** *y* **defectos en el tubo neural**. *Su consumo durante el embarazo afecta a la conducta y al aprendizaje; así las cosas, son frecuentes los* **niños hiperactivos** *entre las consumidoras de alcohol. Se ha relacionado incluso con alteraciones psiquiátricas como agresividad, trastorno antisocial de la personalidad o abuso de tóxicos[30]. El alcohol es una de las causas más frecuentes de retraso mental en los niños.*

Durante el embarazo, de alcohol ni gota.

- **Alimentos azucarados.** *Debemos reducir al máximo la ingesta de azúcar libre, pues el consumo de más de 25 gramos de azúcar libre al día se relaciona con más riesgo de* **obesidad** *y* **diabetes gestacional.** *Durante el embarazo se recomienda seguir una dieta de baja carga glucémica (rica en hortalizas, frutas, semillas, frutos secos, legumbres, pescado y huevo) y evitar seguir una dieta de alta carga glucémica (azúcar, dulces, refrescos, patatas fritas, harinas refinadas o blancas, palomitas, arroz blanco, etc.). La sacarina no es una alternativa y se desaconseja su consumo durante el embarazo. Como alternativa puedes tomar azúcar integral, azúcar de coco o xilitol.*

- **Peces contaminados con mercurio.** *Los grandes peces como el pez espada, el tiburón, el atún rojo o el lucio contienen altas cantidades de mercurio. Su consumo debe ser evitado. Mejor consumir boquerón, sardina, caballa, jurel, etc.*

- **Pescado crudo** *que no se ha congelado previamente puede estar contaminado por anisakis.*

- **Huevos crudos** *o preparaciones elaboradas con huevo crudo (salsas y mayonesas caseras, mousses, merengues y pasteles caseros, tiramisú, helados caseros). Puede haber contagio por salmonelosis al consumir huevos crudos contaminados por esta bacteria.*

- **Leche cruda** *o quesos elaborados con leche cruda. Así evitaremos la listeriosis.*

- **Carne cruda, vísceras, paté y embutidos** *si no estamos inmunizadas frente a la toxoplasmosis. Esto se averigua en el análisis de sangre que se realiza en el primer trimestre de embarazo. De todos modos, aunque estés inmunizada, son alimentos pocos saludables que deberíamos eliminar de nuestra dieta, estemos embarazadas o no.*

- *Evitar la exposición al* **bisfenol A (BPA)** *en la medida de lo posible. La Agencia Europea de Sustancias y Preparados Químicos (ECHA) ha reconocido al bisfenol A (BPA) como una sustancia peligrosa para la salud debido a su capacidad para alterar el sistema hormonal de los seres humanos. La exposición en el útero a disruptores endocrinos tales como BPA pueden ser una de las causas principales responsables del aumento de la incidencia de cáncer de mama en las mujeres en la actualidad[31]. Además, se ha asociado a mayor riesgo de malformaciones genitales, déficit de atención e hiperactividad, ansiedad y depresión. El bisfenol A está presente en algunos plásticos como el de policarbonato (PC) o las resinas epoxi, que recubren el interior de muchas latas de comida y bebida, y que se integran también en muchas pinturas y recubrimientos de superficies, pegamentos muy usados en construcción y decoración, etc. También en empastes de dientes. Suele encontrarse como aditivo en otros plásticos diferentes del policarbonato. Si vas a usar plástico, busca envases que indiquen que son BPA free o libres de bisfenol A.*

Café, ¿sí o no?

El café es la segunda bebida más consumida en el mundo tras el agua y en cantidades moderadas (2-3 tazas al día) puede aportar beneficios a nuestra salud. En el embarazo suele haber muchas dudas sobre si puede tomarse o no. Vamos a ver qué nos dicen los estudios.

El café contiene cafeína, que es un estimulante, y por eso su consumo en el embarazo se ha puesto en entredicho.

Las mujeres que consumen más de tres tazas de café al día duplican el riesgo de aborto espontáneo, según un estudio realizado por especialistas en California y liderado por el doctor De-Kun Li. En la investigación participaron 1.063 mujeres con diez semanas de embarazo de promedio, de las cuales 172 tuvieron un aborto espontáneo. Al separar el grupo entre las que consumieron o no cafeína durante la gestación, resultó que un 12,5% de las que no habían tomado cafeína sufrieron un aborto, mientras que en el grupo de las que tomaban café habitualmente el porcentaje fue de 24,5%[32].

Por cada aumento en la ingesta de cafeína de 150 mg al día el riesgo de aborto se incrementa en un 19%, y en un 8% si la ingesta es de más de dos tazas de café[33].

El café no está prohibido, pero sí debe limitarse su ingesta a dos tazas, lo que equivale a limitar el consumo de cafeína a 200 mg al día.

Consumir más de dos tazas de café se ha relacionado con más riesgo de **leucemia infantil**[34] y **tumores cerebrales** en niños[35].

Un alto consumo de café se asocia con **bajo peso al nacer**[36].

La cafeína no solo está en el café, también se encuentra en el té, cacao, chocolate y bebidas con cafeína (colas, refrescos, bebidas energéticas).

- *Cantidad de cafeína presente en diferentes alimentos:*
- *Una taza de 150 mililitros (ml) de café tostado molido contiene unos 85 mg de cafeína.*
- *Una taza de 350 ml de café tostado contiene unos 200 mg de cafeína.*
- *Una taza de café soluble contiene 60 mg de cafeína.*
- *Una taza de café descafeinado contiene 3 mg.*
- *Una taza de té de hojas o en bolsita contiene 30 mg.*
- *Un chocolate caliente contiene unos 4 mg de cafeína.*
- *Un vaso (200 ml) de refresco con cafeína contiene entre 20 y 60 mg de cafeína.*

NO se recomienda consumir más de 200 mg de cafeína al día (dos tazas de café).

3. Cinco cosas que debes evitar durante el embarazo

1. No comas por dos

Muchas embarazadas aumentan de peso más kilos de los recomendados, y la ganancia de peso durante el embarazo se ha relacionado con más riesgo de obesidad posterior. Es habitual que esos kilos de más cueste perderlos y que los acumulemos en nuestro abdomen años después de haber dado a luz. El sobrepeso y la obesidad se relacionan con más riesgo de cáncer, enfermedades cardiovasculares, diabetes, etc. Si has ganado peso de más durante el embarazo, es importante que te deshagas de esos kilos en el postparto, pero, atención, sin someterte a dietas restrictivas. Lo que hay que aprender es a comer de forma saludable.

2. No abuses de los carbohidratos de absorción rápida

Pan blanco, arroz blanco, refrescos azucarados, dulces, etc. elevan los niveles de glucosa en sangre, y estos picos se traducen en niños con sobrepeso al nacer y en obesidad infantil. Las niñas con un alto peso al nacer (macrosomía) tienen más riesgo de padecer cáncer de mama en el futuro.

3. Presta atención a la preparación de los alimentos

Para evitar una listeriosis no debemos comer carne, huevo o leche cruda, pescado o marisco crudo. Lava bien la fruta y verdura.

4. No dejes que pasen más de 2-3 horas sin comer

Las comidas pequeñas pero frecuentes ayudan a limitar las náuseas, los vómitos y el ardor asociados al embarazo.

5. Hidrátate

La correcta hidratación puede ayudarnos a prevenir un parto prematuro, mareos, estreñimiento y cefaleas. Bebe agua e infusiones frecuentemente.

4. Alimentarse bien para reducir los síntomas asociados al embarazo

4.1. ¿Cómo reducir el ardor a través de la alimentación?

El 70% de las embarazadas sufren ardor, acidez y/o sensación de quemazón en todo el recorrido del esófago: es la llamada dispepsia. Esta sensación es habitual en el tercer trimestre de embarazo. En mi caso, tuve muchos ardores con mi primer embarazo, había días que notaba fuego subiendo por la garganta y me incomodaba mucho. Es una sensación bastante molesta.

Esta sensación de ardor o acidez ocurre porque el esfínter esofágico inferior, que es el encargado de cerrar la unión entre el esófago y el estómago y de que el contenido ácido del estómago no pase al esófago, se relaja y por tanto parte del flujo gástrico puede ser regurgitado. Durante el embarazo, y sobre todo al final, se produce una hormona llamada **relaxina** que facilita la preparación al parto, pero que también ralentiza la digestión, aumenta la secreción de ácidos y relaja el esfínter. Por eso, aunque solo te hayas comido una ensalada, puedes tener la sensación de haberte comido una vaca. Además, el bebé que está creciendo presiona sobre el estómago y el diafragma, aumentando la posibilidad de que haya un reflujo ácido.

La acidez no tiene que ver, como dicen las abuelas, con que el niño tenga más o menos pelo.

Consejos para reducir el ardor:

1. Come poca cantidad, pero con frecuencia

Cuando comemos mucho, aumenta la sensación de ardor e hinchazón, y es que el bebé oprime el estómago y hay menos espacio para que este se expanda y por tanto "nos cabe" menos comida en el estómago de la habitual. Se recomienda ingerir 6 comidas de pequeña cantidad al día, lo que facilita la digestión. Antes de sentirte llena, deja de comer, así reduciremos la sensación de ardor.

2. Elimina los alimentos "pro ardor"

Cada embarazada identifica determinados alimentos con la posterior sensación de ardor tras su ingesta. Estos alimentos pueden variar de una embarazada a otra, pero es común que los cítricos, los tomates, las frituras, los alimentos muy grasos, el picante, el café, el té, el alcohol y los refrescos carbonatados desencadenen los síntomas.

3. Incrementa el consumo de alimentos "hidratados"

Los alimentos líquidos suelen causar menos acidez. Batidos, yogures y gelatinas suelen admitirse bien. Mastica lentamente.

Te propongo este *SMOOTHIE* **DE FRESA PARA EMBARAZADAS.** Encontrarás la receta en la página 468.

También puedes probar las **gominolas de frutas. Receta en la página 460.**

4. Cena pronto y acuéstate en postura antiardor

Es importante no irse a la cama con el estómago lleno, cena 3 horas antes de acostarte. Duerme del lado izquierdo y eleva la cabecera de la cama colocando libros o un suplemento en las patas.

Después de comer no te tumbes, descansa recostada, pero no en horizontal.

5. Usa antiácidos con precaución

Se pueden usar antiácidos si la sensación es muy molesta, pero ojo, muchos de ellos están elaborados con carbonato de calcio y si se consumen con frecuencia pueden bloquear la absorción del hierro. Los antiácidos con óxido de magnesio son opciones seguras. Los elaborados con calcio también, pero siempre en dosis bajas.

Evita los antiácidos que contengan en sus ingredientes aluminio (*aluminum hydroxide* o *aluminum carbonate*), pues puede producir estreñimiento y, en exceso, este puede ser tóxico.

Evita el bicarbonato, el citrato de sodio y las sales digestivas, pues su alto contenido en sodio puede producir retención de líquidos.

6. Usa ropa holgada, sobre todo en la zona abdominal

Los elásticos apretados y las prendas que compriman no son aconsejables –ni cómodos– en general, mucho menos cuando tenemos este tipo de síntomas.

7. Benefíciate de la acupuntura

La **acupuntura** también puede ayudar a tratar las náuseas y la dispepsia asociadas al embarazo[37]. Una investigación realizada en Brasil estudió a 36 mujeres embarazadas con problemas de digestión. Durante ocho semanas, les aplicaron acupuntura con el objetivo de observar los efectos en su cuerpo. Cada dos semanas, los investigadores entrevistaron a las mujeres sobre sus síntomas de acidez, cuántos fármacos antiácidos habían consumido, y cómo afectaban esos síntomas a su alimentación y al sueño. 20 mujeres se sometieron a acupuntura y 16 siguieron el tratamiento oficial. El 75% de las mujeres tratadas con acupuntura redujeron los síntomas, un 50% habían mejorado su alimentación y un 70%, había mejorado la calidad del sueño. Durante la aplicación de la acupuntura, no hubo efectos secundarios, ni se registraron diferencias entre los bebés nacidos de las mujeres bajo acupuntura o terapia convencional. Los investigadores solo advirtieron contra el uso de puntos de acupuntura de la parte baja de la espalda o el abdomen en las mujeres embarazadas, debido a la preocupación de que las agujas causen contracciones.

Propuesta para un menú antiardor:

- *Desayuno: copos de avena con semillas y frutos secos*
- *A media mañana: yogur natural con fruta troceada (la sandía es ideal)*
- *Comida: crema de verduras. Boniato con pescado al vapor*
- *Merienda: batido de frutas, smoothie para embarazadas*
- *Cena: ramen vegetal. Gominolas vegetales de fruta*

4.2. ¿Cómo reducir las náuseas a través de la alimentación?

Las náuseas y vómitos son muy frecuentes en el embarazo, y se estima que hasta el 80% de las embarazadas sufren estos síntomas en mayor o menor grado, especialmente durante el primer trimestre del embarazo. Habitualmente los síntomas desaparecen en la semana 12-14[38], pero hay mujeres que tienes náuseas, asco y/o vómitos hasta el final del embarazo. En algunos casos los síntomas son intensos y pueden causar deshidratación y pérdida de peso. Es la llamada "hiperémesis gravídica".

Hay estudios que afirman que las náuseas durante el embarazo pueden estar relacionadas con un menor riesgo de aborto[39].

Aún no se conoce el origen exacto de las mismas, y todo apunta a un origen multifactorial. Parece que el embarazo afecta a la parte del cerebro que controla el vómito; también parece que los **estrógenos** y la **gonadotropina coriónica humana**[40], hormonas propias del embarazo, influyen en la aparición de estos molestos síntomas. Parece que los vómitos podrían ser un mecanismo de defensa para que la madre no ingiera alimentos no adecuados: serían una especie de "aviso" ante determinados alimentos o sustancias que podrían ser perjudiciales para el embarazo. Y, aunque las náuseas son distintas en cada mujer, aquí tendríamos una posible explicación, por ejemplo, a las náuseas debidas al olor del café o al tabaco, o a alimentos con exceso de grasas...

Según un estudio, las náuseas matutinas durante el embarazo podrían estar relacionadas con un **coeficiente intelectual alto en los bebés**. La investigación se llevó a cabo realizando tests de inteligencia a los hijos de madres con y sin náuseas matutinas. Los resultados mostraron que los niños de madres con náuseas tenían mejores resultados, e incluso cuanto más severo era el vómito, más alto resultó ser el cociente intelectual[41].

Un estudio ha relacionado las náuseas matutinas que sufren las embarazadas con un menor riesgo de desarrollar **cáncer de mama**. Para llegar a esta conclusión los expertos tomaron diversos datos físicos y realizaron varias encuestas a 2.918 mujeres, de las que 1.001 habían sido diagnosticadas con cáncer de mama.

De todos los datos obtenidos, el que más destacaba eran las náuseas o vómitos que sufrían o habían sufrido durante el embarazo. Al parecer, existía una reducción de hasta un 30% menos de posibilidades de padecer cáncer.

Claves que pueden ayudarnos a reducir las náuseas[42]:

- *Consumir* **alimentos fríos**. *Los alimentos calientes suelen desencadenar el reflejo del vómito.*

- **Comer nada más despertarnos.** *Muchas mujeres sienten cierto alivio en las náuseas matutinas cuando comen algo antes de levantarse de la cama. Parece que el estómago vacío incrementa la sensación nauseosa.*

- *Prueba a exprimir un limón y diluir con un poco de agua y tómalo antes de levantarte de la cama. A algunas embarazadas les funciona comer* crackers *o pan tostado. Pruébalo, pero recuerda que estos alimentos no son muy saludables, especialmente si se trata de pan blanco.*

- *Consumir* **jengibre**. *El jengibre en infusión, cápsulas o añadido a la comida puede ser de utilidad para tratar y prevenir las náuseas [43]. Es lo que más me ha funcionado a mí para paliar las náuseas. Añade jengibre a tus infusiones, a los guisos, a los batidos o prepara ricos currys con él.*

- **Comer poco y varias veces al día.**

- **Evitar alimentos y olores que despierten náuseas.** *Esto puede ser variable en función de cada embarazada y cada embarazo. A veces, hay que dejar de cocinar durante un tiempo.*

- *Evitar* **frituras, barbacoas y parrillas.**

Para las náuseas te recomiendo el jengibre, pruébalo en estas dos recetas:

- Infusión de jengibre. Página 470.
- Curry de lentejas. Página 392.

4.3. ¿Cómo reducir el estreñimiento?

Entre el 10 y el 38% de las embarazadas sufren estreñimiento, y esto tiene una explicación fisiológica. La progesterona elevada en el embarazo y la motilina reducida hacen que el tránsito intestinal sea más lento. Además, el consumo de calcio y hierro en suplementación pueden influir en la aparición de estreñimiento.

Claves para prevenir el estreñimiento:

- *Consumir más legumbres, fruta y verdura.*
- *Ingerir abundantes líquidos.*
- *Practicar ejercicio físico de manera regular.*
- *Un suplemento de probióticos e ingerir alimentos con efecto probiótico como yogur, kéfir, aceitunas, chucrut, miso o salsa de soja pueden mejorar la motilidad intestinal.*
- *Limita el uso de laxantes y úsalos lo menos posible. Los más seguros parecen ser el* **bisacodilo** *y la* **lactulosa**[44].

5. Ganancia ponderal y embarazo. ¿Cuánto peso puede ganarse durante el embarazo?

El peso o, mejor, el Índice de Masa Corporal (IMC) materno, el peso ganado durante la gestación y la forma de adquirir ese peso durante la misma, son factores importantes que determinan el peso y la talla al nacer del recién nacido (RN). La ganancia de peso durante el embarazo puede ser un predictor de complicaciones durante el embarazo[45].

El peso del RN tiene gran impacto en la morbilidad y mortalidad infantil y también afecta a la salud a largo plazo del niño-adulto. Tanto el bajo peso como el peso elevado en el nacimiento influyen sobre el riesgo futuro de ese bebé para desarrollar diabetes, hipertensión arterial y enfermedades cardiovasculares, e incluso cáncer.

El peso materno pregestacional y la ganancia ponderal materna durante el embarazo también parecen afectar al riesgo cardiometabólico del hijo, independientemente del peso del RN.

La obesidad de la madre antes del embarazo está asociada con una reducción de la función cognitiva del niño a los catorce meses de edad[46].

Las mujeres que ganan peso en exceso tienen más riesgo de desarrollar **preeclampsia, diabetes gestacional**[47] y tener un **parto por cesárea**[48].

Además, la excesiva ganancia ponderal durante el embarazo también afecta a la madre, ya que parece favorecer en ella el futuro desarrollo de **diabetes y obesidad**.

La ganancia total de peso recomendada depende del peso previo al embarazo, y para saber cuánto peso es saludable ganar durante el embarazo, primero tenemos que conocer nuestro índice de masa corporal o IMC, que es un sencillo índice sobre la relación entre el peso y la altura. Se calcula dividiendo el peso en kilogramos por el cuadrado de la altura en metros (kg/m^2). Por ejemplo: mujer embarazada que mide 165 cm y pesa 70 kg. $70/1,65^2 = 70/2,72 = 25,73$

Las recomendaciones de ganancia ponderal correcta (aumento de peso) actualmente aceptadas por el Institute of Medicine (IOM) [49] y la Organización Mundial de la Salud (OMS) se resumen en:

- *Mujeres con bajo peso* (IMC <18,5): deben aumentar su peso entre 12 y 18 kg
- *Mujeres con peso normal* (IMC 18,5-24,9): deben aumentar su peso entre 11,3 y 15,9 kg)
- *Mujeres con sobrepeso* (IMC 25-29,9): deben aumentar su peso entre 6,5 y 11 kg)
- *Mujeres obesas* (IMC 30 o más) deben aumentar su peso entre 5 y 9 kg

En el caso de que el embarazo sea gemelar[50]:

- *Mujeres con bajo peso* (IMC <18,5: deben aumentar su peso entre 22,5 y 28 kg
- *Mujeres con peso normal* (IMC 18,5-24,9): deben aumentar su peso entre 16,5 y 4,5 kg)
- *Mujeres con sobrepeso* (IMC 25-29,9): deben aumentar su peso entre 14-22,5 kg)
- *Mujeres obesas* (IMC 30 o más) deben aumentar su peso entre 11-19 kg

6. Suplementos a considerar durante el embarazo

Además de los vistos en el capítulo anterior (ácido fólico, vitamina D, hierro y yodo), hay dos suplementos que han demostrado tener efectos beneficiosos para el bebé cuando lo toma la madre durante el embarazo.

Omega 3 y probióticos para reducir el riesgo de alergia:

El consumo de omega 3 y probióticos durante el embarazo puede reducir el riesgo de alergias alimentarias y eczema en la primera infancia. A esta conclusión llegó un grupo de investigadores tras revisar cientos de estudios[51], entre los que encontraron 19 de ellos con fuerte evidencia de que los probióticos tomados después de la semana 36 de embarazo y durante los primeros meses de lactancia estaban asociados a un 22% menos de probabilidades de padecer eczema en la infancia. Seis estudios demostraban que las mujeres que habían consumido suplementos de ácidos grasos de omega 3, en el embarazo y durante la lactancia ayudaban a reducir el riesgo de que sus hijos padecieran reacción alérgica al huevo –una de las alergias alimentarias más comunes– hasta en un 31%.

7. Dieta vegetariana y embarazo: ¿peligro o panacea?[52]

La Academia Americana de Nutrición y Dietética afirma que las **dietas vegetarianas**, incluidas las veganas, bien planificadas **son saludables, nutricionalmente adecuadas y pueden proporcionar beneficios de salud para la prevención y el tratamiento de ciertas enfermedade**s[53]. Esta alimentación es apropiada para todas las etapas del ciclo de vida, incluidos el embarazo, la lactancia, la infancia, la adolescencia, la edad adulta y para los atletas.

Una alimentación basada en plantas es más sostenible medioambientalmente que una dieta donde abundan las carnes y los lácteos.

Las personas vegetarianas y veganas tienen menos riesgo de padecer enfermedades cardiovasculares, diabetes tipo 2, hipertensión, ciertos cánceres y obesidad.

¿En qué alimentos se basa una dieta vegetariana saludable?

Una dieta vegetariana saludable se caracteriza por un alto consumo de **vegetales, frutas, cereal integral, legumbres, nueces y semillas**.

La única precaución que se debería tener al seguir este tipo de dieta es tomar un suplemento de B12. El suplemento de B12 suele ir incluido en los que te prescribe tu médico de cabecera durante el embarazo. (Si estás embarazada y eres vegana no tomes doble dosis).

Parece que los hijos de madres vegetarianas tienden a pesar menos al nacer que los hijos de madres omnívoras[54], lo que podría ser una ventaja para la salud. La macrosomia se asocia a más riesgo de cáncer de mama y diabetes.

Parece también que los hijos de madres vegetarianas tienen más riesgo de hipospadias (es una anomalía que hace que el pene del bebé no se desarrolle de la manera habitual, haciendo que el meato urinario no se localice en la punta del pene), aunque no se conoce el motivo.

Las madres vegetarianas suelen aumentar menos de peso durante el embarazo. Las vegetarianas obtienen más magnesio y folatos de la dieta que las omnívoras, pero son más propensas a sufrir un déficit de B12 y hierro[55], aunque estos se pueden solucionar con el suplemento que suele pautarse a las embarazadas.

8. ¿Cuál es la mejor dieta para una embarazada? Dieta mediterránea y embarazo

Se ha comprobado que la mejor dieta para una embarazada es la **dieta mediterránea**. Seguir la dieta mediterránea durante el embarazo protege al bebé de enfermedades cardiovasculares y metabólicas, como la diabetes[56]. Las madres que comen con dicha dieta tienen menos riesgo de tener un hijo con bajo peso al nacer[57].

Las mujeres con alta adherencia a la dieta mediterránea tienen **menos riesgo de desarrollar diabetes gestacional**[58]. Yo tuve diabetes gestacional en mis tres embarazos (tengo antecedentes familiares), pero solo en el primero necesité insulina, y mi hijo mayor pesó 4.030 kg al nacer. En mi primer embarazo seguí a rajatabla la dieta que me recomendaron en la unidad de medicina fetal de mi hospital de referencia, una dieta con la que podía comer patatas, jamón york, pan y galletas. En los dos siguientes me salté las recomendaciones hospitalarias y seguí la dieta mediterránea. En esos dos embarazos no necesité insulina, mis controles de glucemia fueron perfectos y mis hijos pesaron 3.050 y 3.500 kg.

La dieta mediterránea no es solo beneficiosa durante la gestación. También puede ayudarnos a conseguir el deseado embarazo. ¿Os habéis fijado que a las parejas cada vez le cuesta más quedarse "embarazadas"?

Según una investigación realizada en la Universidad de Navarra en la que se estudió a 2.000 mujeres de entre 25 y 45 años, relacionando el tipo de dieta que seguían y su mayor o menor fertilidad, se llegó a la conclusión de que seguir **la dieta mediterránea ayuda a mejorar la fertilidad**[59]. Las voluntarias seguían dos patrones de alimentación muy diferenciados: un patrón occidentalizado y otro mediterráneo.

El primer grupo se caracterizaba por un alto consumo de carnes rojas, comida rápida, lácteos enteros, repostería industrial, patatas, huevos, cereales refinados, salsas, comidas procesadas y refrescos azucarados.

Y en el grupo que seguía el patrón mediterráneo predominaba el consumo de aceite de oliva, verduras, pescados, frutas, carne de ave en lugar de carnes rojas y lácteos bajos en grasa. Pues bien, tras hacer un seguimiento a las voluntarias durante una media de siete años, se encontró que la probabilidad de tener dificultades para lograr el embarazo fue un 45% menor entre las que seguían la dieta mediterránea.

La dieta mediterránea también **influye en el éxito de los tratamientos de fertilidad**. Las mujeres que se encuentran en tratamiento de reproducción asistida y que siguen una dieta mediterránea durante al menos seis meses antes tienen un 68% más posibilidades de quedarse embarazadas y tener un bebé sano. Así concluye un estudio realizado en la Universidad Harokopio de Atenas (Grecia)[60]. Los resultados de esta investigación, publicados en la revista *Human Reproduction*, afirman que una alimentación basada en frutas, verduras, cereales integrales, pescado, carnes blancas, legumbres y aceite de oliva ayuda a conseguir el éxito en las técnicas de reproducción asistida y, por lo tanto, a que la mujer se quede embarazada y a que su bebé se desarrolle sano.

Para este estudio se analizó la dieta de 244 mujeres no obesas de entre 22 y 45 años que se sometieron a un primer tratamiento de fecundación *in vitro*. Se las sometió a un test llamado MedDiet que controla la ingesta de comida: se les preguntaba con qué frecuencia comían algunos alimentos.

Las 79 mujeres que menos se ajustaron a la dieta mediterránea tuvieron una tasa de éxito en el tratamiento de reproducción asistida de un 29%. En cambio, el 50% de las mujeres del grupo que seguían una alimentación más sana consiguió el embarazo. Estos beneficios también se reflejaron en el desarrollo del feto. Y así, las mujeres con una peor alimentación tuvieron menos hijos con vida, un 26,6%, frente al 48,8% de los bebés sanos nacidos de madres con mejor dieta.

Beneficios de la dieta mediterránea para la embarazada y para el bebé:
1. Proporciona a la madre y al hijo todos los nutrientes que necesitan.
2. Previene la aparición de diabetes gestacional.
3. Protege al bebé de enfermedades cardiovasculares y metabólicas, como la diabetes.
4. Favorece el desarrollo y crecimiento del bebé.
5. Ayuda a prevenir problemas de alergia, asma y dermatitis atópica en el niño[61].
6. Es rica en ácido fólico, por lo que ayuda a prevenir la espina bífida.
7. Fortalece al sistema inmune.
8. Disminuye el riesgo de cáncer de mama y colon en la madre.

¿En qué alimentos y platos se basa la dieta mediterránea ideal?

- En primer lugar, emplea el **aceite de oliva virgen extra** (AOVE) como principal grasa para cocinar. Utiliza **alimentos de origen vegetal** en abundancia: **frutas, verduras, legumbres, setas, semillas, aceitunas y frutos secos**. Se consumen muchos **alimentos crudos** en forma de ensaladas y gazpachos, así como productos de la huerta y de temporada, aprovechando al máximo los nutrientes. La comida se adereza con hierbas **aromáticas y especias**, y el consumo de sal es bajo.

- El pan y los alimentos procedentes de cereales (granos enteros, pasta, arroz y especialmente sus **productos integrales**) son frecuentes en esta dieta.

- La carne roja y las carnes procesadas se consumen muy poco. Décadas atrás se realizaba la matanza en invierno, y la carne de su producto era la que se consumía a lo largo del año, amén de algún pollo, principalmente para caldo, y pavo en Navidad.

- El consumo de **pescado** es abundante, y el de **huevos**, moderado.

- Se da prioridad a los guisos preparados con legumbres, verduras y cereales. La combinación de estos tres alimentos conforma un plato con proteínas de alta calidad.

- Los lácteos más consumidos proceden de las cabras y las ovejas criadas en libertad. Se consumen dos al día.

- La fruta fresca se consume con asiduidad, sobre todo en verano.

- Los dulces y pasteles se consumen ocasionalmente, en celebraciones y festividades, siempre preparados con aceite de oliva.

- El agua es la bebida por excelencia en el Mediterráneo.

La mayoría de recetas de este libro se basan en la dieta mediterránea tradicional. Incorpóralas en tu menú diario.

9. ¿Cómo se alimentan las embarazadas españolas? ¿Siguen la dieta mediterránea?

Pese a que somos un país donde tradicionalmente se seguía la dieta mediterránea, en los últimos cincuenta años hemos perdido nuestras buenas costumbres. Actualmente, las embarazadas españolas siguen una alimentación inadecuada, más parecida a la dieta norteamericana que a la mediterránea, según han constatado los investigadores del Proyecto INMA[62]. Su estudio, impulsado para analizar la alimentación y la ingesta de nutrientes, así como el cumplimiento de las recomendaciones nutricionales en mujeres embarazadas, ha demostrado que la mayoría de mujeres en período de gestación presenta consumos inadecuados de determinados grupos de alimentos, macronutrientes y micronutrientes que son importantes durante el embarazo.

Un porcentaje muy alto de las mujeres participantes –más de un 75%– mostraban ingestas de cereales y legumbres bajas, y cerca del 50% consumían cantidades de frutas y hortalizas por debajo de las adecuadas.

Respecto a los macronutrientes, el estudio revela que más del 50% de las mujeres tenían ingestas insuficientes de hidratos de carbono y de ácidos grasos omega3, mientras que aproximadamente el 70% superó el consumo recomendable de grasa.

Las mayores deficiencias en cuanto a consumo de micronutrientes se encontraron en la vitamina D, el ácido fólico y el hierro. El estudio revela que, aunque los suplementos de ácido fólico permitieron mejorar la adecuación a las recomendaciones en la mayoría de las mujeres, también hicieron que 1 de cada 4 mujeres sobrepasaran el consumo máximo de ácido fólico considerado seguro, debido a que se tomaban en dosis muy altas.

Respecto a otros nutrientes, como vitamina D, hierro y vitamina E (cuyos consumos de la dieta eran insuficientes en al menos el 68% de las mujeres), los suplementos no suplieron esta carencia.

Como resumen, podríamos concluir que las embarazadas españolas no están nutriéndose de manera adecuada, y esto puede repercutir como ya hemos visto en el desarrollo del feto.

10. Planificando el menú en el embarazo

Vamos a basarnos en la pirámide de la dieta mediterránea para planificar el menú:

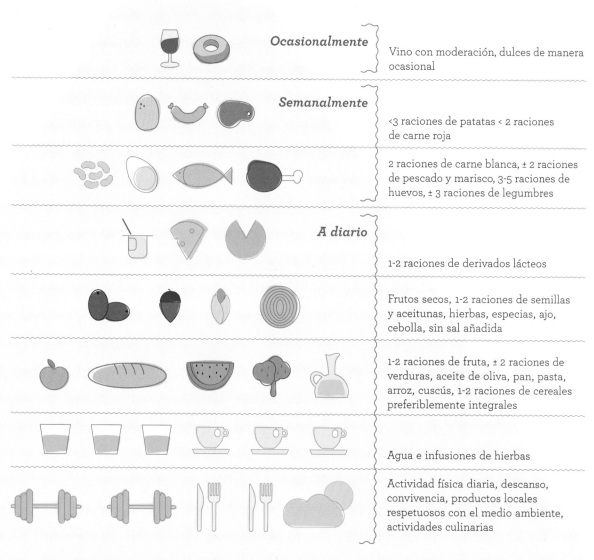

Ocasionalmente — Vino con moderación, dulces de manera ocasional

Semanalmente — <3 raciones de patatas < 2 raciones de carne roja

2 raciones de carne blanca, ± 2 raciones de pescado y marisco, 3-5 raciones de huevos, ± 3 raciones de legumbres

A diario — 1-2 raciones de derivados lácteos

Frutos secos, 1-2 raciones de semillas y aceitunas, hierbas, especias, ajo, cebolla, sin sal añadida

1-2 raciones de fruta, ± 2 raciones de verduras, aceite de oliva, pan, pasta, arroz, cuscús, 1-2 raciones de cereales preferiblemente integrales

Agua e infusiones de hierbas

Actividad física diaria, descanso, convivencia, productos locales respetuosos con el medio ambiente, actividades culinarias

Fuente: Fundación Dieta Mediterránea, 2010.

	LUNES	MARTES	MIÉRCOLES	JUEVES	VIERNES	SÁBADO	DOMINGO
Desayuno	Pan integral con AOVE y tomate. Naranja.	Gachas de avena con fruta, frutos secos y semillas.	Huevos revueltos con champiñones y verduras.	Pan de remolacha con AOVE y aguacate. Melocotón.	Muesli con fruta.	Lassi de mango y cúrcuma.	Pudin de chía y granola casera.
Media mañana	Fresas. Nueces.	Manzana. Anacardos.	Helado de cerezas y coco.	Pera. Coquitos de Brasil.	Frutos rojos. Avellanas.	Melón. Pistachos.	Plátano. Nueces de macadamia.
Comida	-*Vichyssoise* de manzana. -Curry de lentejas.	-Calabaza asada. -Pasta integral con tomate y cúrcuma.	-Crema de coliflor asada. -Pasta de guisantes con shiitake y pesto	-Crema de zanahorias, lentejas y naranja. -Paté de pimientos con pan integral y palitos de zanahoria.	-Ensalada de coliflor. -Boloñesa vegetal con patatas o boniato.	-Gazpacho de cereza. -Arroz con zanahorias glaseadas y ensalada.	-Ensalada de kale y calabaza. -Marmitako de bonito.
Merienda	*Smoothie* para embarazadas.	Carrot cake con bebida vegetal.	Bocadillo con paté de zanahoria	Yogur con fruta y semillas	Bizcocho a la taza sin gluten	Fruta fresca y frutos secos	Gominolas de frutas
Cena	Albóndigas de jurel con verduras al vapor.	-Ramen vegetal. -Sardinas en escabeche	Ensalada de pollo, aguacate y garbanzos.	Ensalada de tomate, queso fresco y boquerones.	-Crema de calabaza, boniato y especias. -Panaché de verduras con quinoa.	Hamburguesa de pollo, tomate y avena. Boniato al horno.	Tacos veggie o lentacos.

3.
De 0 a 6 meses. Lactancia materna a demanda y exclusiva

Ya tenemos a nuestro bebé entre los brazos después de un horneado a fuego lento en el cálido útero. Una de las primeras dudas que nos surgen, sobre todo a los padres primerizos, es cómo debemos alimentarle para que crezca sano y fuerte.

En los próximos capítulos intentaré dar respuesta a todas vuestras preguntas y ofreceremos información actualizada sobre la que se considera la mejor alimentación para nuestros peques. Empecemos por el principio, los primeros meses de vida.

La alimentación del niño de 0 a 6 meses

Las principales asociaciones científicas y la OMS recomiendan que la **lactancia materna** sea el único alimento que los bebés reciban de manera **exclusiva durante los seis primeros meses de vida**, y después complementarla con otros alimentos hasta los 24 meses, pudiendo mantenerse todo el tiempo que la madre y el hijo quieran. Es decir, se puede dar teta hasta los tres, cuatro o siete años si la madre y el niño quieren. No hay un límite superior de edad para ofrecer el pecho.

La leche materna es, sin duda, el mejor alimento infantil que existe; es el más equilibrado y contiene todos los nutrientes necesarios para el correcto desarrollo del recién nacido. No hay ninguna leche comercial que pueda igualarle. Ofrece beneficios para su sistema inmunológico y su salud a largo plazo (por ejemplo, previene la obesidad y favorece un mayor coeficiente intelectual).

Beneficios de la lactancia materna (LM). *La leche materna es la leche*

Ojo al dato: según un estudio publicado en la revista *The Lancet*, la lactancia materna podría evitar 800.000 muertes infantiles y más de 20.000 muertes por cáncer de mama[63].

La LM ofrece beneficios tanto a largo como a corto plazo, tanto para el bebé como para la madre. La lactancia materna protege contra la diabetes y la obesidad infantil años después de dejar de mamar, mientras que a las madres les puede ayudar con el espaciamiento de los nacimientos, protegerlas contra el cáncer de mama y reducir el riesgo de cáncer de ovario y diabetes tipo 2.

Se cree que 22.000 muertes por cáncer de mama podrían evitarse si se siguiera la recomendación de la OMS de amamantar hasta los dos años de edad en los países de ingresos bajos y medianos, y hasta doce meses en los países de mayores ingresos. Sin embargo, no todos los niños son amamantados los seis primeros meses de vida, y pocos siguen con lactancia materna al cumplir el año.

Datos sobre lactancia a escala mundial:

- Pese a la recomendación de amamantar de manera exclusiva a los bebés hasta los seis meses, la tasa de bebés amamantados a esta edad no llega al 50%.

- A los seis meses solamente el 47% de los bebés en España siguen con lactancia y de estos, solo el 28% con lactancia materna exclusiva. El resto recibe lactancia mixta (teta y leche de fórmula).

- Solo el 3% de los niños españoles continúa con la lactancia materna hasta los 24 meses, como aconseja la OMS.

- En los países más pobres al menos el 40% de los niños de menos de seis meses son alimentados con LM exclusiva y la LM suele mantenerse después del primer año de vida.

- En los países más desarrollados solo uno de cada cinco niños recibe lactancia materna durante los primeros doce meses. Cuanto mayor es el nivel socioeconómico de la madre, mayor es la tasa de lactancia materna en el mundo más desarrollado.

Proporción de niños con un año que son amamantados

Sin datos

0 10 20 30 40 50 60 70 80 90 100

Lactancia materna y salud infantil

En los países pobres, los bebés amamantados exclusivamente con LM tienen un 12% de probabilidades de morir, y la leche materna les protege de las dos causas de muerte más frecuentes en la infancia en estos países, la neumonía y la diarrea. Casi la mitad de todos los episodios de diarrea y un tercio de todas las infecciones respiratorias se evitarían con la lactancia materna.

En promedio, los bebés menores de seis meses que no son amamantados tienen 3-4 veces más probabilidades de morir que aquellos que reciben leche materna.

Pero el efecto protector de la LM frente a virus y bacterias no es exclusivo de los países pobres. La lactancia materna también protege frente a las infecciones en los países con altos ingresos, en particular, **protege frente a la diarrea, las infecciones respiratorias y las otitis medias**. La leche materna para el niño es como recibir una vacuna diaria.

La lactancia materna prolongada (más de un año) **protege frente al sobrepeso y la obesidad infantil**, disminuyendo su incidencia en un 13% y reduciendo en un 35% la **diabetes tipo 1.**

Se ha constatado una **menor incidencia de ciertos tipos de cáncer** en los niños amamantados prolongadamente, como la leucemia infantil[64].

La duración de la lactancia materna también está implicada en un **mejor desarrollo emocional y psicosocial del niño**[65]. A mayor duración de la lactancia, se ha descrito una menor incidencia de maltrato infantil, una mejor relación con los padres en la adolescencia, una mayor percepción de cuidado y una mejor salud mental en la vida adulta[66] También se han observado beneficios emocionales en niños adoptados provenientes de un entorno difícil en los que se realizó lactancia inducida[67].

Lactancia y desarrollo cognitivo

La lactancia ayuda a preparar a los niños para un futuro próspero, pues contribuye al óptimo desarrollo de su cerebro y, por ende, de su inteligencia. Sea cual sea el nivel de ingresos, la lactancia materna se ha asociado de manera significativa a mejores resultados en los tests de inteligencia entre niños y adolescentes amamantados, con un aumento promedio de 3 puntos en el coeficiente intelectual, teniendo en cuenta el coeficiente intelectual materno. En resumen, que parece que los niños amamantados son más listos.

Algunos estudios muestran que este aumentado de inteligencia se traduce en un mayor rendimiento académico, un aumento de los ingresos a largo plazo y de la productividad.

Lactancia materna y salud materna

Hay beneficios muy importantes para la salud de las mujeres que amamantan. La LM prolongada (más de un año) disminuye el riesgo de **cáncer de mama y de ovario**. Cada año que la madre amamanta, su riesgo de desarrollar cáncer de mama invasivo se reduce en un 6%; la lactancia prolongada también se asocia con una reducción del riesgo de sufrir cáncer de ovario, aunque en menor medida. Ojo, esto no significa que, si amamantas más de un año, no vas a tener cáncer de mama, significa que disminuye el riesgo de padecerlo.

Las tasas actuales de lactancia materna previenen casi 20.000 muertes por cáncer de mama cada año, y otras 20.000 muertes podrían prevenirse aumentado las tasas de amamantamiento.

- Disminuye el riesgo de **osteoporosis y fractura de cadera**.

- La lactancia materna ayuda a la madre a recuperarse del parto y reduce el riesgo de **depresión postparto**. La succión estimula la producción de hormonas que contraen el útero y ayudan a eliminar los loquios (restos de sangre y placenta que quedan tras el parto).

- La lactancia materna ayuda a incrementar los niveles de la oxitocina, la hormona que ayuda a reducir el sangrado postparto y a contraer el útero, para que el cuerpo de la mujer vuelva a la normalidad más rápidamente.

- **Ayuda a perder peso** de forma natural. Dar de mamar consume entre 450 y 500 calorías al día, lo que ayuda a la mamá a perder peso más rápidamente después del embarazo.

- A mayor tiempo total de lactancia, menos riesgo para la madre de **diabetes tipo 2, hipertensión e infarto de miocardio**[68].

La lactancia materna beneficia a la sociedad y al medio ambiente

Los países desarrollados pierden 230 millones de dólares anuales debido a las bajas tasas de lactancia materna.

La lactancia materna reduce la morbilidad y mortalidad infantil, **disminuye el gasto sanitario** de los lactantes, ya que disminuye el número de episodios de diarrea e infecciones respiratorias, así como los ingresos hospitalarios. Además, los padres de hijos amamantados presentan **menor absentismo laboral**, lo que también es un beneficio para las empresas.

La leche materna es un **alimento natural y ecológico**. Para su producción no se necesitan embalajes, no se genera basura y **no contamina**. Por el contrario, la lactancia artificial deja una huella medioambiental, requiere energía para su manufacturación, plásticos y latas para su embalaje, gasolina para su distribución, agua y agentes de limpieza tóxicos para su preparación.

¿Por qué deben invertir las instituciones en apoyar la lactancia materna?[69]

A pesar de que se conocen los múltiples beneficios que la LM tiene tanto para la madre como para el bebé, muchas madres no amamantan a sus hijos y parece que los motivos son múltiples. Falta de información, falta de apoyo familiar y por parte del ámbito sanitario, falta de modelos en los que reflejarse (si tu madre o tus hermanas no han amamantado es difícil tener una referencia pro lactancia), falta de apoyo institucional para que la mujer pueda amamantar exclusivamente seis meses (si la baja maternal es de solo dieciséis semanas, ¿cómo vamos a alimentar de manera exclusiva a nuestro bebé durante seis meses?).

¿Cómo aumentar las tasas de lactancia materna?

Sistema de salud: Todos los países deberían contar con un sistema de salud orientado a fomentar la lactancia materna: médicos de familia, pediatras, enfermeros y matronas deberían tener una sólida formación en lactancia materna para saber asesorar y apoyar a las mujeres lactantes y proveerles de información clara y concisa desde el mismo embarazo. Se ha demostrado que el asesoramiento individual o grupal puede aumentar las tasas de lactancia materna en un 49-66%.

Hasta hace unos años, en su consulta el pediatra regalaba leche de fórmula y ante la mínima dificultad en la lactancia aconsejaba pasarse al biberón. Por suerte, las cosas están cambiando y cada vez son más los profesionales con una sólida formación en lactancia materna, pero aún son muchos los pediatras que tiran por tierra la lactancia de muchas madres. Si tienes dudas respecto a lo que te ha aconsejado tu pediatra, te recomiendo acudir a una asociación de lactancia materna o buscar el consejo de una asesora especializada.

Protegiendo la maternidad: La principal razón por la que muchas mujeres deciden no amamantar o destetar muy pronto es por motivos laborales. Pocas mujeres tienen realmente derecho a una baja maternal con todas las garantías que permita amamantar al bebé seis meses de manera exclusiva.

El permiso maternal es muy diferente entre países. En Australia y Reino Unido la baja maternal dura 365 días; en Croacia es donde más se prolonga, con un permiso de 410 días; en Suecia son 400 días; en Noruega, las madres tienen un permiso maternal de 322 cobrando el 100% del sueldo; en Portugal son 120 días; en Alemania, 98 días, cobrando el 100% y con posibilidad de prorrogar un año más, cobrando entonces el 67%. En España son solo 112 días y muchas mujeres se ven obligadas a incorporarse antes, pues solo es "obligatorio" disfrutar de tu bebé seis semanas.

La duración del permiso de maternidad es crucial para que la mujer se recupere del parto y preste los cuidados necesarios al recién nacido. Si pudiese llegar a ser ministra de Trabajo, lo primero que haría es ampliar el permiso de maternidad a un mínimo de 365 días. Con menos de un año de permiso es imposible criar, amamantar y crear un apego seguro. El bebé humano necesita intensos cuidados postparto y sigue desarrollándose fuera del útero, para lo que necesita la presencia continua de su mamá.

Cuando nació mi primer hijo, tuve que dejarle con tan solo cuatro meses al cuidado de mi hermana (por suerte no tuvo que ir a la guardería). No podéis imaginar la culpa que sentía cada mañana al tener que dejarle en otros brazos que no eran los míos.

Permisos de maternidad en el mundo

1 día   480 días

¿Por qué las madres abandonan la lactancia materna?

Las principales razones esgrimidas por las madres para abandonar la lactancia son, en primer lugar, la complicación de combinar la actividad laboral y la lactancia; en segundo lugar, la incomodidad de dar el pecho en lugares públicos, y en tercer lugar, creencias tales como que los pechos pierden firmeza o que se retrasa la recuperación de la figura (ambas cosas son mitos, por cierto).

La lactancia se asocia a la clase social a la que pertenecemos. Las mujeres de clase baja abandonan de media la lactancia 3 meses antes que las de clase alta.

Razones para dar el pecho

"¿Por qué vas a dar el pecho?" Esta es una pregunta frecuente que se hace a las madres primerizas, sobre todo por parte de aquellas que no han amamantado.

Hay mujeres que tienen claro que van a dar el pecho cuando sean madres, otras tienen dudas, otras tienen claro que no van a ofrecerlo. Y sea cual sea la decisión que adoptemos, vamos a recibir críticas y consejos, sobre todo si somos madres primerizas. Si has decidido amamantar a tu bebé y te cuestionan tu decisión, aquí tienes algunas posibles respuestas a la típica pregunta ¿por qué has decidido dar la teta?

- *Porque me apetece.*
- *Porque es práctico.*
- *Porque lo disfruto.*
- *Porque sé que es lo mejor para mi hijo.*
- *Porque no tengo que llevar comida preparada.*
- *Porque soy mamífera y estoy preparada para amamantar.*
- *Porque para eso tengo tetas.*
- *Porque tiene beneficios para mi salud.*
- *Porque tiene beneficios para la salud de mi hijo.*
- *Porque es barato.*
- *Porque quiero.*
- *Porque me da la gana.*

Mitos en torno a la lactancia materna

„Amamantar es siempre maravilloso"

Pues no. Habitualmente es algo maravilloso y se disfruta un montón, pero no siempre todo es de color de rosa. A veces duele, a veces aparecen mastitis, otras, grietas, a veces es agotador, a veces no nos apetece dar el pecho, otras, nos roba horas de sueño, etc. Por eso necesitamos estar bien informadas y rodearnos de amigas, familiares o mujeres que hayan dado el pecho. Acudir a un grupo de apoyo a la lactancia puede ser de mucha utilidad. Con el primer hijo es cuando más dudas aparecen. Con los siguientes parece que ya le hemos cogido el tranquillo y la lactancia suele ser más fácil. Paciencia. Permítete liberar tus emociones, no te juzgues.

„Tu leche no sirve, tu leche no es de calidad"

En muchas ocasiones oímos eso de "tu leche no vale, tu leche es agua, tu leche es mala". Pues no, no existe la leche de mala calidad, aunque sí la mala leche de algunos. Todas las madres fabrican una leche similar, que es el alimento ideal para todos los bebés de la especie.

Todas las mujeres estamos preparadas por naturaleza para producir leche de máxima calidad para nuestros retoños con la cantidad y cualidad de nutrientes que necesitan en cada momento.

„¿Hay alimentos que aumenten la secreción de leche?"

No, ni la cerveza, ni el caldo de pollo aumentan la producción de leche. Beber leche no hace que produzcas más leche. ¿Cuántas vacas hemos visto bebiendo leche para producir más para sus terneros? Para aumentar la producción de leche solo hay que ponerse al bebé con más frecuencia en la teta, dar teta y más teta y estar bien hidratadas (solo necesitamos beber agua).

„El pecho hay que ofrecerlo cada dos horas y dejar al bebé diez minutos en cada pecho"

No. **La lactancia materna se ofrece a demanda** y el bebé cogerá el pecho el tiempo que quiera. No es obligatorio que tomen los dos pechos en cada toma. De hecho, la mayoría de las veces solo tomarán uno al principio y se quedarán plácidamente dormidos.

¡¡Lactancia materna a demanda y el tiempo que el bebé quiera!! Olvídate del reloj.

Si siguiéramos la regla de las dos horas, probablemente acabaríamos en un plis plas con la lactancia materna y ofreciendo biberón a nuestro bebé.

Los bebés de menos de un mes pueden pasarse hasta una hora en el mismo pecho, con ratos con succión activa y otros más tranquila. Hay bebés que en cinco minutos se sacian, aunque no es lo habitual. Déjale mamar, y si cuando se suelta parece que quiere más, ofrécele el otro pecho, aunque repito: no es necesario dar los dos pechos en la misma toma.

«Si estoy dando pecho no puedo tomar medicamentos»

Una verdad a medias. Hay medicamentos que sí son compatibles con la lactancia y otros no. Cuando tengas dudas consulta la web www.e-lactancia.org

«Llega un momento en que la leche no alimenta»

El contenido de la leche materna va cambiando en su composición con el crecimiento del niño, y siempre va a ofrecer los nutrientes ideales para el niño, tenga la edad que tenga. Eso de que la leche ya es *aguachirri* cuando el bebé es mayorcito no es más que un mito.

«Mama por vicio»

La lactancia materna no solo calma el hambre o la sed, también aporta seguridad, apego, calma, amor, tranquilidad.

«Te está usando como chupete»

El chupete es una mala imitación del pezón, un sustituto del pezón, y no al revés. La frase que titula este apartado la oí infinidad de veces con mi hijo mayor, que era de los que estaba todo el día enchufado a la teta.

«Después de tomar teta tienes que sacarle los gases»

No. Al bebé no tienes que ayudarle a expulsar los gases después de cada toma. Hay bebés que durante la toma tragan gases y otros que no. Cuando terminan la toma y los incorporamos, hay veces que eructan y otras que se quedan tan tranquilos. Y otras se duermen tras mamar plácidamente en posición horizontal. Tradicionalmente, tras la toma, los padres o las abuelas se pasaban con el bebé en postura vertical más de media hora dándole golpecitos en la espalda para que echase los gases y nada, el bebé no eructaba. Aún recuerdo a mi suegra moviendo a mi hijo y dándole palmaditas en la espalda para que echase los gases sin éxito: «Siempre se les han sacado los gases a los niños, pero este niño no quiere echarlos», se quejaba.

Los adultos unas veces eructamos tras comer y otras no. Pues con los bebés pasa igual. Si tras la toma no expulsa gases, pero está tranquilo o incluso dormido, no te preocupes, no necesita expulsar nada.

Claves para una lactancia exitosa

- *La lactancia materna debe iniciarse en el mismo paritorio*. Cuanto más tarde se inicie, menores serán las posibilidades de que esta se instaure con éxito.

- *Revisar agarre, postura y posición al mamar*. No es normal que amamantar duela. Si duele, es que algo no funciona bien. Como te decía antes, te aconsejo que una matrona, doula o asesora revise la toma.

- *Teta a demanda, sin horario*. Los seis primeros meses en exclusiva, sin agua, zumos, infusiones, etc.

- *No ofrecer chupete*. Al menos las primeras seis semanas, si queremos que se enganche bien.

¿De qué está compuesta la teta?

La leche materna es un 88% agua, por eso, los bebés amamantados exclusivamente con LM no necesitan agua, zumo o infusiones. Se bastan y se sobran con su teta.

La leche materna es una mezcla acuosa de nutrientes, hormonas, bacterias, factores de crecimiento, enzimas, inmunoglubulinas, etc. Aún no conocemos la composición exacta de la leche materna, pero sabemos que es perfecta para el bebé.

La composición de la leche materna es regulada por las necesidades del lactante y va cambiando con el paso del tiempo e incluso a lo largo de la toma.

Lactancia es niños mayores, ¿es aguachirri?

¿Cuántas veces hemos oído eso de que la leche cuando ya son mayores no alimenta, que eso ya es vicio, que no se van a destetar nunca? Hay muchos prejuicios sociales y en ocasiones de profesionales sanitarios en torno a la lactancia en niños mayores.

Según diferentes estudios antropológicos, el destete espontáneo se produce entre los 2,5 y los siete años. Hasta el siglo XX la lactancia materna era la norma hasta los 2-3 años de edad[70].

La LM no pierde propiedades con el paso del tiempo. A partir del primer año de edad, el contenido en grasa de la leche aumenta y es un alimento completo y nutritivo para el niño, aún más que la leche de vaca o de fórmula. Un niño mayor de un año que toma teta obtiene una tercera parte de sus necesidades calóricas y proteicas a través de la leche, además de gran cantidad de vitaminas y minerales. Además, la leche materna para los mayores de un año sigue siendo una vacuna diaria, pues les aporta beneficios inmunológicos, con una menor incidencia de infecciones respecto a los niños que toman fórmula o leche de vaca[71].

Con mi hijo mayor tuve que oír eso de: «Va a pasar de tu teta a la de la novia» o «Se va a destetar cuando vaya a la mili». Cuánto daño pueden hacer los comentarios ajenos.

Lactancia materna y vuelta al trabajo

La conciliación familiar y laboral es una de las asignaturas pendientes de solucionar en muchos países. La OMS nos recomienda amamantar de manera exclusiva durante los primeros seis meses. Sin embargo, la mayoría de madres españolas tienen que reincorporarse al mundo laboral antes de que su bebé cumpla cuatro meses.

La lactancia materna puede mantenerse tras la vuelta al trabajo, y de manera exclusiva, pero hacerlo requiere de un gran esfuerzo por parte de la madre. Todo va a depender de la edad del bebé, del número de horas que vayáis a estar separados y del apoyo con el que cuentes. No es lo mismo que el bebé ya haya empezado con la alimentación complementaria cuando nos incorporemos, y no es lo mismo que estemos cuatro horas separados que doce. No es lo mismo que te puedan acercar al bebé a tu trabajo para que lo amamantes a que la persona que se quede a su cuidado se niegue a darle tu leche, por ejemplo, en el caso de guarderías que no acepten leche materna.

Si el bebé tiene menos de seis meses, en nuestra ausencia solo debería tomar leche materna, si queremos continuar con lactancia materna exclusiva. Si no podemos ofrecerle leche materna hasta los seis meses, los cuidadores deben ofrecer leche de fórmula. A partir de los seis meses puede ofrecerse alimentación complementaria junto a la leche materna extraída en nuestra ausencia, y cuando nosotras estemos con él ofrecerle solo teta... ¡¡Barra libre de teta!!

Consejos para la vuelta al trabajo:

- *Intenta alargar el máximo tiempo posible el tiempo en casa con tu bebé. Añade a la baja maternal las vacaciones, horas de lactancia o incluso una excedencia de un par de meses si puedes permitírtelo. No es lo mismo incorporarse cuando el bebé tiene cuatro meses que con seis o siete, cuando ya hayamos empezado con la alimentación complementaria. Los pediatras recomiendan no llevar a los bebés a la guardería hasta los dos años. La Asociación Española de Pediatría en Atención Primaria (AEPap) asegura que el riesgo de padecer neumonía se incrementa un 131% si los pequeños asisten a la guardería antes de los dos años.*

- *Si puedes, mantén la lactancia directa. Si la persona a cargo del bebé puede acercarlo a tu trabajo para que le amamantes allí, o bien puedes salir del trabajo para amamantarlo en casa, en la guardería o en algún otro lugar, es ideal. Esto es lo que yo hice cuando nació mi hijo mayor: aprovechaba para darle de mamar durante la "hora del café" y era mi hermana la que lo acercaba al centro de salud.*

- *Haz una reserva de leche. Quince o veinte días antes de incorporarte al trabajo, familiarízate con el sacaleches. Empieza a extraer leche y congélala en pequeñas cantidades: 50-60 ml en cada recipiente que guardes es suficiente, ya que no sabemos la cantidad que tomará el bebé.*

- *Aprovecha el tiempo con tu bebé, sigue con la lactancia materna a demanda hasta el día que te incorpores. No es necesario que intentes darle tu leche extraída ni leche de fórmula antes de que empieces a trabajar. Lo normal es que el bebé rechace esta leche al principio, y más si se la da su madre. Los bebés lo que quieren es teta y más teta. Cuanto más tiempo estén con lactancia exclusiva, mejor.*

- *Extráete la leche en el trabajo, donde encuentres un lugar tranquilo, o en casa si te sientes más cómoda. Lo más fácil es hacerlo mientras el bebé mama. Mientras él está en un pecho puedes extraerte del otro. Por las mañanas, nada más levantarte, también suele ser más fácil y la leche sale más rápido, pues los depósitos están más llenos.*

- *Compra un sacaleches, aunque no siempre es necesario. Si aprendes a dominar la extracción manual puede que no necesites sacaleches. Entre los que se encuentran en el mercado, los más cómodos suelen ser los eléctricos. De los que he probado, los que más recomiendo son los de la marca Medela©.*

¿Cuánta leche dejarle cada día?

Es difícil responder a esto porque depende mucho de cada bebé, de la edad y del número de horas que vayamos a estar separados. Puedes empezar con dejar dos tarritos de 60-70 ml los primeros días e ir observando. Hay algunos bebés que deciden esperar a su madre y no comer en su ausencia, y otros devoran todo lo que se les ofrece. Mi hijo mayor era de los que me esperaba, y parecía que estaba en huelga de hambre en mi ausencia. Después de haber pasado unas horas sin mí, lo primero que hace mi peque al verme es buscar su "teti".

¿Cómo deben ofrecerle la leche en tu ausencia?

Es preferible no usar biberones si queremos continuar con la lactancia materna exclusiva. El uso del biberón produce confusión en la succión, ya que ni la forma del pezón y la tetina son iguales ni lo es tampoco la técnica de succión que el niño debe usar en uno y otro caso.

Por eso, la leche debe ofrecerse en recipientes que sean menos proclives a causar confusión en la succión: vaso, jeringa-dedo, cuchara, vaso, vasito de iniciación o biberón, pero con una tetina de flujo lento... Cada bebé y cada cuidador debe encontrar el que les funciona mejor.

¿Qué pasa con tu bebé cuando te vas a trabajar?

Hay varias opciones y todas son posibles:

- *Hay bebés que **no quieren comer nada en ausencia de mamá**, ni leche, ni otros alimentos. No hay que forzarle ni obligarle a hacerlo. No pasa nada. Normalmente se les pasa en unas semanas. Cuando mamá vuelve, suelen abalanzarse sobre la teta y chupar como si no hubiese un mañana.*

- **Aumenta la demanda de mamá y de teta**. *Muchos bebés suplen la carencia de la separación haciéndose más demandantes de brazos, de mimos y de teta. Es normal, te echan de menos y quieren recuperar el tiempo perdido.*

- **Aumenta la demanda nocturna de teta.** *Lo mejor es practicar el colecho, porque con eso recuperamos el tiempo perdido de teta y mimos y todos descansamos más.*

- *El bebé está mejor de lo que esperábamos y **se adapta a tu ausencia**. Esto es lo que toda madre quisiera, que no sufrieran en nuestra ausencia.*

¿Qué necesitamos para sacarnos leche?

- *Un buen sacaleches, preferiblemente de tamaño pequeño y eléctrico, por su mayor rapidez y comodidad.*

- *Una neverita de playa con bloque de hielo o similar si vamos a sacarnos la leche en el trabajo.*

- *Recipientes para guardar la leche extraída, que pueden ser específicos o bien cualquier recipiente de uso alimentario con tapa.*

La leche materna que te extraigas cada día guárdala en el frigorífico, y servirá para que al día siguiente la persona que lo alimente la ofrezca en tu ausencia.

¿Cuánto tiempo dura la leche fresca en la nevera?

La leche en una temperatura de 0 a 4 grados puede permanecer unos cinco días en la nevera. Si la temperatura es inferior y la extracción y manipulado se han realizado con mucha higiene, puede aguantar hasta ocho días.

¿Y congelada?

La leche congelada puede permanecer en el congelador de manera óptima unos seis meses. En algunos congeladores cuya temperatura sea inferior a los -20 ºC podría aguantar algunos meses más.

¿Y a temperatura ambiente?

Depende del calor que haga. Para que tengamos una referencia, si la leche está a menos de 24 ºC será mejor que no esté más de cuatro horas sin refrigerar. A mayor temperatura, menos tiempo se va a poder conservar con seguridad. Así que siempre que puedas refrigera la leche para asegurar su conservación.

¿Cómo puedo saber que la leche está mala?

Cuando la leche se pone mala huele muy mal.

Para saber más y diseñar un plan personalizado para la vuelta al trabajo te recomiendo descargar la aplicación **Lactapp.**

4.

De 0 a 6 meses. Lactancia artificial o de fórmula

Hay mujeres que por diferentes motivos deciden no dar el pecho, o que por diferentes circunstancias no pueden hacerlo, y hay que respetar y apoyar su decisión si la madre ha considerado que eso es lo más correcto para el bebé y para ella después de haberse informado correctamente. Muchas veces la madre quiere dar el pecho, lo intenta con todo su empeño, pero no lo consigue con éxito, lo que se convierte en una causa de frustración y malestar. Imagino lo doloroso que debe ser intentar darle pecho a tu hijo y no conseguirlo. Aunque la leche de fórmula no se puede comparar nutricionalmente con la materna, sí que podemos emular los beneficios "no nutricionales" que ofrece la lactancia materna dependiendo de cómo ofrezcamos el biberón. En este capítulo vamos a analizar cuál es la mejor leche de fórmula, veremos cómo preparar el biberón y cómo ofrecerlo para que se asemeje lo máximo posible a la lactancia materna.

¿Qué tipo de leches de fórmula hay en el mercado? ¿Cuál es la mejor?

Vamos a ofrecer biberón a nuestro bebé y nos planteamos cuál será la mejor leche entre todas las que vamos a encontrar en el mercado. En primer lugar, me gustaría apuntar que lo ideal, si el bebé no puede tomar leche materna, es que tome leche materna donada o procedente de un banco de leche, en especial durante los primeros días, y sobre todo en el caso de los bebés prematuros. La Estrategia Mundial para la Alimentación del Lactante y del Niño pequeño redactada por la Organización Mundial de la Salud indica que, siempre que sea posible, la primera opción debe ser la leche donada. Si esto no es factible, entonces recurriremos a la leche de fórmula infantil.

Leche infantil de fórmula

La mayoría de leches de fórmula disponibles en el mercado son similares en cuanto a su composición y están reguladas por el Codex Alimentario. Si una leche está a la venta es porque cumple con la normativa vigente que asegura que el bebé está correctamente alimentado. Así que, tranquilos: todas las leches infantiles son aptas.

La presentación de las distintas fórmulas puede variar, de forma que encontramos leche en polvo (una opción más económica), o líquida, ya lista para tomar.

Según la edad del bebé existen tres tipos de leches en el mercado.

Leches de inicio o tipo 1. Son indicadas para bebés de menos de seis meses. Son las más completas y enriquecidas. Todas las leches de inicio son aptas para alimentar a un recién nacido.

Leche de continuación o tipo 2. Es adecuada para bebés de más de seis meses, y se puede ofrecer hasta los 12-18 meses. Debe aportar el 50% de los requerimientos diarios del lactante (el resto provendrá de alimentos complementarios).

Leches de crecimiento o tipo 3. Son un producto de transición entre el tipo 2 y la leche de vaca. Suelen venir cargadas de azúcar, por lo que no son aconsejables y ni siquiera necesarias. Si lo deseamos, desde los doce meses podemos ofrecer leche de vaca o cabra entera. Pero nunca antes de los doce meses, debido a su elevada carga renal de solutos y al riesgo de ferropenia asociada a su consumo precoz.

Leches especiales. Están diseñadas específicamente para aquellos bebés que padezcan alguna patología o trastorno relacionado con la absorción, digestión o metabolización de los alimentos. Dentro de este grupo encontramos:

- *Leches sin lactosa: dirigidas a niños con intolerancia a la lactosa por deficiencia de la enzima lactasa. La lactosa se reemplaza por otro tipo de hidrato de carbono.*

- *Leche antiestreñimiento: con probióticos beneficiosos que ayudan al sistema digestivo del bebé.*

- *Fórmulas antirregurgitación: para aquellos bebés con reflujo gastroesofágico o regurgitación. Estas leches se espesan para disminuir los reflujos.*

- *Fórmulas para prematuros y recién nacidos de bajo peso: deben cubrir los requerimientos del tercer trimestre de gestación y aportar los elementos necesarios para el correcto desarrollo del sistema digestivo. Contienen una mezcla de grasas vegetales y lácteas, y están enriquecidas con hierro.*

- *Fórmulas aptas para errores metabólicos: están específicamente elaboradas para bebés con enfermedades metabólicas (intolerancia a la fructosa, galactosemia, fenilcetonuria...) por defecto en el funcionamiento de una enzima.*

- *Fórmula hidrolizada: las proteínas están descompuestas en moléculas más pequeñas que son más fáciles de digerir. Suelen utilizarse en bebés con alergias o con dificultad para la absorción de nutrientes. En los bebés que tienen un alto riesgo de desarrollar alergias (debido a un historial familiar, por ejemplo) y a quienes no se les ha amamantado de forma exclusiva durante cuatro a seis meses, existen estudios que demuestran que el eczema o dermatitis atópica se puede prevenir o retrasar al alimentarlos con fórmula hidrolizadas o hipoalergénicas. Son bastante caras.*

¿Cómo se elabora la leche de fórmula?

Encontramos diferentes tipos de leche de fórmula en el mercado, dependiendo del tipo de bebida que se use como base.

1. Leches de fórmula a base de leche de vaca

Representan alrededor del 80% de la fórmula que se vende hoy en día. La leche de vaca se modifica para que pueda ser apta para el consumo infantil. La leche de vaca entera, tal y como la venden en el supermercado, no es apta para el consumo de un recién nacido. La leche de vaca se trata térmicamente y se le añade lactosa para que se parezca más a la leche materna. También se elimina su grasa, que se sustituye por aceites vegetales que son más fáciles de digerir.

Actualmente se le añade ácido docosahexaenoico (DHA) y ácido araquidónico (ARA), que son ácidos grasos que se consideran importantes para el desarrollo del cerebro y los ojos de un bebé. Sin embargo, hay estudios (y entre ellos una revisión Cochrane), que concluyen que la inclusión de DHA en las fórmulas para lactantes no aporta ningún beneficio a los bebés. Este DHA no es similar al contenido en la leche materna. El que se incluye en las fórmulas artificiales se extrae de microalgas fermentadas, mientras que el de la leche materna se forma en la glándula.

A día de hoy, la inclusión de DHA en las leches artificiales no aporta beneficio alguno y sirve como muestra de que complementar la leche artificial con sustancias propias de la leche materna no es un éxito garantizado, ya que no todas las sustancias de la leche materna pueden conseguirse en un laboratorio, y no siempre que se consiguen ofrecen el mismo efecto. Y es que imitar a la naturaleza es difícil. De momento no hay ninguna leche que se pueda comparar en calidad con la humana.

En la actualidad las leches se fortifican con hierro para reducir el riesgo de anemia, y también se les añaden vitaminas y diferentes minerales, así como nucleótidos, laurina, carnitina, ácido palmítico, prebióticos y probióticos.

2. Leche de fórmula a base de leche de cabra

Parece que las proteínas y grasas de esta leche son más parecidas a las humanas y por tanto más fáciles de digerir. Esto hace que las caquitas del bebé sean más frecuentes que cuando se alimentan con leche de vaca, además de blanditas y más parecidas a las efectuadas por los niños alimentados con lactancia materna, previniendo el estreñimiento que a veces se asocia a la leche de fórmula.

Como veremos más adelante, hasta los dos años no deberíamos ofrecer leche ni carne de vaca a los niños, por lo que mi opción, si tuviese que ofrecer leche de fórmula, sería la leche de cabra. En mi caso, mis tres hijos han sido criados con leche materna y no he ofrecido ningún biberón, por lo que no puedo daros opinión personal sobre sabores y preferencias infantiles entre un tipo de leche y otra.

3. Leches adaptadas vegetales

Existen leches artificiales con una base vegetal, ya sea de arroz o de soja. Estas leches no se compran en supermercados y su composición está sujeta a normativas iguales a las que están sujetas las leches elaboradas a base de leche animal.

Este tipo de leche se puede ofrecer a los bebés en caso de: alergia a la proteína de leche de vaca, preferencias personales o dietéticas (familias vegetarianas), bebés con galactosemia o bebés que ya toman leche artificial y sufren una intolerancia transitoria a la lactosa. Tienen un hándicap: el precio.

Cuidado: las bebidas vegetales que se venden en supermercados o en tiendas de dietética, como la bebida de soja o de avena, no son aptas para menores de 6 meses. A partir de esta edad podemos ofrecerlas, pero la base de su alimentación debe seguir siendo la leche materna o la de fórmula. Estas bebidas solo serán un complemento.

¿Es perjudicial el aceite de palma en las leches infantiles?

El aceite de palma se añade a las leches infantiles en forma de ácido palmítico para hacerlas similares a la leche humana, que contiene un 25% de ácido palmítico de manera natural. La diferencia entre el ácido palmítico de la leche humana y el de la leche de fórmula es su estructura: el de la leche materna es beta-palmitato y el de la leche de fórmula alfa-palmitato. El alfa-palmitato impide que se absorban bien las grasas y el calcio, y en consecuencia las heces de los niños que toman leche de fórmula son más duras que las de los niños que toman teta. Lo ideal sería que los fabricantes añadiesen beta-palmitato a la leche para que así se pareciese más a la leche humana y las heces fuesen más similares, con lo que habría menos problemas de estreñimiento asociados a la leche de fórmula. Algunos fabricantes empiezan a añadir beta-palmitato en diferentes proporciones: algo es algo. En la leche de fórmula de cabra no se usa aceite de palma, lo que puede suponer una ventaja.

Si nuestro hijo presenta alergia a la proteína de leche de vaca (APLV), ¿qué leche necesita?

Cuando un bebé padece APLV y está con lactancia materna exclusiva, la primera opción sería eliminar totalmente de la dieta materna dicha proteína (ya sea de vaca, cabra u oveja) para evitar que llegue al bebé a través de la leche materna.

Si la madre no quiere o no puede hacer dieta de exclusión, el siguiente paso es ofrecer leche artificial sin proteínas de leche de vaca, como puede ser la leche adaptada vegetal o las fórmulas hidrolizadas.

Síntomas de APLV:

- Bebés que se arquean al tomar el pecho o el biberón, cogen el pezón o la tetina con fuerza y tiran; bebés que se muestran inquietos e irritables, duermen poco e inquietos; parece dolerles la barriga; vomitan o tienen regurgitaciones con frecuencia; cambios en las heces; heces con moco, con hebras de sangre o con un olor muy fuerte; pérdida de peso; lesiones en la piel tipo eczema o ronchas.

- Si tras consultar con el pediatra y hacer las pruebas oportunas se diagnostica la APLV, lo que tenemos que hacer es evitar la leche de vaca.

- Si estás alimentando a tu hijo con leche de fórmula tendrás que sustituirla por una leche hidrolizada (que te deberá recetar el médico), y si estás dando el pecho, lo más recomendable es eliminar de tu dieta la leche de vaca y los productos derivados lácteos para seguir amamantando con seguridad. Se recomienda evitar leche y derivados de vaca, cabra y oveja.

Biberones pirata y APLV

Cuando de manera puntual se dan biberones de leche de fórmula a un bebé alimentado con leche materna, esto no solo podría interferir con la lactancia materna, sino que, a largo plazo, podría ser la causa de una alergia a la proteína de leche de vaca.

Es común en muchas maternidades y en algunos hogares dar una "ayuda" durante los primeros días al bebé alimentado con LM, para que estén más tranquilos, para asegurarnos de que come suficiente, para que la recién estrenada madre descanse… y estos biberones dados de manera esporádica y, en ocasiones, a espaldas de la madre, pueden ser la causa de la APLV.

La leche de vaca, aunque sea de fórmula, es un alimento para el que el recién nacido no está preparado, es antinatural y el bebé tiene que acostumbrarse a él y desarrollar una tolerancia. Los niños alimentados con leche de fórmula entrenan a su sistema inmune con cada toma hasta que aceptan la leche. En el caso de los niños que reciben esporádicamente un biberón y tienen predisposición a desarrollar alergia (bebés atópicos y/o con antecedentes de alergias en los padres o hermanos), es fácil que su sistema inmune no sea capaz de tolerar las proteínas de la leche de vaca y desarrollen alergia a esta.

Si tienes claro que vas a dar lactancia materna no dejes que le den biberón de fórmula en el hospital, ni tampoco en casa por parte de algún familiar. Si realmente es necesario un suplemento, este debería ser de leche materna (extraída por ti o del banco de leche) o fórmula hidrolizada.

¿Cómo preparar el biberón?

Preparar un biberón es relativamente sencillo, lo realmente importante es controlar la cantidad de polvo que añadimos al agua para reconstituir la fórmula.

1. Lávate las manos a fondo, durante un minuto al menos.

2. El biberón y la tetina tienen que estar limpios. No uses trapos de cocina para secarlos.

3. Prepara el agua para el biberón, puede ser del grifo o mineral. Hiérvela, tanto si es de un tipo como del otro. Así consigues una leche estéril, libre de **cronobacter** *o* **salmonella**, *que son las dos bacterias que son candidatas a producir infecciones a través de la leche en polvo.*

4. Lee atentamente las instrucciones que figuran en el envase de la leche artificial y usa las cantidades exactas de polvo y agua indicadas. Disminuir o aumentar el agua o la leche en polvo constituye un riesgo para la salud del bebé.

5. Cuando el agua alcance unos 90-70 grados llena el biberón con la cantidad de agua indicada. Se aconseja esperar 5-10 minutos antes de añadir el polvo, ya que si se hace con el agua recién hervida la mezcla se aglutinará y no se disolverá bien. Se aconseja esperar entre 5 y 10 minutos antes de añadir el polvo.

6. Añade al agua la cantidad de polvo indicada en el envase.

7. Cierra el biberón con cuidado de no quemarte y agítalo para que el polvo se reconstituya y no queden grumos.

8. Si quieres usarlo inmediatamente, llena un recipiente con agua fría e introduce el biberón en ella. De esta manera, la temperatura de la leche disminuirá. Si no tienes prisa deja que se enfríe.

9. Comprueba que la temperatura de la mezcla es correcta depositando unas gotas de leche en la muñeca. La leche tiene que estar templada, no es necesario que esté caliente.

10. Ofrece la leche al bebé. Recuerda que la leche artificial también se administra a demanda, tanto en cantidad como en el intervalo de tomas. La leche que el bebé no haya tomado puede ser guardada solo durante las dos siguientes horas. Si no la consume, será necesario desechar la toma pues la proliferación de bacterias la convierte ya en una leche poco segura para el bebé.

11. Si sabemos que el bebé no va a tomar el biberón que hemos preparado en las próximas dos horas, entonces lo guardaremos en la nevera justo después de la preparación, y podemos conservarlo 24 horas. Cuando lo vayamos a usar, lo calentaremos con un calienta biberones o al baño maría. Si pasadas dos horas no lo toma, deberemos desecharlo.

¿Cómo ofrecer el biberón para que sea lo más parecido al pecho?

La lactancia materna no es solo alimento: es sustento, es seguridad, es calor, es amor, es vínculo, es contacto, es estímulo, es interacción, es complicidad. Y esto podemos lograrlo también al dar el biberón.

La lactancia materna favorece el vínculo entre la madre y el bebé gracias al contacto prolongado piel con piel, y también favorece el desarrollo del cerebro del niño, no solo por la leche que recibe sino por las sensaciones que percibe al ser amamantado. Cuando un bebé mama libera oxitocina, opioides y norepinefrina, por eso se calman tanto al mamar y se se les ve satisfechos, además de sentir amor y placer.

Al dar el biberón podemos recrear esas sensaciones si seguimos estas recomendaciones:

1. Alimentar a demanda. Igual que el pecho se da a demanda, el biberón se debe ofrecer a demanda, cuando sintamos que nuestro hijo tiene hambre, y debemos retirarlo cuando sintamos que está saciado. No hay que obligarle ni presionarle para que se lo beba todo.

2. Debemos dar el biberón en brazos, sosteniendo al bebé en nuestro regazo y favoreciendo la proximidad, piel con piel. No le des el biberón desde la distancia, sosteniendo el biberón y sin apenas rozar su piel.

3. Que sea la madre la que ofrezca el biberón, especialmente las primeras semanas y, cuando esto no sea posible, que sean pocos los cuidadores que lo ofrezcan. Es habitual que cuando recibimos visitas durante los primeros días todos quieran aprovechar para darle un biberón al bebé. Para establecer un vínculo seguro no deberían ser más de dos o tres personas quienes ofrezcan el biberón.

4. No usar chupete para calmarle. Cuando llore o esté inquieto es mejor ofrecer brazos, mimos, caricias y por qué no, el pezón si la madre quiere. Usar el chupete como último recurso.

5. Si no se va a dar el pecho es importante compensar esta carencia con brazos, porteo, colecho, caricias, masajes, proximidad, piel con piel, susurrando, cantando...

Cómo introducir la alimentación complementaria

5.
De 6 a 24 meses. Baby Led Weaning, alimentación autorregulada por el bebé o destete dirigido por el bebé

¿De qué se trata? ¿Es un método seguro para alimentar a nuestros hijos? ¿Qué opinan los pediatras de este método? ¿Posee beneficios frente a los purés y potitos para bebés?

En los últimos cien años lo habitual ha sido alimentar a los bebés con alimentos infantiles triturados y procesados, tipo potitos y papillas de cereales para bebés. En ocasiones esos potitos han sido preparados en casa, pero lo habitual en los últimos años es que los bebés sean alimentados con "comida preparada por la industria". Cuando hablamos de alimentación saludable para adultos intentamos huir de los precocinados y de los productos industrializados, pero en el caso de los bebés lo habitual es alimentarles con comida precocinada. Hasta hace unos años poca gente se planteaba alimentarles de otra forma. Creo que en parte confiamos en estos alimentos industriales por miedo a que les falte algún mineral o vitamina a nuestros hijos. Queremos lo mejor para ellos y confiamos en que expertos nutricionistas hayan elaborado esos alimentos infantiles con el fin de aportarles todos los nutrientes que necesitan para crecer sanos y fuertes, ¿no es así?

Cuando llegó el momento de empezar con la alimentación complementaria con mi hijo mayor tuve muchas dudas. No veía natural alimentarle con triturados y purés si yo misma no lo hacía. Si ningún animal en la naturaleza da a sus hijos alimentos procesados ni les tritura la comida, ¿por qué iba a triturar yo la comida de mi cachorro humano? Leía las etiquetas de los cereales y solo veía azúcar. Así que decidí investigar si había otra forma de alimentar a los bebés, si había alguna "loca" a la que se le hubiese ocurrido alimentar a sus hijos como me contaba mi abuela que la habían alimentado a ella y a sus hermanos cuando eran pequeños. Entonces no tenían batidora (ni luz donde enchufarla). Me contaba mi abuela que su madre mojaba pan en leche, y cuando este estaba blandito le daba sopas de pan. También patatas cocidas o garbanzos sin piel. Y cuando era un alimento muy duro, su madre los masticaba un poco para ablandarlo, y de su propia boca se lo daba a sus pequeños. «Hija mía, antes no había potitos, pero había que comer».

Buscando y buscando descubrí que existía una corriente anglosajona consistente en ofrecer los alimentos en forma sólida a los bebés. Se llamaba **Baby Led Weaning**, que en español se podría traducir como «alimentación autorregulada por el bebé», o «destete dirigido por el bebé» o, dicho más sencillamente: acostumbrarse a comer solo. Este método consiste en ofrecer al bebé alimentos sólidos basándonos en los mismos alimentos que come la familia, y es el propio niño el que decide qué comer, cuánta cantidad y cuándo hacerlo.

El bebé toma la iniciativa a la hora de comer y utiliza su instinto y habilidades para nutrirse. A la vez que empieza a comer, progresivamente y *motu proprio* va dejando la leche artificial o la teta. «¡Eureka!», pensé, «esto es justo lo que estoy buscando». Cuando, entusiasmada, se lo conté a mi abuela, ella me miró sorprendida y me dijo: «¿Crees que has descubierto la pólvora? Esto es lo que hicieron conmigo. Ya sabía yo que lo antiguo volvería. Siempre pasa...»

Antes de la introducción en el mercado de los alimentos infantiles preparados, el **Baby Led Weaning** (BLW) debió de ser la forma habitual de alimentar a los bebés. Hoy rescatamos lo que en otros momentos de la historia de la humanidad fue la manera habitual de alimentar a los niños. El BLW es una alternativa a la cultura moderna de alimentación infantil impulsada, más bien impuesta, por la industria alimentaria[72].

¿Qué recomienda la Organización Mundial de la Salud (OMS) a la hora de introducir la alimentación complementaria? ¿Habla la OMS de BLW?

La OMS ve adecuado comenzar la alimentación complementaria (AC) con alimentos triturados y, progresivamente y antes de los doce meses, ir ofreciendo alimentos enteros. Recomienda que el niño se alimente con los mismos alimentos que su familia y no con alimentos procesados industrialmente. Sobre los ocho meses recomienda introducir "alimentos para picotear con las manos" (*finger foods*, en inglés), aunque los purés y triturados sigan siendo la base de su alimentación[73].

A la hora de introducir la AC, la OMS presta especial atención al momento de la introducción de esta y a la forma de alimentarle adecuadamente. Nos insta a empezar con AC cuando realmente sea el momento oportuno, es decir, cuando la necesidad de energía y nutrientes exceda lo que se puede proporcionar a través de la lactancia materna exclusiva, cosa que no ocurre antes de los seis meses.

LA OMS nos anima a alimentar a nuestro bebé en función de los estímulos o señales que este muestre en relación con la comida. ¿Qué significa esto? Que estemos atentos a las señales de apetito y saciedad para que no pase hambre, pero que tampoco le sobrealimentemos. Que le demos autonomía para elegir alimentos con sus manos o con la cuchara, incluso cuando estén enfermos.

Cada vez son más las instituciones sanitarias que recomiendan empezar con *finger foods* o alimentos que pueden coger con las manos desde el momento en que se introduce la AC. En Reino Unido recomiendan empezar con *finger foods* desde el momento que empieza a ofrecerse AC[74]. En nueva Zelanda recomiendan empezar con la comida en trocitos a los siete meses[75]. En España, la Asociación Española de Pediatría nos invita a abandonar el uso de la batidora para hacer purés al cumplir el año de edad[76]. Así, parece que poco a poco las recomendaciones van cambiando y volvemos a la alimentación de nuestros ancestros.

En los últimos años el **Baby Led Weaning** (BLW) ha ganado en popularidad y cada vez son más las familias que optan por alimentar de esta manera a sus hijos. Yo he hecho BLW con los tres y realmente estoy muy contenta con la decisión. Os cuento en qué consiste y cuáles son sus beneficios.

En el BLW al niño no se le ofrecen purés, ni papillas ni potitos, salvo que la familia los tome en ese momento. Al niño se le ofrecen los mismos alimentos que al resto de la familia y con una presentación similar, siendo el niño el que decide qué comer y cuánto comer.

El movimiento BLW comenzó a extenderse en 2001 y cobró adeptos entre los padres a raíz de la publicación del libro de Gill Rapley y Tracey MurKett *El niño ya come solo*, que os recomiendo que leáis.

¿Cuándo empezar a introducir los alimentos?

La OMS recomienda empezar a los seis meses, siempre y cuando el niño haya alcanzado las habilidades necesarias para autoalimentarse, sea capaz de sentarse sin apoyo, masticar y tragar la comida, y haya perdido el reflejo de extrusión[77]. Este reflejo, presente en todos los recién nacidos, consiste en que cuando se introduce un alimento en la parte anterior de la boca, el bebé la expulsa al exterior con la lengua. Este reflejo permite a los pequeños expulsar de su boca cualquier alimento que no sea líquido o de la textura de la mama, o del sabor y olor de la leche. Es un mecanismo de defensa, en realidad, que le permite ser solo alimentado con lo que la naturaleza ha diseñado para él: leche materna. El reflejo de extrusión empieza a desaparecer a partir de los cinco o seis meses de edad.

Hace unos años se recomendaba empezar con la AC a los cuatro meses de edad, pero desde 2003 la OMS desaconseja empezar tan pronto, pues se ha demostrado que el bebé no está fisiológicamente preparado para ello. Se ha concluido que introducir la AC antes de los 4-6 meses puede asociarse a un mayor riesgo de obesidad[78].

En el caso de los bebés prematuros, se recomienda empezar con la alimentación complementaria a los seis meses de edad corregida[79].

¿En qué consiste el BLW?

Si piensas en el momento de introducir la comida a un bebé, generalmente te imaginas a un adulto preparado con su comida triturada, armado con una cuchara y en ocasiones un peluche, un juguete o un móvil para ayudar en el proceso. En el lado contrario, un bebé que a veces abre la boca con ganas, pero otras escupe, grita, llora y patalea porque no quiere la comida que tan amorosamente han preparado sus padres o la marca de alimentación infantil elegida. Esto no parece muy alentador, pero sobre todo no parece muy natural. En el BLW se intentan evitar los conflictos a la hora de comer, se eliminan los premios y castigos en torno a la comida y se intenta prestar el máximo respeto al proceso de alimentación del niño. Se considera al bebé como un ser autónomo y diseñado por la naturaleza para autoalimentarse si se le ofrece comida adecuada para él, al igual que ocurre en el resto de especies.

Beneficios del BLW:

1. Control del apetito. El bebé alimentado según el método BLW come lo bastante, pero no demasiado. Saber cuándo dejar de comer es fundamental para evitar la obesidad y mantener un peso adecuado. Si nos sentimos saciados, en teoría deberíamos dejar de comer, pero muchos adultos y niños no pueden parar por muy llenos que estén, y parece que la capacidad de autocontrol la aprendemos de pequeños. Si el niño se alimenta él solo, dejará de comer de manera natural cuando se sienta lleno, pero si le alimentamos con cuchara podemos caer en la sobrealimentación.

Todas las madres y padres amamos a nuestros hijos y queremos alimentarles bien para que crezcan sanos, y en nuestro deseo de cuidarles podemos estar dándoles más alimento del que necesitan. Para la mayoría de padres nunca es suficiente y tenemos muchas dudas sobre la cantidad de comida que deberían comer, por lo que en ocasiones acabamos persuadiéndoles para que coman lo que nosotros o la abuela consideramos que deben comer. Les hacemos el avión, abrimos la boca grande, les ponemos la tableta con el *Cantajuegos* o *Peppa Pig*, mientras ellos tragan una tras otra todas las cucharadas del puré. En ocasiones, el niño vomita porque está tan lleno que no le cabe más. ¿Y qué hacemos entonces? Volver a empezar con el puré.

De esta forma el niño aprende a comer en exceso, y en casos extremos puede desarrollar fobia o rechazo a los alimentos o una tendencia a comer demasiado rápido. Si el niño come solo lo hace a su ritmo, emplea el tiempo que él considera oportuno y deja de comer cuando está lleno. Cuando le alimentamos con cuchara el acto de comer suele ser muy rápido, pues el niño no tiene que masticar, solo tragar.

En efecto, se ha demostrado que los bebés alimentados mediante BLW son más sensibles a la sensación de saciedad y tienen un mejor control del apetito[80]. Estamos educando a una persona que en la edad adulta tendrá menos tendencia al sobrepeso.

2. Muestran **interés por una mayor variedad de alimentos** que los alimentados según el método tradicional, y en general muestran menor apetito por los dulces. Las madres que alimentan con BLW no suelen etiquetar a sus hijos como "malos comedores" y consideran que comen bien. Sin embargo, entre la mayoría de madres es muy común la frase "mi niño no me come", "es un mal comedor", "no quiere probar nada".

Los niños alimentados según el método tradicional suelen mostrar preferencias por los alimentos dulces y azucarados, mientras que los alimentados con BLW muestran preferencia por los carbohidratos[81].

Cuando a nuestro hijo le damos purés o potitos no aprende a distinguir sabores, porque están todos mezclados, mientras que el niño que se alimenta por sí mismo experimenta con sabores, olores y texturas y aprende a reconocer lo que le gusta y lo que no.

Un estudio inglés ha analizado si introducir alimentos sólidos a la edad propuesta por BLW tiene un impacto cuando son mayores a la hora de comer. Realizaron un cuestionario a 7.821 madres sobre hábitos de alimentación de sus hijos a las seis meses, quince meses y siete años y observaron si había diferencia a la hora de ingerir frutas, verduras y alimentos azucarados y si eran más o menos tiquismiquis a la hora de comer o si presentaban algún trastorno de alimentación. Observaron que los niños que habían comenzado a comer alimentos a trocitos, o al menos grumosos, entre los seis y nueve meses comían mejor, según la percepción de las madres. Los niños que habían ingerido sólidos por primera vez con más de nueve meses tomaban menos fruta y verduras con siete años, eran más delicados a la hora de comer y presentaban más trastornos relacionados con la alimentación[82]. Según la doctora Gillian Harris, investigadora principal del estudio, las comidas que aprendemos que nos gustan en la lactancia y primera infancia predicen lo que comeremos en la infancia y la edad adulta. La mayor influencia en el desarrollo de los hábitos dietéticos es el método y el momento de la alimentación complementaria. Por eso esta etapa es crucial para sentar las bases de una alimentación saludable en el futuro.

Si le ofrecemos a nuestro hijo alimentos de distintos grupos en cada comida, el bebé es capaz de seleccionar aquellos que más necesita en ese momento concreto.

3. Menos ansiedad y preocupación en torno a la comida para las madres. Un estudio publicado en la revista *Obesidad Pediátrica* demostró que las madres que siguen el BLW presionan y controlan menos a sus hijos a la hora de comer, ponen menos limitaciones en torno a la comida y se muestran menos preocupadas por el peso de sus hijos y por si comen lo suficiente o no[83]. Personalmente, tengo que admitir que conocer el BLW para mí fue un alivio y una comodidad. Tras mucho informarme vi que solo debía preocuparme por ofrecerle alimentos a mi peque y confiar en su naturaleza y su instinto. Esto me ha ahorrado muchos quebraderos de cabeza a la hora de pensar qué iba a prepararle de comida o de buscar potitos industriales y he ganado en tranquilidad, pero sobre todo, he podido disfrutar del momento de compartir la comida con mis tres hijos sin que este momento se convirtiera en un campo de batalla o en una auténtica pesadilla, como he podido observar en otras familias que deciden seguir el método tradicional.

4. Es divertido y es natural. Los bebés a quienes se permite que coman por sí solos y experimentar con la comida suelen asociar la comida a un momento agradable, porque saben que van a disfrutar conociendo nuevos alimentos, sabores y texturas, y porque pueden hacer cosas por sí mismos. No hay cosa que más le guste a un niño pequeño que hacer las cosas "él solito". Si el momento de la comida lo asociamos a un momento agradable es más probable que nuestra actitud hacia la comida sea saludable durante toda nuestra vida. Y es natural porque los bebés están programados para experimentar y explorar, para seguir su instinto de comer cuando están preparados.

Ten la cámara preparada, seguro que captas momentos muy divertidos.

Te muestro algunas fotos de mis hijos practicando BLW. Si te apetece, comparte conmigo las fotos de tus hijos con el *hashtag* #miniñocomesanoblw

5. Participan en las comidas de toda la familia, lo que implica un **beneficio social y familiar**. El niño alimentado mediante BLW suele comer con su familia, en la misma mesa o incluso sentado sobre sus padres, y participa de la misma comida que la familia (ojo, ya hablaremos más adelante, hay que ser muy cuidadoso con lo que comemos en casa, pues si no hay riesgo de que el niño ingiera mucha sal, azúcar y grasas saturadas). Al participar en la mesa, el niño se siente parte de la familia, aprende a compartir, a conversar, a esperar el turno... y esto tiene un efecto positivo en las relaciones familiares. Además, los niños aprenden por imitación, si ven a sus padres y hermanos comer verdura, a usar los cubiertos, a masticar... tenderá a imitarlos. Los niños alimentados con potito suelen comer antes que el resto de la familia y en cierto modo son apartados del acto social de la comida.

6. Facilita el comer fuera. Si sigues el método BLW no tienes que andar cargando con potitos, porque en los restaurantes siempre hay algo que los bebés pueden comer: tomate, pepino, pan, pescado... Así, los padres podemos disfrutar de la comida mientras está caliente e improvisar una comida fuera de casa sin pensar que no tenemos un potito a mano. Te evitas buscar una farmacia de guardia o quedarte en casa porque no tienes comida para el bebé.

Cuando mi peque tenía dieciocho meses nos fuimos diecisiete días a Tailandia y no preparé nada especial para ella: comió lo mismo que los tailandeses, lo mismo que sus hermanos y lo mismo que sus padres, experimentó con las especias, con los curris, con el coco, las frutas exóticas... Fue una suerte que comiera sólidos y lo mismo que nosotros, porque no vi ni un solo potito en supermercados o farmacias.

7. Mejora el desarrollo de las **habilidades motoras** del bebé. Favorece la motricidad fina y la coordinación mano-ojo, mientras se divierte.

8. Fomenta la independencia y la confianza en sí mismo, pues él es el dueño de su alimentación.

9. Ayuda a crear **hábitos saludables para toda la familia**. El BLW anima a madres, padres y hermanos a mejorar sus hábitos y preparar recetas saludables para toda la familia. Es una oportunidad para cuidarle y cuidarnos.

Inconvenientes del BLW

1. Es sucio. En ocasiones es muy sucio. Recuerdo una vez la cara y la ropa de mi hijo mayor tras comer por primera vez espaguetis con tomate a sus doce meses de edad. El tomate y los restos de pasta nos impedían ver su cara.

La fase en la que lo ensucian todo pasa relativamente rápido, porque al dejarles experimentar, controlan rápidamente el arte de alimentarse. Pero sí es verdad que al principio puede agobiar el ver comida desperdigada por todas partes: la mesa sucia, el bebé sucio... Con mi hija menor estuve pensando en comprar una gallina para que comiese todos los restos que ella iba dejando en el suelo. Bromas aparte, hay varias páginas web 84 que ofrecen "remedios" para esas familias que no quieren verlo todo sucio durante las primeras fases de experimentación, como pueden ser los recogedores de alimentos que se pueden acoplar a la trona, baberos extra grandes y fáciles de limpiar, etc.

2. Serás el **blanco de las críticas** de tu madre, de tu suegra, de tu pediatra y de tu vecina, esa que crio a cinco hermosos hijos con potitos y papilla. Muchas personas se muestran escépticas y preocupadas cuando les dices que alimentas a tus hijos con trocitos que ellos comen con sus propias manos, pero te aseguro que en cuanto vean a tu hijo comer tan feliz y ricamente cambiarán de opinión.

Lactancia materna y BLW, ¿hay algún tipo de asociación?

Según lo observado en distintos estudios, las madres que deciden seguir el método BLW suelen haber ofrecido desde el nacimiento lactancia materna, y suelen prolongala más tiempo que las madres o familias que deciden alimentar a sus hijos según el método tradicional[85]. Ya sabemos que la leche materna es el mejor alimento que podemos ofrecer a nuestros hijos y que una lactancia materna prolongada se ha asociado a menor riesgo de sobrepeso[86] y a niños menos delicados o, como diríamos en mi tierra, menos tiquismiquis a la hora de comer[87]. También se relaciona con un mejor control del apetito[88].

¿Comerá suficiente si sigo el BLW?

Es difícil medir o cuantificar la cantidad de alimento que ingiere un bebé, y menos cuando es él mismo quien se alimenta. El estudio BLISS es el único que ha cuantificado la ingesta de nutrientes tanto de niños alimentados con BLW como con el método tradicional.

Compararon la ingesta entre dos grupos de bebés de siete meses alimentados según el método tradicional y el BLW[89]. En este estudio vieron que los niños que seguían el BLW tenían más apetencia por la carne, los lácteos y los alimentos de sabor dulce, y que los niños que seguían el método tradicional tenían más apetencia por los alimentos preparados infantiles industriales. No encontraron diferencias en el consumo de fruta, vegetales, pan y pasta.

Como veremos más adelante, los niños no tienen especial apetencia por las verduras, se las ofrezcas como se las ofrezcas, y esto es algo para lo que nacen diseñados por naturaleza.

En cuanto a la ingesta de macronutrientes, no hubo grandes diferencias entre los dos grupos: los niños BLW consumieron más proteínas y grasas que los del método tradicional, y dentro de los micronutrientes, más selenio, hierro y sodio. La cantidad de calorías ingeridas por ambos grupos fue similar. Parece que los niños alimentados mediante BLW ingirieron más hierro porque sus madres fueron alentadas a ofrecer alimentos ricos en hierro.

¿Influye el BLW en el peso del niño?

Parece que sí, y bastante. Los niños alimentados según el método tradicional suelen pesar más que los alimentados mediante BLW, independientemente del peso al nacer, del peso de la madre, de si son amamantados o no y del estilo de alimentación materno. Los alimentados con el método tradicional pesan de media 12,9 kg entre los dieciocho y veinticuatro meses y los alimentados mediante BLW pesan 11,8 kg.

En un estudio sobre nutrición infantil se observó que el 86,5% de los niños que seguían el BLW tenían un peso normal, un 8% tenía sobrepeso y un 5% un peso bajo. En el grupo alimentado con triturados el 78% tenía un peso normal, el 19% tenía sobrepeso y un 2,5% presentaba bajo peso[90].

Niños obesos y BLW, ¿es posible? Si no lo hacemos bien podemos tener niños obesos, claro que sí. Si les ofrecemos una alimentación sólida, pero basada en comida basura, criaremos niños obesos. Así que cuidado, alimentos en trocitos sí, pero alimentos saludables.

¿Es seguro seguir el método BLW?

Muchos padres, pediatras y enfermeros sienten cierto rechazo hacia el BLW porque les preocupa que el niño pueda atragantarse o asfixiarse[91]. Los padres que hacen BLW no suelen tener este miedo, o si lo tenían al inicio se sienten más relajados y confiados tras informarse adecuadamente[92].

En el estudio BLISS se demostró que no hay diferencias en el riesgo de asfixia entre ambos grupos. El 35% de los menores de un año se había atragantado en alguna ocasión en ambos estilos de alimentación, con la diferencia de que en el grupo BLW sí se habían ofrecido alimentos que podían tener un riesgo de asfixia. El 52% de los bebés de siete meses había ingerido alguno de los alimentos considerados como de "riesgo de asfixia", y en el caso de los bebés de un año, el 95% había ingerido estos alimentos, siendo el número de atragantamientos similar en ambos grupos. Los alimentos con los que habitualmente se habían atragantado eran salchichas, crackers y trozos de manzana[93]. Cuando un bebé es alimentado con cuchara también hay riesgo de atragantamiento al aspirar la comida de la cuchara.

La mayoría de madres que deciden seguir el BLW han percibido cierto rechazo o desinterés por parte de su pediatra[94]. En un estudio canadiense el 48,5% de los pediatras reconoció no tener nociones suficientes sobre este método y les preocupaba el riesgo de asfixia, la falta de crecimiento, la ganancia de peso y el déficit de hierro.

Alimentos con riesgo de atragantamiento

- *Manzana cruda*

- *Frutos secos enteros*

- *Cerezas, uvas y tomates cherry*

- *Caramelos*

- *Salchichas*

- *Crackers, patatas y aperitivos de bolsa*

- *Vegetales crudos como zanahoria y hojas verdes*

Yo acudo muy poco al pediatra, pero cuando mi segundo hijo era pequeño y tenía unos nueve meses acudí a la consulta porque el niño estaba bajo de peso y andaba yo preocupada. Cuando le dije que no tomaba potitos ni cereales comerciales puso el grito en el cielo y me preguntó qué le daba para desayunar. Le dije que le daba gachas de avena con plátano y me dijo que cómo no iba a estar tan delgado, que la avena le hacía perder peso. Lo que tenía que hacer era comprar papillas de cereales para engordarlo. Me quedé a cuadros. Evidentemente no seguí contándole más y me marché de la consulta con un gesto amable. Si a mí, que tenía las ideas claras, me había hecho dudar momentáneamente de la pobre avena, imagina a una madre que apenas sabe qué es el BLW y que decide probar por intuición... Seguro que saldría corriendo a la farmacia a por su caja de cereales.

De todos modos me gustaría decir que soy consciente de que aunque yo haya experimentado con este método y lo vea seguro, aunque los estudios nos digan también que lo es, hasta que no lo experimentéis en vuestra familia no creeréis lo seguro, divertido y satisfactorio que es dejar a un niño que se alimente por sí mismo. Lo más importante antes de empezar es informarse bien, buscar fuentes contrastadas y hablar con otras familias que lo hayan practicado. Una familia poco informada puede poner en riesgo al bebé sin querer. Por ejemplo, es MUY habitual, que, junto con el plátano, una de las primeras frutas y hortalizas que se ofrece sea la manzana y la zanahoria. Y no. La manzana y la zanahoria no pueden darse crudas en trozos porque tienen un riesgo alto de atragantamiento. La manzana se puede ofrecer, pero cocida, o si es cruda, rallada.

También aprovecho para aclarar que las arcadas son normales. Es la manera que tienen los bebés para gestionar los trozos de comida que son demasiado grandes. Lo hacen para evitar atragantarse, es un mecanismo de defensa del cuerpo para evitar problemas mayores.

Nota: Las cacas cambiarán de aspecto al comenzar con BLW y es probable que encuentres en ellas trozos de brócoli, aceitunas o cerezas sin digerir. Esto no es malo ni significa que vaya a ponerse enfermo.

¿Cómo practicar el BLW con seguridad y evitando el riesgo de asfixia?

Cuando nos atragantamos es porque las vías respiratorias están bloqueadas parcial o totalmente por un cuerpo extraño que nos impide el paso del aire.

Cuando la vía aérea se obstruye parcialmente el bebé tose, le dan arcadas e incluso vomita para intentar expulsar el trozo de alimento. Es lo más común y en la mayoría de ocasiones es innecesaria la intervención del adulto. Se queda todo en un susto.

En ocasiones, por suerte pocas, la vía aérea se obstruye totalmente y no puede pasar el aire. El bebé no tose ni le dan arcadas. Empieza a cambiar el color de su cara hasta ponerse cianótico o morado si no resolvemos el problema. En este caso lo primero es mantener la calma, llamar rápidamente al 112, tratar de calmar al bebé sin gritos ni agobiarle. No le metas la mano en la boca para sacar el alimento a no ser que sepas cómo hacerlo. Para tu tranquilidad, te recomiendo un curso de primeros auxilios en niños, practiques o no el BLW. La maniobra más efectiva si el niño se está ahogando es la de Hemlich.

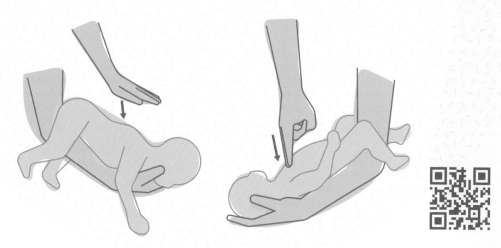

Podemos reducir el riesgo de atragantamiento:

1. Evitando ofrecer al principio alimentos "con riesgo de atragantamiento": salchichas, manzana o zanahoria en trozos grandes, crackers, patatas de bolsa, nachos, cerezas (con hueso), uvas enteras, frutos secos como almendras, cacahuetes o avellanas enteras (pueden ofrecerse molidos), pescado con espinas, rabas de calamar o carne con cartílagos o, por supuesto, caramelos.

Como norma estableceremos que si no pueden aplastar el alimento con las encías, al principio no lo ofreceremos (haz la prueba, pon el alimento entre tus dedos, y aprieta con fuerza).

2. No lo dejes comiendo solo, si se atraganta no lo oirás.

3. Si le dan arcadas o si tose no intervengas. Deja que intente "solucionarlo".

Hay dos factores que aumentan el riesgo de asfixia:

1. Que sea otro y no el bebé quien introduce la comida en trozos en la boca.

2. La posición tumbada o reclinada a la hora de comer.

¿Pueden comer sin dientes?

A la mayoría de bebés empiezan a salirle los dientes sobre los seis meses, pero algunos no les salen hasta alrededor del año. No tener dientes no es un inconveniente para masticar y comer. Si no tienen dientes usan las encías, que les permiten morder y masticar perfectamente. Quizás no puedan masticar bien una zanahoria dura, pero la mayoría de alimentos sí. Cuando algo es duro, le dan vueltas en la boca, lo ensalivan hasta que lo ablandan y lo preparan para ser masticado. Un ejemplo lo tenemos en las personas mayores, que sin tener dientes son capaces de comer cualquier alimento a base de "darle vueltas".

¿Las familias que hacen BLW están satisfechas? ¿Lo recomiendan a otras familias?

En un estudio en el que se entrevistó a sesenta y cinco madres que habían seguido el método BLW, el 100% de ellas recomendaban seguir este modelo de alimentación, pero menos de la mitad había recibido la aprobación de sus pediatras[95]. La mayoría de familias que siguen este método suelen recurrir a foros y libros para informarse en vez de consultar a su pediatra. Y esto es algo que no entiendo. Si las familias lo demandan, si la OMS lo recomienda, ¿por qué no hacen un esfuerzo los pediatras y se forman?

Dato curioso: la mayoría de familias que optan por el BLW suelen hacerlo con el segundo hijo. Al primero suelen alimentarlo según el método tradicional.

¿Cómo empezar a practicar BLW?

Ya sabemos la teoría, conocemos los beneficios, pero ¿por dónde empezamos? ¿Necesitamos comprar algún material específico?

1. Juego, experimentación y acto social

Alrededor de los seis meses la mayoría de bebés están preparados para empezar a experimentar con los alimentos. Ojo, digo experimentar porque al principio muchos juegan, estrujan, chupan, lanzan comida... Pero comer, comen poco.

Cuando estén interesados en probar la comida nos lo van a hacer saber. Para empezar a despertar dicho interés te recomiendo que los sientes a la mesa con vosotros a la hora de la comida, ya sea en tu regazo o en una trona, le des un vaso y un plato que no sea de cristal (cubiertos al principio no hace falta) y pongas a su alcance alimentos saludables con los que pueda empezar a experimentar y jugar. No te agobies si al principio no come nada: él aún no sabe que los alimentos sacian el hambre. Siéntale en todas las comidas familiares a la mesa, salvo que esté irritado, de mal humor o con sueño. No importa si se salta comidas, para eso está su teta o el biberón.

Es mejor que las primeras semanas vaya a comer sin hambre. Lo ideal sería que el bebé tomase pecho o un biberón antes de ofrecerle ningún alimento y que al principio solo experimentase con la comida. Así evitamos que se frustre o se enfade si está muerto de hambre y no sabe cómo saciarse. Habrá días en que coma más y otros menos, no te preocupes, es normal. Dale la oportunidad de jugar, experimentar e imitar a sus hermanos y familiares sentándole a la mesa. Relájate y disfruta. Recuerda que al principio acabará más comida en la silla o en el suelo que en su boca.

Nota: Si el bebé está tumbado o recostado en un balancín no le ofrezcas comida, podría atragantarse.

Cuando el bebé ya camine con total autonomía, alrededor de los dieciocho meses, puedes poner a su alcance comida fácil de manipular y masticar para que coma cuando tenga hambre. Por ejemplo: fresas, trozos de plátano, aguacate, pan... Pero vigílale en todo momento mientras come.

2. *Finger food* o comida que pueda coger con los dedos

Durante los primeros meses no necesitas cubiertos, solo asegúrate de que la comida que le ofreces puede llevársela a la boca con seguridad. La pinza (el gesto de agarrar objetos entre el índice y el pulgar) no la hacen hasta los nueve meses, así que al principio hay que ofrecer trozos de alimentos que puedan coger con la mano y que le permitan cerrarla sobre sí misma, de forma que el alimento sobresalga de la palma o del puño. Al principio tienen poca puntería y fallan bastante, incluso ise muerden los dedos! Para que te hagas una idea, los trozos tienen que tener un mínimo de 5 cm de longitud. El brócoli y el apio, por ejemplo, son ideales para empezar. Cuando ya hacen la pinza podemos ofrecerles palitos de pan, guisantes o garbanzos (retirar la piel antes).

Conforme van creciendo los trozos de comida serán más pequeños.

3. Ofrecer, no dar ni forzar

Siempre vamos a ofrecer o poner al alcance del bebé la comida, pero nunca le vamos a obligar o forzar a comer, ni tan siquiera le vamos a dar la comida por muy tentador que sea.

Al principio es mejor ofrecer poca comida, pero variada, por ejemplo tres o cuatro trocitos de diferentes alimentos, y luego iremos aumentando la cantidad y la variedad hasta que prácticamente coman lo mismo que nosotros.

Olvídate del plato limpio, no intentes persuadirle para que se coma todo lo que le has ofrecido. Sé que nadie quiere desperdiciar comida, pero forzándoles a comer no vamos a conseguir que disfruten comiendo. Muchas veces los padres acabamos siendo los "basurillas" que comen los restos que dejan nuestros hijos. Tranquilo, esta etapa no durará mucho. Cuando lleguen a la preadolescencia comerán como limas y serán ellos quienes rebañen tu plato.

No ofrezcas purés, potitos ni papillas tras la comida sólida con el fin de quedarte tranquila de que ha comido suficiente. Si quieres, ofrece teta o biberón.

No te preocupes si rechaza la comida en ocasiones, puede que simplemente en ese momento no le apetezca. No pienses que no le gusta determinado alimento porque a veces lo rechace. Les pasa como a los adultos: hay días en que nos apetece más un alimento que otro. La neofobia es el rechazo a probar nuevos alimentos. Este fenómeno puede ocurrir a cualquier edad, pero es mucho más frecuente en los primeros años de vida. Hay que insistir a veces entre ocho y quince veces para que acepten un alimento, hay que prepararlo con diferentes presentaciones para que se vayan acostumbrando. A veces hay dificultad para que prueben un nuevo alimento.

Nota: ¡Confía en tu bebé! ¡Sin presiones, sin prisas!

Consejos básicos para empezar a practicar BLW

1. Déjale experimentar, jugar, manipular con los trozos de comida que deberán ser del tamaño adecuado a su capacidad para manipular los alimentos. Deben ser trozos fáciles de agarrar. Si al principio apenas come no te preocupes: su principal fuente de nutrientes será la teta o el biberón.

2. Siéntale a comer con el resto de la familia, hazle partícipe del acto social de la comida. Siempre debe estar sentado y erguido a la hora de comer.

3. Ofrece variedad de alimentos, pero siempre saludables.

4. Prepárate para las manchas y respira. KEEP CALM AND BREATH! *Mantén la calma y respira.*

5. Evita las expectativas para evitar frustraciones si tu peque no come todo lo que tú habías previsto. Confía en él.

6. Adecua las raciones. Si siempre se deja comida en el plato, la próxima vez ofrece menos cantidad. Si se lo come todo ofrece un poco más. Esto evita presiones.

7. No compares lo que come tu hijo con lo que comen o comían sus hermanos u otros niños. Cada niño es único e irrepetible.

Los primeros alimentos.
¿Cuándo ofrecer cada alimento?

Tradicionalmente nos han recomendado seguir un orden a la hora de introducir los alimentos y empezar primero con la fruta, luego la verdura, la carne, el pescado... Y a la mayoría nos han dado una hojita con estas recomendaciones en el pediatra. Las recomendaciones están cambiando y ahora no se aconseja empezar con ningún alimento concreto, sino adaptar la dieta del niño a la comida habitual que se prepare en casa. Tanto si seguimos el método BLW como si decidimos dar triturados vamos a ofrecer los mismos alimentos que come la familia, siempre y cuando estos sean saludables.

En mayo de 2010 se publicó un artículo titulado "La Alimentación Complementaria desde el punto de vista de la ciencia"[96] que revolucionó el mundo de la nutrición infantil y echó por tierra las recomendaciones de pediatras y enfermeros de introducir primero la fruta, luego la verdura, etc. En este trabajo hicieron una revisión completa de todos los estudios publicados en torno a la AC infantil y llegaron a la conclusión de que lo ideal es empezar a los seis meses, que la leche materna, o artificial en su defecto, es el mejor alimento que pueden tomar los bebés al ser mucho más calórica y nutritiva que ningún alimento, y que el orden de introducción de los alimentos no es importante; que no había que retrasar la introducción de ningún alimento para evitar alergias, como antes se creía que había que hacer con el gluten o el huevo, por ejemplo. De hecho, parece que retrasar la introducción de algunos alimentos, al igual que introducirlos antes de los cuatro meses, puede incrementar el riesgo de alergia.

1. FRUTAS y VERDURAS

Podemos ofrecer todo tipo de verduras, salvo las que acumulan más nitratos, que son las espinacas, las acelgas, la remolacha y el nabo. Se recomienda esperar a los doce meses para ofrecerlas. Quizá os preguntéis el porqué. Los nitratos de estas verduras se transforman en el aparato digestivo en nitritos, que son capaces de oxidar la hemoglobina y de producir metahemoglobina, imposibilitando así el transporte de oxígeno a las células. Esto provoca cianosis o el conocido síndrome del niño azul, al que no llega suficiente oxígeno a los tejidos.

Con las frutas no hay problema. Es mejor no ofrecer zumos, aunque sean caseros, pues contienen mucho azúcar.

Si las frutas y verduras son duras deben cortarse en forma de palo, bastón o dedo y cocinarlas hasta que se ablanden, ya sea al horno, al vapor o hervidas. Es el caso de la zanahoria, el boniato, la patata o la manzana.

El pepino, el calabacín o la pera, aunque sean duros, se pueden ofrecer crudos, aunque cortados en forma de palo. Los palitos de frutas y verduras fresquitos les suelen gustar cuando les están saliendo los dientes.

Las frutas y verduras pequeñas y redondeadas hay que cortarlas en trozos pequeños para que no se atraganten. Por ejemplo: la cereza (sin hueso), la uva o los tomates cherry.

La papaya, la piña, el melón, el mango, el melocotón y la pera puedes cortarla en palitos o en forma de cuña, o incluso ofrecerlas enteras si están maduras.

Si le das una pera, una nectarina o una ciruela entera dale primero un bocado a la pieza para facilitarle el trabajo.

Cuando empieces a ofrecer plátanos búscalos maduros y pequeños, así podrás dárselos medio pelados para que él vaya experimentando y mejorando sus habilidades motoras.

La fruta se puede ofrecer con piel, pero lávala bien, y mejor que sea ecológica. Al principio te recomiendo pelar manzanas y peras para que no se atragante con la piel.

Los aguacates y el tomate son las verduras que más suelen gustar. El aguacate es ideal por sus propiedades saludables y por lo fácil que es de masticar.

La fruta seca también es muy buena opción: ofrece dátiles naturales y orejones (búscalos sin dióxido de sulfuro, E220).

2. PESCADO

El pescado es ideal en la alimentación de los bebés, tanto el azul como el blanco.

En el caso del pescado azul elige siempre **pescado azul pequeño**, pues contendrá menos metales pesados.

¡Es importante que el pescado no contenga raspa y sea salvaje! ¡Evita el pescado de piscifactoría!

Para empezar, es ideal el **rape, la pescadilla, la merluza, el lenguado y el gallo.**

No le des pescado en conserva, contiene mucha sal.

Los PALITOS DE PESCADO son una forma sabrosa de introducir el pescado. Receta en la página 326.

Nota: La merluza cocida da mucho juego.
Ponle un chorreón de aceite de oliva, trocéala y a disfrutar.

3. PAN

El pan tiene bastante sal, así que no le ofrezcas más de dos rebanadas al día. Un poco de pan y un chorréon de aceite de oliva en un plato constituye una propuesta saludable, y además, le va a ayudar a mejorar sus habilidades motoras al ir mojando. Para mojar también le puedes ofrecer guacamole, hummus, paté de pimientos, de berenjena, paté de frutos secos, yogur, etc. El pan debe ser **integral y de masa madre**.

El gluten debe introducirse entre los 6-7 meses y nunca antes de los cuatro para disminuir el riesgo de celiaquía. Se debe hacer siempre poco a poco. Parece que hay menos casos de celiaquía cuando el gluten se introduce junto con la leche materna.

4. TORTITAS

Las tortitas de cereales son fáciles de comer. Búscalas sin sal. Mejor evitar las de arroz por el presunto alto contenido en arsénico. Te recomiendo las de trigo sarraceno.

5. PASTA

Lo mejor es empezar con las más fáciles de manejar como coditos, espirales o lazos.

6. ARROZ Y OTROS CEREALES

El arroz da mucho juego y es relativamente fácil de manipular, aunque al principio suelen ser lentos a la hora de comerlo, pues es difícil coger los granitos. El arroz y otros granos estimulan las habilidades motoras.

No ofrezcas solo arroz, prueba con **quinoa, trigo sarraceno, avena cocida, cebada**, etc.

7. CARNE

Yo no ofrecería carne de ternera hasta los dos años, como puedes leer en el capítulo 10. La carne blanca, de pollo o de pavo, puedes ofrecerla desde los seis meses, siempre muy blandita y deshecha.

8. LÁCTEOS

Hasta el año no hace falta introducir ningún lácteo, pues ya tiene suficiente con su teta o biberón. Después de esa edad puedes ofrecer yogur sin azúcar o queso de cabra u oveja no muy curado. Los lácteos son ricos en arsénico, por lo que no los aconsejo en menores de un año.

9. PICANTE, ESPECIAS Y AROMÁTICAS

Si en casa soléis usarlas puedes añadirlas en sus comidas sin problema. En India los niños toman cúrcuma y picante desde pequeños porque es lo habitual en su cultura, aunque al principio toman menos cantidad que los adultos.

Solo debes limitar la sal.

Respecto al picante, si lo usas que sea en cantidades pequeñas y conforme sea mayor él decidirá si quiere más o no. Si ofreces comidas con algo de picante ten siempre a mano un vaso de agua o yogur.

10. AGUA Y OTRAS BEBIDAS

El agua es la única bebida que debemos ofrecer a los bebés que empiezan a comer, tanto si siguen con lactancia materna como artificial, pero especialmente en este último caso. Cuando les ofrezcamos comida, también les ofreceremos agua, pero sin forzar. Tardarán un poco en entender que el agua sacia la sed. Es mejor empezar con un recipiente con asas que puedan coger fácilmente y luego pasar a un vaso normal. Además de ofrecer agua durante las comidas, también deberían tener agua a su alcance durante el día.

Los zumos de frutas, ya sean caseros o industriales, es mejor evitarlos, pues contienen mucho azúcar. Igual pasa con los batidos de leche y leches de crecimiento. Evita cualquier refresco. La leche de vaca entera no debe ofrecerse antes del año (yo no la ofrecería tampoco después). Hasta el año es mejor la leche de continuación, si no está tomando leche materna.

ALIMENTOS	0-6 MESES	6-12 MESES	12-14 MESES	+3 AÑOS
Leche materna				
Leche adaptada (en niños que no toman leche materna)				
Cereales: pan arroz, pasta, etc. (con o sin gluten), **frutas, hortalizas, legumbres, huevos, carne y pescado, aceite de oliva, frutos secos chafados o molidos**				
Leche entera (en caso de que el niño no tome leche materna), **yogur y queso tierno**				
Sólidos con riesgo de atragantamiento (frutos secos enteros, palomitas, granos de uva enteros, manzana o zanahoria cruda)				
Alimentos superfluos (azúcares, miel, mermeladas, cacao y chocolate, flanes y postres lácteos, galletas, bollería, embutidos y charcutería)	Lo más tarde y en la menor cantidad posible. A partir de los 12 meses.			
Carne de ternera y leche de vaca	+2 AÑOS			

Alimentos a evitar

1. Sal y salazones

Al principio debemos evitar los alimentos salados, porque sus riñones aún están inmaduros y podemos provocar una sobrecarga renal. Los bebés no conocen el sabor salado, llevan seis meses tomando leche, que es dulce. Así que no te preocupes, la comida no les va a parecer sosa.

Alimentos salados:
- Comida procesada
- Embutidos y fiambres
- Patatas fritas y aperitivos
- Carne y pescado ahumado o en conserva
- Salsa de soja
- Bebidas para deportistas
- Quesos muy curados
- Aceitunas curadas con sal
- Salsas comerciales, incluido el kétchup
- Sopas de sobre
- Palomitas de maíz

2. Azúcar y alimentos azucarados

El tema del azúcar lo revisaremos ampliamente en otro capítulo, pero unas pinceladas vienen bien. El consumo de azúcar se relaciona con obesidad y caries (aunque no tengan aún dientes). Debemos evitarla a toda costa, pero el problema es que está oculta en la mayoría de productos que encontramos en el supermercado. Debemos revisar las etiquetas para evitar ingredientes como *azúcar, glucosa, sacarosa, jarabe de glucosa, fructosa, jarabe de maíz, almidón de maíz, maltodextrina*, etc.

Lo ideal es que desde pequeños se acostumbren al sabor natural de los alimentos y no a la comida endulzada. Los plátanos, los dátiles, las manzanas, los boniatos y la calabaza asada tienen un excelente sabor dulce.

Los yogures ofrécelos sin endulzar: ellos no conocen los yogures azucarados, así que cuanto más tarden en probarlos, mejor.

Evita:
- Pastelería y bollería industrial
- Bebidas gaseosas azucaradas
- Galletas, aunque sean para bebé
- Helados
- No mojar el chupete en azúcar

3. Alimentos con aditivos

E-102, tartrazina o amarillo 5. Se usa como colorante alimentario o sintético para dar a los alimentos color amarillo y naranja. Se añade a zumos, polo flash, sopas, salsas, helados, chicles, pero también en cosmética y algunos fármacos. Está presente en el colorante alimentario que compraremos para dar color a nuestras paellas y arroces.

Este componente con el que aderezamos nuestras comidas puede causar reacciones alérgicas, asma y urticaria, sobre todo en personas sensibles a la aspirina[97]. También hay estudios que indican que este colorante puede afectar a la actividad del cerebro, produciendo posible hiperactividad y déficit de atención[98]. Por ello, desde 2008 el Parlamento Europeo obliga a que los alimentos que contienen ese colorante alimentario sean etiquetados con «pueden tener un efecto adverso sobre la actividad y la atención de los niños». La tartrazina está prohibida en Noruega, y en Austria y Alemania lo estuvo.

E621 o glutamato monosódico o MSG. Es un potenciador del sabor que se usa para mejorar el sabor de los alimentos y que nos quedemos con más ganas de seguir comiendo, lo que se ha asociado a mayor riesgo de obesidad cuando se consumen alimentos que contiene glutamato[99]. Este aditivo produce un aumento en las ganas de comer de hasta un 40%, según un estudio[100].

Aunque se le considera un aditivo seguro, hay mucha controversia a su alrededor porque los estudios son contradictorios. En personas sensibles puede producir dolor de cabeza, tensión muscular, hormigueos, náuseas y reacciones alérgicas.

Su uso industrial está aumentando a pasos agigantados. Hace cuarenta años se producían 200.000 toneladas de glutamato monosódico y hoy se producen más de 3.000.000 de toneladas al año. El informe de Market Research sobre el mercado del glutamato prevé que en el año 2020 genere unos ingresos de 5.850 millones de dólares, creciendo a una tasa anual del 4,5% entre 2015 y 2020. Por tanto, parece evidente que la industria nunca va a hablar mal de él. Yo restringiría los alimentos que contengan potenciadores del sabor. Revisa bien las etiquetas.

Alimentos a evitar en menores de un año

Miel. Puede estar contaminada por una toxina que puede producir botulismo en los bebés.

Leche animal y derivados. Antes del año solo leche materna o de fórmula.

Pescado azul grande y cabezas de marisco. Pueden contener grandes cantidades de metales pesados.

Cafeína. Té y café.

Vegetales de hoja verde como espinacas, acelgas o remolacha. Son ricos en oxalatos.

Bebida de arroz. Su contenido en arsénico puede ser alto. Además, son poco nutritivas para los bebés. La Agencia de Alimentación de Reino Unido aconseja que los niños menores de cuatro años no tomen bebida de arroz. En Suecia aconsejan no dar tortitas de arroz ni bebida de arroz a los menores de seis años.

Algas. Muy ricas en yodo. No deben ofrecerse antes del año,

Cómo cocinar y cortar los diferentes alimentos en BLW

Nuestro bebé ya ha mostrado interés por la comida y reconocemos los signos que nos indican que ya está preparado, pero ¿por qué alimento empiezo? ¿Qué le ofrezco?

Lo mejor es empezar con *finger food*, alimentos que pueden coger con sus manos. Al principio ofreceremos alimentos simples, sin apenas procesar, para ir viendo cómo los admite y si hay algún tipo de alergia e intolerancia. Intenta elegir alimentos frescos, locales, de temporada y ecológicos. Si no encuentras alimentos que cumplan esos cuatro requisitos, al menos que sean frescos o, a lo sumo, congelados, pero huye de las conservas. Como hemos visto, qué alimento ofrecer primero es indiferente, depende más de las costumbres familiares, pero reconozco que en mi caso he empezado siempre con lo más cómodo: la fruta.

Prepararemos los trocitos de comida que vamos a ofrecer y los serviremos en un cuenco o plato (al principio es mejor que no sea de cristal, pues hay riesgo de que acabe en el suelo, mejor bambú o silicona). Sirve poca cantidad y, si lo tira o se lo come, pon un poco más. Al principio te recomiendo que le sientes en tu regazo y le acompañes con amor y paciencia en todo momento. Hay niños que no quieren sentarse en la trona y prefieren hacerlo en nuestro regazo. Otros prefieren comer en el suelo. No le obligues a estar en la trona o en la silla, recuerda que este tipo de alimentación se basa en el respeto. Paciencia. Si prefiere comer en el suelo, prepara una gran toalla o funda de plástico al principio para recoger los restos.

No hace falta que prepares comida especial para tu bebé, puedes apartarle un poco de la tuya. Por ejemplo, si preparas un potaje de lentejas puedes apartar lentejas y zanahorias para él antes de añadirle sal; si haces una ensalada de pasta puedes reservar unos macarrones y unos tomates antes de añadir la salsa. No hay que hacer comidas especiales para los peques, solo planificar bien las nuestras.

1. VERDURAS

Por naturaleza, las verduras no suelen entusiasmarles, por eso te recomiendo presentarlas en diferentes texturas y métodos de cocción. Acostúmbrate a rociarlas con un chorrito de aceite, las hará más sabrosas y estaremos añadiendo una grasa saludable. Prueba a añadir especias, aromáticas y zumo de limón.

Berenjenas. Salteadas con aceite de oliva y orégano, por ejemplo.

Boniato. Al vapor 8 minutos o al horno 25 minutos rociado con AOVE y aromáticas o curry. Sirve en tiras, similar a las patatas fritas. También puedes hervirlo con la piel de un limón y una ramita de canela, unos 15 minutos, y después cortar en trocitos.

Brócoli. Cocínalo al vapor durante 4 o 5 minutos. Preséntalo en arbolitos con su tronco partido por la mitad para que pueda manipularlos, o desmenuza los floretes. Sírvelo sin aderezar o rocía un chorrito de aceite de oliva, unas gotas de zumo de limón o una pizca de pimienta.

Calabacín. Puedes cocinarlo al vapor unos 3 minutos, hervirlo 5 minutos o saltearlo unos minutos con AOVE. Córtalo en tiras de unos cinco centímetros o en rodajas.

Calabaza. Puedes cocinarla al vapor (10 minutos), hervirla (15 minutos) o asarla (25 minutos). Córtala en forma de palo o tiras.

Champiñones. Salteados con aceite y perejil. Córtalos en tiras largas y finas o en trozos pequeños.

Coliflor. Cocínala al vapor o hiérvela. Córtala en arbolitos o trocea los floretes. También puedes servirla en forma de arroz "frito" con un trocito de tortilla, unos guisantes y unas zanahorias.

Espárragos. Cocínalos al vapor 5 minutos o saltéalos con aceite de oliva hasta que estén tiernos. Puedes hornearlos unos 20 minutos con un chorro de AOVE. Sírvelo en tiras de 5-7 cm cortadas por la mitad. Puedes aderezarlos con limón, cebollino o perejil. Puedes preparar una salsa para mojar con aguacate, aceite de oliva y zumo de naranja y limón.

Guisantes. Cocínalos al vapor 3 o 4 minutos o saltéalos con un poco de aceite y añade unas gotas de limón. Si los salteas con un poco de cebolla están deliciosos.

Maíz. Puede ser crudo o hervido. A los bebés pequeños ofréceles granos de maíz y para los mayores corta la mazorca en rodajas de unos 5 cm. Puedes añadir unas gotas de AOVE y una pizca de pimienta.

Patatas. Al vapor, hervidas o al horno. Rociadas con aceite de oliva y pimienta.

Pepino. Lo ideal es servirlo crudo cortado en bastones. Puedes hacer encurtido casero de pepino sin usar azúcar, usando xilitol. A mis niños les encanta. Busca para encurtir unos diez pepinillos mini y guárdalos en un tarro de cristal cubriendo con agua mineral y añadiendo una cucharada de xilitol, tres cucharadas de vinagre de manzana, unas ramitas de eneldo, semillas de mostaza y ½ cucharadita de sal. Cierra el tarro herméticamente y espera diez días antes de consumirlo.

Pimientos. Ofrécelos crudos y cortados en rodajas largas de unos 5-7 cm.

Tomates. Crudos. Cortados en trocitos. Si son cherry córtalos por la mitad o a cuartos. Échales un chorrito de aceite y orégano.

Zanahoria. Cocínala al vapor 10 minutos cortada en tiras u hornéala con un poco de aceite. Córtalas en tiras de 5-7 cm. Sin aderezo son deliciosas y dulces.

VERDURAS

Brecol y coliflor al vapor

Zanahoria al vapor

Pepino

Tomates cherry

Espárragos al vapor

Maíz cocido

Aguacate

Boniato al vapor

Judías verdes al vapor

FRUTAS

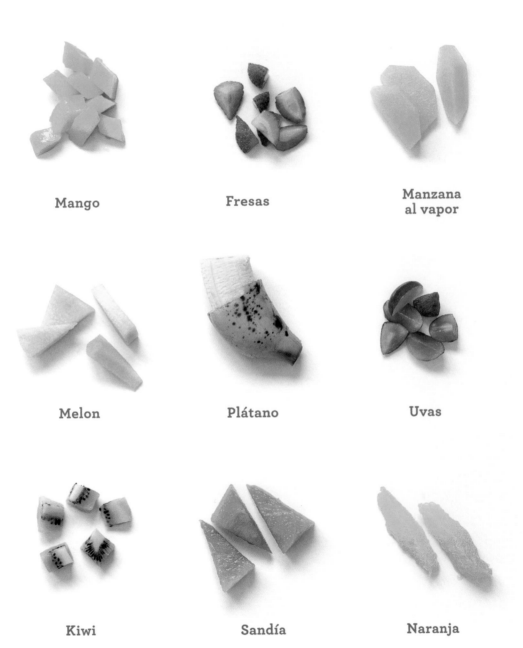

Mango

Fresas

Manzana
al vapor

Melon

Plátano

Uvas

Kiwi

Sandía

Naranja

2. FRUTAS

Los bebés suelen admitir bien la fruta; es fácil de preparar y cómoda, sobre todo cuando vamos a salir fuera de casa.

Aguacate. Maduro y cortado en tiras. Puedes dejarle la piel si le resulta escurridizo. Los trozos no pueden ser muy pequeños para que puedan agarrarlos.

Arándanos y frambuesas. Cortados por la mitad.

Cerezas. Sin hueso. Cortadas por la mitad.

Fresas. Trocéalas pequeñas o córtalas por la mitad.

Kiwi. Maduro, pelado y finamente troceado.

Manzanas. Maduras, peladas y cortadas en tiras cuando tienen un año. Antes, mejor rallada. Al principio es mejor que las hornees unos minutos para que se ablanden. La manzana asada con canela es deliciosa.

Melocotón, ciruelas y nectarinas. Maduros y pelados. Córtalos en tiras.

Melón. Maduro y troceado. Puedes ofrecer porciones triangulares con cáscara.

Naranja. Cortada a gajos, puedes dejarle la piel y será más fácil de agarrar.

Piña. Puedes pelarla y servirla en rodajas o darle una tira con piel y verás cómo aprende rápidamente a separar la piel de la pulpa.

Plátano. puedes pelarlo, cortarlo en rodajas o dárselo semipelado. Es la fruta más socorrida y a todos los niños suele gustarle.

Pera. Madura, pelada y cortada en tiras.

Sandía. Cortada en tiras o trocitos. Puedes darles también triángulos con la cáscara para que sea más fácil agarrarlo.

Uvas. Cortadas a la mitad o a cuartos.

3. LEGUMBRES

Garbanzos. Hiérvelos hasta que estén blandos. Al principio quítales la piel y cháfalos ligeramente con un tenedor. Puedes presentarlos en forma de hummus triturando junto a un poco de comino, tahín y aceite de oliva.

Lentejas y alubias. Cocidas, puedes aportar unas cuantas del potaje. También puedes hacer un hummus como el de garbanzos.

Tofu. córtalo en pedacitos pequeños de unos cinco centímetros y hornéalo o saltéalo con un poco de aceite. Es muy fácil de comer, aunque un poco soso.

4. HUEVOS

Cocidos y troceados. Revueltos o en tortilla. Pasados por agua con un chorreón de aceite de oliva.

5. PESCADO

Hervido, al vapor, salteado o al horno. Sírvelo desmenuzado y rocíalo con aceite de oliva.

6. CEREALES

Arroz. Al principio les cuesta coger los granos uno a uno, así que podemos facilitarles el trabajo haciendo bolas de arroz. Hierve el arroz, déjalo enfriar, después toma dos cucharadas con la palma de la mano húmeda y aplasta bien hasta que suelte el líquido y forme una bola.

Avena. Es más digestiva cuando se ofrece hervida en forma de copos. Puedes cocerlos en agua 5 minutos y luego añadir leche materna o de fórmula y servirlo como si fueran gachas. Si se usa como harina puedes hacer galletas, o preparar tortitas de avena y plátano.

Quinoa. Hiérvela y sirve los granitos con un poco de aceite y perejil.

Pasta. Elige pasta integral de trigo, espelta, arroz, quinoa, lentejas, guisantes, etc. Cocínala y sirve con un poco de salsa de tomate o con un chorreón de aceite y albahaca.

Cous cous. Cocínalo, déjalo enfriar y aplasta con un tenedor. Añade un poco de aceite y curry.

Pan. Que sea integral y de masa madre. Sirve en rebanadas finas. Puedes poner aceite, tomate, tahín con agave, aguacate chafado, etc.

7. FRUTOS SECOS

Almendras, nueces, y anacardos crudos. Evita los salados y fritos. Ofrécelos en harina formando parte de una receta o en forma de mantequilla o crema de frutos secos untada sobre el pan o mojando la fruta en ellas.

Antes de los tres años no debemos ofrecerlos enteros.

Receta mantequilla de frutos secos en página 284.

MENÚ BLW DE 6 A 12 MESES

DESAYUNO	ALMUERZO	CENA
Rodaja de mango 1 cucharada de mantequilla de frutos secos	Hummus con palitos de pepino	Pescadilla con calabaza al vapor
Gachas de avena con frutos secos molidos	Verduras al horno con AOVE y aromáticas	Huevo cocido con AOVE y vinagre + tomate
Rodajas de aguacate	Tortilla de shiitake	Guisante y maíz al vapor
Huevos revueltos con verduras y champiñones	Quinoa con pimiento y zanahoria	Quiche de salmón y brócoli
Rodaja de plátano con tahín y sirope	Boniato al horno con AOVE y aromáticas	Lentejas con zanahoria
Gachas de avena con orejones de albaricoque	Merluza con AOVE y patatas	Brócoli y zanahoria al vapor. Arroz integral
Rodajas de aguacate y naranja	Calabacín con pescadilla y AOVE	Garbanzos y maíz hervido

MENÚ BLW A PARTIR DEL AÑO

DESAYUNO	ALMUERZO	CENA
Pan integral con aguacate + plátano	Verduras salteadas + queso cabra	Pescadilla al vapor con espárragos y zanahoria
Gachas de avena con frutos secos molidos y manzana	Crêpes integrales de champiñones y cebolla	Arroz integral con guisantes, maíz y zanahoria
Pan integral con aceite de oliva y tomate. Uvas	Hummus con pan integral y tortilla	Espagueti integral con salsa de tomate
Huevos revueltos con champiñones y queso. Pera	Quinoa con aguacate, pepino y tomate	Pastel de brócoli, patata y salmón salvaje
Pan integral con tahín y agave. Fresas	Hamburguesa vegetal, por ejemplo de coliflor y quinoa	Paté de alubias o lentejas con palitos de zanahoria y pepino
Yogur de cabra o soja con fruta, sésamo y nueces molidas	Palitos de merluza con tomate	Croquetas de boniato y maitake
Melocotón + pan integral con paté de pimientos	Cuscús o quinoa con cebolla, guisantes y garbanzos	Merluza al horno con boniato y AOVE

BLW y lactancia artificial. ¿Cómo hacerlo?

Es habitual leer que el BLW está estrechamente unido a la lactancia materna, pero también hay muchas madres que deciden seguir el método BLW dando lactancia artificial y se plantean cómo dar el biberón y hacer BLW. Hay que hacerlo a demanda, igual que la teta. Desde los seis meses o desde el momento en que el niño esté realmente preparado para comer, el biberón se ofrece a demanda y hasta los doce meses seguiremos igual. El mejor alimento hasta alrededor del año va a ser la leche de fórmula, que va a cubrir todas sus necesidades. Una vez que cumpla el año podemos pasar a ofrecer leche de vaca o cabra si así lo deseamos, o sustituirla por bebidas vegetales, yogur o queso. Yo personalmente seguiría con leche de fórmula hasta los 18-24 meses.

De los seis a los doce meses seguiremos ofreciendo biberones de leche artificial a demanda como veníamos haciendo, y al principio, antes de ofrecer comida, nos aseguraremos de que haya tomado leche antes para que no se agite ni se frustre con la comida si tiene hambre. A partir de los doce meses podemos ir reduciendo el número de tomas: cuatro o cinco al día hasta los dieciocho meses, que reduciremos a dos o tres al día.

Recuerda que al principio solo va a experimentar y jugar, comer comerá poco, pero no te preocupes: con la leche de fórmula está bien nutrido. No le quites tomas de leche para que tenga más hambre al sentarse, pues ningún alimento de los que tome en estos primeros meses va a cubrir mejor sus necesidades que la leche de fórmula.

Si tu hijo toma leche artificial y quieres hacer BLW, adelante. Disfrutad de la experiencia.

Empezamos a los seis meses, ¿seguro?

La recomendación de empezar a los seis meses es aproximada. Se recomienda esperar a los seis meses porque es cuando el sistema digestivo e inmune del bebé están preparados para procesar la comida, y suele tener suficiente madurez motriz para empezar a alimentarse[101]. El criterio de edad es solo aproximado, no hay que esperar al día que cumpla seis meses. Quizás el niño esté preparado y lo demande un poco antes o quizás pasen los seis meses, los siete, los ocho y no muestre interés por la comida. Tranquila, siempre y cuando ofrezcas teta o biberón a demanda tu bebé estará bien nutrido. Si está feliz, si está activo y no pierde peso no hay problema.

Mi hijo mayor no comió hasta los doce meses, pero el mediano habría empezado a los cuatro si hubiera dependido de él, se lanzaba a la comida con cara de deseo. Estuve reteniéndolo hasta los cinco meses para que su sistema digestivo estuviera más maduro. Después, tuvo épocas en las que comía bastante y devoraba las verduras, y otras en las que ha estado más inapetente. La pequeña empezó a comer a los seis meses y ha sido muy regular, no ha tenido crisis de alimentación apenas y ha sido la que mejor se ha adaptado al menú familiar.

¿Cómo prevenir las alergias alimentarias? ¿La regla de los tres días es necesaria?

La recomendación clásica ha sido introducir los alimentos de uno en uno esperando tres días entre la introducción de uno y otro para observar cualquier tipo de reacción o alergia. Se recomienda introducir el nuevo alimento por la mañana o a medio día para tener tiempo de observar si hay algún tipo de reacción. Si se lo das de noche y aparecen manchas en el cuerpo es posible que no las veamos, y si aparece una reacción más importante no es igual ir al hospital de madrugada que por la tarde.

Según la SEICAP, una alergia no suele aparecer en el primer contacto, puede hacerlo al segundo, al tercero o al cabo de muchas ocasiones, por lo que lo recomendable sería como mínimo haber ofrecido dos o tres ocasiones un alimento para darlo por introducido.

Últimamente se habla de solo seguir esta regla con los alimentos más alergénicos como el huevo, la leche, los frutos secos, frutas como el melocotón, el kiwi, las fresas y el melón y el pescado. Gill Rapley, sin embargo, solo nos alienta a practicar esta regla si hay antecedentes familiares de alergia a un alimento concreto.

Las alergias más comunes son al huevo y la proteína de la leche de vaca, suelen ser transitorias y desaparecen a los tres años.

En mi caso concreto y, al no haber ningún antecedente familiar de alergias, tengo que deciros que no he seguido la regla de los tres días con ninguno. Nota: al ofrecer fresas o tomate puede que alrededor de la boca aparezcan rojeces. Eso no significa que sean alérgicos, son los ácidos de estos alimentos los que las provocan.

El único consejo que sí tenemos que seguir es ofrecer los alimentos de uno en uno.

De uno en uno quiere decir que el primer día que le ofrecemos algo de comer solo le podemos dar una cosa (por ejemplo, zanahoria). El primer día le damos, pues, la zanahoria. La prueba, la escupe, la vuelve a probar, traga un poco, tira otro poco al suelo, se restriega el resto por todo el cuerpo, prueba otro poco, traga otro poco y pide teta (esto sucederá casi siempre... después de comer, por poco o mucho que coma, piden teta).

Durante el resto del día observamos que todo esté bien: que no vomita, no sufre diarrea ni aparecen eccemas o ronchas en la piel, que no se le hinchen los párpados, la lengua, etc. (si se hincha algo, hay que salir corriendo hacia el hospital). Si aparece alguno de esos síntomas podemos sospechar entonces que hay una intolerancia o alergia, y no debemos volver a ofrecerlo. Lo diremos al pediatra para que lo tenga en cuenta en su historia clínica.

El segundo día ofrecemos un nuevo alimento, por ejemplo, patata. Como ya ha probado la zanahoria, podemos ofrecer patata y zanahoria juntas u ofrecer la zanahoria en otro momento del día. Volvemos a observarle, y si no ocurre nada raro, al día siguiente podemos ofrecer otro alimento, por ejemplo, plátano. Al tercer día ya podemos ofrecerle plátano, patata y zanahoria, mezclados o separados en distintas comidas. Y así, vamos introduciendo nuevos alimentos en su dieta. No hace falta que cada día introduzcamos algo nuevo. Poco a poco y, como hemos dicho antes, es mejor ofrecer el nuevo alimento por la mañana o a mediodía para que tengamos todo el día por delante para observarle.

¿Si ofrezco purés o papillas de cereales ya no estoy haciendo BLW?

Puedes ofrecer purés y cremas de verduras (sin nata ni sal), claro que sí, si es lo que tú comes.

Puedes ofrecer gachas o papillas de avena, de arroz o quinoa hechos en casa, es una forma saludable de empezar a manejar la cuchara. El BLW no excluye dar triturados, pero se los daremos junto a una cuchara para que ellos mismos se alimenten. Mejor que sean triturados muy espesos, para las sopas se recomienda esperar a que manejen bien la cuchara.

También hay familias que hacen BLW mixto, lo que significa que en casa ofrecen sólidos, pero, por diversas circunstancias, cuando el bebé no está con ellos ofrecen triturados. A veces no es posible seguir con esta práctica, por ejemplo, en guarderías que no siguen este método (la mayoría), o cuando los familiares a su cargo o los cuidadores recelan del método porque tienen miedo de que se atraganten. En estos casos yo intentaría explicarles con paciencia en qué consiste el método, y les invitaría a que le vieran comer, que le vieran disfrutar con la comida, para ver si de esa manera vencen su resistencia y deciden probar ellos cuando estén al cuidado del bebé. Si no lo consigues no

pasa nada, haz BLW mixto, pero pídeles por favor que sean muy respetuosos cuando le alimenten, que no le fuercen a comer ni intenten persuadirle. Invítales a que le den una cuchara mientras le dan ellos el potito, para que, al menos, pueda experimentar por sí mismo mientras le alimentan.

También hay familias que hacen BLW mixto, ofreciendo sólidos en casa cuando están más relajados, y triturados cuando están fuera de casa. U, ofrecen triturados cuando tienen dudas sobre si estará comiendo o no. Todas las opciones son válidas. Lo importante es que estemos cómodos tanto los padres como el bebé, y que seamos respetuosos. La mejor opción es la que cada familia elige, y aunque a mí me guste mucho el BLW y os lo recomiende, eso no quiere decir que lo estéis haciendo "mal" porque elijáis otro sistema con el que os sintáis más cómodos.

¿Cómo sé que estoy ofreciéndole todos los nutrientes que necesita?

Entre los seis y los doce meses aproximadamente, su principal fuente de nutrientes será la leche materna o artificial, y no tendremos que preocuparnos de si come o más o menos, pues la leche le aportará todo lo que necesita. A partir del año muchos niños van reduciendo progresivamente las tomas de leche.

Es difícil dar una pauta, pero como guía, vamos a pensar en que a lo largo del día necesitará los cinco grandes grupos de alimentos. Las porciones se medirán en función del tamaño de la palma de su mano. Conforme van creciendo y la palma de su mano crece en proporción, aumenta la cantidad de alimentos que necesitan, pero la proporción de los diferentes grupos de alimentos es la misma.

- *Frutas y verduras: 5-8 raciones al día del tamaño de su mano. Más verduras que frutas.*
- *Cereales: 2-3 raciones.*
- *Pescado: 2-4 raciones a la semana.*
- *Legumbres: 2-4 raciones a la semana.*
- *Huevo: 4-5 raciones a la semana.*
- *Carne (opcional): 1-2 raciones a la semana.*
- *Lácteos: uno, máximo dos al día (a partir del año).*
- *Aceite de oliva y frutos secos a diario: ¼ de ración.*

Receta gachas de avena en página 304.

¿Y si no come? Las crisis de alimentación

Todo lo que estás leyendo puede parecer idílico: un niño que se alimenta solo, que es feliz comiendo, una madre y un padre que disfrutan viéndole comer. Pero no siempre todo resulta tan "bonito" y muchas veces nos surgirán dudas de si lo estamos haciendo o no bien, sobre todo cuando pasen días sin que coma nada.

Al principio puede que solo juegue con la comida, que la aplaste, que la lance lejos, pero que en su boca no caiga nada. Tranquila, *peace and calm*, esto es normal. Mi hijo mayor prácticamente no comió nada hasta que cumplió un año, momento en el que se lanzó a comer como si no hubiese un mañana. Antes del año probó algún guisante, algún garbanzo... Calculo que un par de granos de arroz cayeron en su boca, pero poco más. Tomaba su teta y con la comida jugaba. No perdió peso y siguió creciendo, estaba feliz, todo estaba bien, solo quería su teta.

Mientras no pierdan peso, estén felices y activos y tengan asegurada su teta o biberón a demanda no pasa nada si comen más o menos.

A veces ocurre que niños que habitualmente comen de repente pasan unos días en que no quieren comer, o solo comen un alimento en particular: se llama crisis de alimentación y es algo frecuente.

No te frustres, no pienses que eres mala cocinera o que estás haciendo algo mal, sé que cuando preparas su comida, sus trocitos, con toda tu ilusión, y tu bebé lo único que hace con ella es lanzarla al suelo o a la pared puede ser muy desmotivador e incluso generar enfado. Si la situación se prolonga en el tiempo aparecen las preocupaciones.

¿Cuándo empezará a comer? Cada niño es un mundo, hay algunos que desde los seis meses ya dan sus primeros bocados y otros que hasta los ocho meses o incluso doce siguen sin querer comer. Es importante cultivar la paciencia y entender que tarde o temprano comerá. Recuerda que cuando están malitos van a comer menos, e incluso algunos solo quieren teta o *bibi* esos días, no le presiones.

Si no come nada hasta ocho o doce meses, ¿puede tener algún déficit?

Ya sabemos que según la OMS y la UNICEF el principal alimento para un bebé de entre seis y doce meses es la leche materna y, en su defecto, la leche artificial o de fórmula, y que la alimentación complementaria es precisamente eso, un complemento. Vamos a irle ofreciendo al bebé diferentes alimentos y texturas para ir diversificando su dieta e ir aportándole aquello que la leche aporta en poca cantidad, aunque de manera muy biodisponible: el hierro. La leche materna tiene poco hierro, pero este se absorbe muy bien, y en teoría es suficiente para los bebés de entre seis y doce meses, según sean las reservas de hierro de cada bebé. Hay bebés que tienen unas reservas de hierro óptimas y podrían estar hasta los doce meses con lactancia materna exclusiva, y otros que si no empiezan a tomar pronto alimentos ricos en hierro se quedan sin reservas y pueden acabar desarrollando anemia por déficit de hierro. Los depósitos de hierro de un bebé dependen de varios factores:

- Si nació a término, pues los bebés prematuros tienen más riesgo de padecer anemia.

- Si nació con un peso estándar, pues los bebés de bajo peso tienen más riesgo de padecer anemia.

- Tiempo en el que se produce el corte del cordón. El tiempo que esté latiendo el cordón umbilical tras el nacimiento puede determinar los depósitos de hierro. Se recomienda que pasen al menos dos o tres minutos desde que el bebé nace hasta que se pinza el cordón.

Si es un bebé a término, que no nació con bajo peso y se le hizo un corte tardío del cordón, es improbable que padezca una anemia ferropénica, aunque no coma nada hasta los diez meses. Probablemente sea un bebé feliz y sano pegado a una teta. ¿Cuándo es peligroso que un bebé no coma nada? Depende. Depende de sus reservas de hierro. Si el bebé es prematuro, nació con bajo peso y su cordón se cortó rápido, y además no come nada, sería recomendable darle un suplemento de hierro. Si el bebé va comiendo algo y le ofrecemos alimentos ricos en hierro es difícil que tenga anemia. ¿Qué síntomas da la anemia? Falta de apetito, alteración del sueño, debilidad, cansancio, falta de crecimiento, bajo peso... Y la situación se convierte en un círculo vicioso porque la falta de apetito hace que cada vez coma menos, esté más débil y tenga más anemia; a más anemia, más falta de apetito... ¿Cómo se detecta? Con un análisis de sangre.

¿Qué dice la ciencia sobre el BLW?

Como ya has leído, cada vez hay más artículos que analizan los beneficios y posibles inconvenientes del BLW. Cuando digas que estás haciendo BLW y te adviertan de que no hay evidencia científica al respecto, que no hay estudios, invítales a consultar la sección de referencias bibliográficas de este libro. Para que no queden dudas de que este método funciona, de que el niño que lo siga, si se le ofrecen alimentos adecuados, no va a tener ningún déficit de nutrientes, quiero hablarte del estudio BLISS (Baby-Led Introduction to SolidS)[102] que ya hemos mencionado anteriormente. Este estudio fue realizado en Nueva Zelanda. BLISS es un estudio piloto de doce semanas de duración en el que se demostró que, teniendo en cuenta ciertas recomendaciones, se puede asegurar un adecuado aporte calórico y de hierro, así como minimizar el riesgo de atragantamiento (son los aspectos del BLW que más recelo y dudas crean a los pediatras) en niños alimentados con BLW.

¿Cómo nos aseguramos de que el niño esté bien alimentado y minimizamos el riesgo de atragantamiento, según el estudio BLISS?

1. Ofreciendo alimentos que el niño puede agarrar con la mano y llevarse a la boca, prestando atención al tamaño de los trozos.

2. Ofreciendo en cada comida al menos un alimento rico en hierro.

3. Ofreciendo en cada comida un alimento rico en energía.

4. Ofreciendo comida preparada de manera que esté adaptada al momento de desarrollo del bebé y limitando los alimentos "con riesgo de atragantamiento". Véase lista en página 83.

Además de recomendar a los padres introducir determinados alimentos, les recomendaban no encender la tele ni la tableta mientras el niño y la familia estaban comiendo, para así evitar distracciones. ¿Cuántos niños comen delante del móvil? Les encomiaban a crear a un ambiente relajado mientras comían.

Alimentos ricos en hierro y saludables, según la Base de Datos Española de Composición de los Alimentos[103]

- Legumbres: alubias, garbanzos, lentejas, soja, guisantes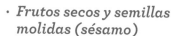

- Frutos secos y semillas molidas (sésamo)

- Tahín (puré de sésamo)

- Huevos

- Cereales: trigo, espelta, quinoa, cebada, avena, maíz, mijo

- Cereales fortificados

- Aromáticas y especias

- Queso

- Patata

- Orejones de albaricoque y melocotón

- Pulpo

- Pescado: sardina, boquerón, lubina, etc.

Aunque la carne roja y las vísceras son ricas en hierro, no os recomiendo introducirla en el caso de menores de dos años. En el estudio BLISS ofrecieron grandes cantidades de carne roja, lo que supuso una alta ingesta de hierro, sí, pero también de proteínas.

Alimentos con alto aporte de energía

- Frutas: aguacate y plátano
- Verduras: calabaza, patata y boniato
- Cereal integral
- Legumbres
- Pescado
- Huevo

Mi experiencia personal con BLW

Como os he contado antes, he practicado el BLW o destete dirigido por el bebé con mis tres hijos. Estoy muy contenta con la experiencia y sin duda lo recomendaría a todas las familias, por eso me tienes aquí escribiendo sobre BLW. Para mí fue lo más natural y coherente con mi forma de criar a los peques. Quería respetarles en su desarrollo, brindarles la oportunidad de ser autónomos desde pequeños y, sobre todo, quería confiar en su instinto, en esa naturaleza que les ha diseñado para sobrevivir en la jungla humana. Por eso el enfoque BLW me pareció muy coherente y me lancé a practicarlo con los tres.

En algunos momentos he tenido mis dudas, lo reconozco, sobre todo cuando han pasado días sin comer. Te planteas si lo estarás haciendo o no bien.

En mi caso, cuando surgieron más dudas, fue cuando mi segundo hijo con nueve meses perdió peso. Ahí saltaron todas mis alarmas. A pesar de verle feliz, sonriente y activo lo cierto era que había perdido peso. Tomaba lactancia materna a demanda y, en apariencia, estaba tomando bastante comida sólida, pero a pesar de eso perdió peso. Como médico piensas en mil cosas, así que pedí un análisis de sangre para estudiar una posible celiaquía, alergia a las proteínas de la leche de vaca, posible anemia por déficit de hierro, proteinograma por si era una leucemia... Todo salió normal y unas semanas después, sin cambiar su alimentación, recuperó el peso perdido. Así que si tienes dudas, si te agobias, es normal. Consulta con algún especialista en BLW y relee todo el capítulo del libro.

Tras practicar el método con los tres peques solo en una ocasión me asusté por un posible atragantamiento. Las arcadas son normales. Tanto en BLW como en alimentación con purés las arcadas no cuentan. Cuando mi hijo mayor tenía unos catorce meses se atragantó con un trozo de tortilla de maíz o nacho, y el pobre no podía echarla. Se puso rojo, no podía toser... ¡Qué mal rato pasé! Finalmente tosió, vomitó y todo se solucionó. Por eso debemos estar siempre atentos, no dejarles comer solos y no ofrecer alimentos con los que se puedan atragantar.

Salvo estas dos pequeñas incidencias, la experiencia ha sido genial. He disfrutado muchísimo viéndoles comer y experimentar en la mesa. Siempre se han sentido parte de la comida familiar, nunca les he apartado para comer y creo que eso refuerza el vínculo entre padres ehijos.

Es una opción muy cómoda, e ideal para perezosas como yo. No tienes que preparar una comida especial para ellos, no tienes que cargar con potitos y papillas, no tienes que inventar mil historias para persuadirles para comer. Es la opción más fácil a la hora de alimentarles.

Por poner alguna pega... A veces es sucio, muy sucio, sobre todo al principio. Ten paciencia y ármate de baberos, toallas viejas, manteles a los que no tengas mucho aprecio... La que más ha ensuciado y lanzado comida ha sido Eire. Con ella la comida volaba, llegaba hasta las paredes. Pero esto duró un par de meses, ahora come igual que una niña mayor.

Mi hijo mayor tiene once años y come de todo; su hermana de dos años, que tiende a imitarle en todo, come lo mismo que él. El que más pegas pone ahora con la comida es mi hijo de cinco años, pero por la experiencia previa vivida con el mayor sé que es común que entre los tres y cinco años pasen de comérselo todo a poner pegas con las hortalizas y la fruta.

Los tres tienen un peso normal, son felices, son niños muy activos, son seguros y decididos. Como todos los niños, hay días que comen más y días que comen menos, y hay días que me piden comida "insana", pero en líneas generales siguen una alimentación bastante saludable.

Cuando decidí comenzar a practicar BLW, el pediatra de mi hijo mayor ya me había dado una hoja con la recomendación de empezar a darle fruta a los cuatro meses, a los cinco las verduras... Y yo, tras mucho leer, sobre todo las recomendaciones de la OMS, ya había decidido que hasta los seis no le daría nada e iba a intentar ofrecerle alimentos sólidos. En mi entorno esto no era nada habitual. A mis padres al principio les sorprendió, pues a mi hermana y a mí nos habían alimentado con papillas e incluso nos habían dado algún "empujoncito vitamínico", por considerarnos malas comedoras. Cuando decidí ofrecer sólidos a mi hijo, vieron con agrado cómo él los aceptaba y manejaba esos trozos, pero cuando se quedaban en casa con él les daba miedo que se atragantara y al principio compraron un alimentador antiahogo con redecilla. Por suerte, pronto comprendieron que no era necesario y siguieron con el BLW cuando yo tenía que ir a trabajar.

Mi suegra me dijo al principio que ella eso nunca lo había visto. Venía de una familia acomodada, y ella y todos sus hermanos habían sido alimentados con papillas. Como madre, había criado a cuatro hijos bien "hermosos" a base de papillas, y se enorgullecía de que mi pareja se comía de una sola sentada un tarrito con un trozo generoso de merluza o pollo, una zanahoria, una patata y judías verdes. Todo sin rechistar. Su hijo mayor, decía la mujer, era tan bueno para comer que abría la boca y le estaba dando potito hasta que vomitaba de lo lleno que estaba. Me contaba esto feliz y orgullosa, pues esa es la visión normal de la mayoría de madres y abuelas actuales. No son conscientes de que con esa forma de alimentar estamos generando hijos obesos (tres de sus cuatro hijos tienen sobrepeso), personas con poca iniciativa y con una relación poco saludable con la comida.

Con sus nietas repitió el método y a la pequeña le estuvo dando de comer con cuchara hasta los ocho años, pues la veía muy delgada y quería asegurarse de que comiera. Así que imaginaos la situación cuando llegó la nuera y no le dejó ni darle ni una cucharada de puré al nieto.

Aunque al principio mi pediatra y algunos amigos y familiares nos miraban con recelo, cuando veían a mis *peques* comer de todo con sus manitas con total autonomía, se lanzaban a preguntar sobre el método, y algunos ya lo han probado con sus hijos.

¿Te animas?

HIERRO DE ORIGEN ANIMAL

CARNES	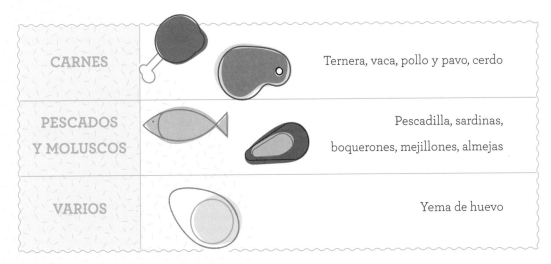	Ternera, vaca, pollo y pavo, cerdo
PESCADOS Y MOLUSCOS		Pescadilla, sardinas, boquerones, mejillones, almejas
VARIOS		Yema de huevo

HIERRO DE ORIGEN VEGETAL

LEGUMBRES		Garbanzos, lentejas, alubias, guisantes
CEREALES		Avena, cereales integrales, quinoa
VERDURAS Y HORTALIZAS		Patata, brócoli, coliflor, alcachofa
FRUTAS		Sandía, higo, plátano, tomate, ciruela, mango, fresas, coco, uvas
FRUTOS SECOS		Pipas de calabaza y de girasol, piñones, cacahuete, pistachos, avellanas, anacardos, nueces, almendras

6.
De 6 a 24 meses. ALIMENTACIÓN COMPLEMENTARIA CON TRITURADOS

Después de leer el capítulo sobre BLW es posible que te hayas decidido a dar el salto y probar a alimentar a tu bebé con trocitos y dejar que sea él quien decida qué comer y cuándo comer, pero quizás no acabes de decidirte por miedo a que no coma lo suficiente, porque no conoces a nadie que lo haya hecho, porque tu pareja no te apoya o simplemente porque no ves que sea una opción viable para ti. Sea como fuere, es tu hijo y tú decides cómo quieres alimentarle, pensando en lo mejor para él y para ti.

Si has decidido darle triturados, estupendo: vamos a prepararle triturados saludables y vamos a intentar ser lo más respetuosos posible a la hora de alimentarle.

¿Cómo empezar a ofrecer purés y triturados? ¿Cuándo? ¿Le dejamos que coma solo?

Empezaremos a ofrecerle comida cuando esté preparado, que suele ser alrededor de los seis meses, pero ya hemos visto que no hay una fecha exacta. Antes de los seis meses la OMS no recomienda empezar a ofrecer comida porque su sistema digestivo e inmune aún no está suficientemente maduro. No hay prisa por empezar a comer, tienen toda una vida por delante para hacerlo. Al principio, se trata de que conozcan nuevos sabores, que entiendan que los alimentos sacian el hambre y se vayan acostumbrando a la comida.

¿Qué signos nos indican que está preparado para comer?

- *Es capaz de sentarse*
- *Ha desaparecido el reflejo de extrusión*
- *Muestra interés por la comida*
- *Es capaz de coger comida con las manos y llevarla a la boca*

Aunque la recomendación de la OMS es empezar a partir de los seis meses, son muchos los bebés que empiezan a comer antes de esta edad, incluso antes de los cuatro meses. Un estudio publicado en la revista *Pediatrics*[104] mostró que, de 1.500 mujeres encuestadas, el 40% había dado comida a sus hijos antes de los cuatro meses. Analizando por subgrupos vieron que el 24% de las madres que amamantaban habían dado comida a sus hijos antes de los cuatro meses, frente al 53% de las que ofrecían lactancia artificial. El 92,6% de los bebés había consumido algo de comida antes de cumplir los seis meses. Vemos que la mayoría de familias habían incorporado precozmente la AC.

Según el estudio, las madres que dieron alimentos a los bebés antes de los cuatro meses lo hicieron porque:

- *Mi bebé ya era lo suficientemente mayor (88,9%)*
- *Mi hijo parecía hambriento (71,4%)*
- *Mi niño quería probar mi comida (66,8%)*
- *Yo quería alimentar a mi hijo con algo distinto a la leche materna o de fórmula (64,8%)*
- *Un médico u otro profesional sanitario me lo aconsejó (55,5%)*
- *Pensé que dormiría más durante la noche (46,4%)*

Hasta hace unos años era habitual que los pediatras aconsejaran incorporan la alimentación complementaria alrededor de los cuatro meses, a pesar de que desde 2003 la OMS recomienda esperar a los seis. Con Nacho, mi hijo mayor, el pediatra me recomendó empezar con la fruta a los cuatro meses, pero como a mi hijo le ha tocado una madre que todo lo cuestiona y que tiende a buscar información contrastada, decidí esperar hasta los seis y cuando los tuvo y le ofrecí comida, selló su boca y no quiso probar ni un bocado.

Muchas madres, aunque el pediatra recomiende empezar a los seis, empiezan antes por la presión de abuelas y familiares, que les dicen cosas como: «yo con su edad ya te daba potitos», o si el niño llora: «Eso es que tu teta no le alimenta y quiere comer». Tampoco faltará quien te diga que «si le das cereales te dejará dormir toda la noche del tirón».

Cuando le ofrezcamos comida por primera vez podemos obtener respuestas muy diferentes por parte de nuestro peque: habrá niños que abran la boca y saboreen este primer bocado y se conviertan en máquinas de comer, habrá niños que directamente escupan esa primera cucharada, otros cerrarán la boca o volverán la cabeza y se negarán en rotundo a probarlo, mientras que otros se tomarán una cucharada pero rechazarán la segunda... Todo un mundo, su respuesta es imprevisible. Ten en cuenta que esto es algo nuevo para ellos, que se van a enfrentar a texturas, sabores y olores que desconocen. Por eso, debemos tener paciencia y respeto. Algunas madres, después de preparar con todo su amor el primer puré para su bebé, se sienten frustradas, rechazadas, tristes o enfadadas si este no lo acepta. Lo mejor es no tener ninguna expectativa concreta cuando empezamos a alimentarles. Prepara su puré saludable, viértelo en un bol que no sea de cristal ni plástico, siéntate con él en el regazo (mejor que en la trona), explícale lo que has preparado. Y a partir de ahí podemos seguir diferentes estrategias.

A la hora de ofrecer un puré tenemos tres opciones para empezar:

1. Dale el cuenco y una cuchara, y que sea él quien decida si quiere probarlo, o ponle un poquito de puré en la yema del dedo. El puré debe ser muy espeso para que él tenga la oportunidad de probarlo. No esperes que sepa usar la cuchara al principio, el ofrecérsela será solo para que experimente. Comerá la crema con la mano.

2. Dale tú una cucharada, pero deja en la mesa otra cuchara por si él quiere experimentar.

3. Dale tú el puré a cucharadas.

Todas las opciones pueden ser correctas, pero la más respetuosa sería la de dejar que él mismo pruebe el puré por su cuenta. No lo fuerces, no lo obligues y no le distraigas para que coma. Dale la primera cucharada y observa su reacción. Si la toma gustoso, ofrécele otra, hasta que muestre signos de que no quiere más. A veces no comen más de una o dos cucharadas. Tranquila, la base de su alimentación es la leche materna o artificial.

¿Cómo ofrecer una alimentación saludable basada en triturados?

Con ingredientes frescos, de temporada y, a ser posible, ecológicos. Cocinando poco los alimentos, mejor al vapor, al horno o hervidos, y añadiendo siempre una grasa saludable, como el aceite de oliva virgen extra, que además ayuda a que emulsione mejor. No uses nata, mantequillas, margarina, queso o quesitos. No añadas sal.

¿Podemos añadirle aromáticas?

La respuesta es SÍ. Desde el primer puré todas las especias y hierbas aromáticas pueden ser añadidas. Al bebé le van a gustar los alimentos aderezados, pues tienen más sabor que si solo les ofrecemos un calabacín hervido. Además de hacer más sabrosos los alimentos, las hierbas aromáticas tienen propiedades medicinales, por ejemplo: el jengibre alivia las náuseas y molestias digestivas, la albahaca ayuda a dormir. Las aromáticas, además, son ricas en calcio y hierro y muy antiinflamatorias.

¿Cómo preparar el primer puré?

La regla es la misma que si seguimos el método BLW: el orden de los alimentos a introducir es indiferente, aunque para empezar a hacer purés es más fácil elegir la fruta y las hortalizas. Empezaremos con un solo alimento e iremos viendo cómo lo tolera. Iremos introduciendo los alimentos de uno en uno, salvo los alimentos más alergénicos o si hay alguna alergia alimentaria familiar. Para estos esperaremos tres días.

Y respecto a qué alimento ofrecer primero, ya sabemos que es indiferente. Podemos empezar con el que nosotros queramos, salvo pescado azul grande, hojas verdes, lácteos y miel.

Al principio es mejor añadir pocos ingredientes en el puré, y luego podemos ir aumentando la cantidad y variedad de ingredientes, de modo que podamos preparar en ese momento el mismo puré para toda la familia.

SUPERPURÉS SUPERSANOS PARA EMPEZAR

La base de un puré saludable son las hortalizas o fruta, el AOVE, las aromáticas y las especias.

Puedes añadir agua, leche materna o de fórmula, lo que prefieras.

Te presento cinco ideas para preparar cinco purés muy saludables. Mira la página 341.

Purés para toda la familia

Una vez que ya hemos introducido los primeros alimentos y hemos comprobado que el bebé los tolera bien, no tenemos por qué preparar purés específicos para nuestro peque, sino que toda la familia puede tomar el mismo puré. La sal la añadiremos una vez que hayamos apartado el puré del bebé. Si vamos a dejar que él decida cómo y cuánto puré comer intentaremos que el puré sea muy espeso. Para eso apartamos un poco de puré antes de triturar los ingredientes y colamos el agua hasta que quede una crema espesa. Incluso si hacemos un potaje de lentejas, garbanzos o alubias y no le añadimos pringue ni sal, podemos apartar un poco para el bebé y triturarlo. Después podremos poner sal a nuestro guiso si así lo deseamos. Antes de servir podemos espolvorear semillas trituradas de calabaza, lino, sésamo o girasol.

Algunos ejemplos de purés sabrosos y fáciles que encontrarás en este libro:

- *Crema de calabaza, boniato y salvia. Receta en la página 352*
- *Crema de coliflor asada. Receta en la página 354*
- *Crema de zanahoria, lentejas y naranja. Receta en la página 356*
- *Vichyssoise de manzana. Receta en la página 358*
- *Crema de tomate. Receta en la página 360*
- *Salmorejo sin gluten. Receta en la página 362*
- *Gazpacho de mango. Receta en la página 366*

A los purés podemos añadir no solo hortalizas, también cereales integrales, legumbres, un trozo de pescado y, si deseas incluir carne, puedes añadir un trozo de pollo, o pavo.

Al principio comerá poquito y progresivamente irá aumentando su apetito. No esperes que se tome un bol de puré de una sentada. Recuerda no forzarle a comer y ser paciente y respetuoso.

¿Cómo saber si estoy ofreciendo todos los nutrientes que mi bebé necesita?

Como regla general seguiremos la propuesta para los bebés alimentados con BLW. Las raciones diarias se recomiendan en función del tamaño de su mano.

- *Frutas y verduras: 5-8 raciones al día del tamaño de su mano. Más verduras que frutas*
- *Cereales: 2-3 raciones*
- *Pescado: 2-4 raciones a la semana*
- *Legumbres: 2-4 raciones a la semana*
- *Huevo: 4-5 raciones a la semana*
- *Carne (opcional): una o dos raciones a la semana*
- *Lácteos: uno, máximo dos al día (a partir del año)*
- *Aceite de oliva y frutos secos a diario: ¼ ración*

Método de la mano para el control de las raciones de alimentos

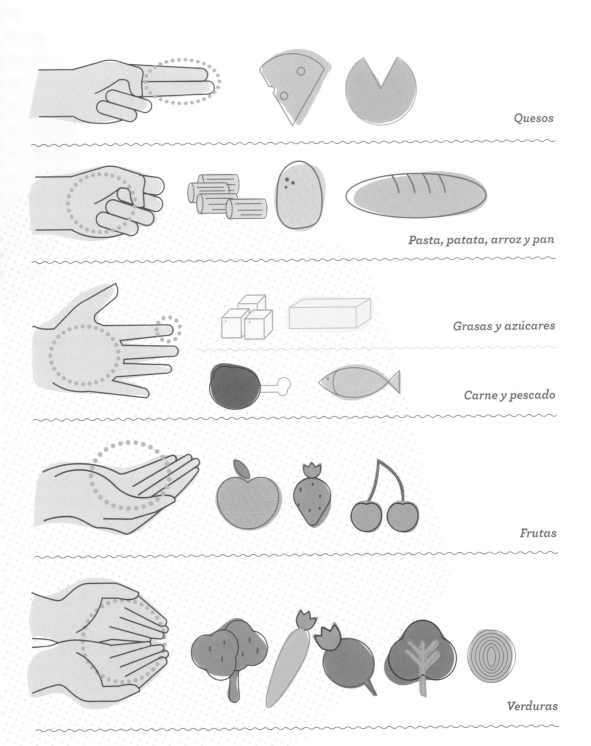

Quesos

Pasta, patata, arroz y pan

Grasas y azúcares

Carne y pescado

Frutas

Verduras

Si queremos ser más exactos, estos son los requerimientos calóricos de un bebé (expresados en kilocalorías):

	NIÑO	*NIÑA*
6 MESES	*491-779*	*351-819*
9 MESES	*504-924*	*459-859*
12 MESES	*479-1159*	*505-1013*
18 MESES	*804-1112*	*508-1168*
24 MESES	*729-1301*	*661-1273*

Es imposible calcular cuántas kilocalorías está ingiriendo nuestro bebé, así que lo mejor es dejarle que decida cuánto comer.

Recuerda que la alimentación complementaria nunca deberá superar el 50% del total de la ingesta calórica del niño durante el primer año. La leche debe ser la base de su alimentación.

¿Hasta cuándo las papillas?

Podemos seguir dándole papillas hasta que consideremos que está preparado para tomar la misma comida que nosotros, pero deberíamos ir introduciéndole poco a poco los trocitos, empezando por añadir grumos en el puré, ofreciendo trocitos de plátano o pan para que vayan aprendiendo a masticar y, como vimos en el capítulo anterior, no deberíamos demorar la introducción de sólidos más allá de los nueve meses. Con un año ya debería estar tomando la mayoría de alimentos en forma de sólidos o semisólidos, y a partir de los dos años su alimentación debería estar basada en sólidos, no en triturados.

Mi niño come poco

Esta frase la he oído muchas veces, en el parque, en la consulta, en la farmacia, en el súper, en la puerta del cole... Es uno de los temas *top ten* en las reuniones de padres. "Mi niño come mal, es un mal comedor, come poco, se alimenta del aire..."

Pero, realmente, ¿qué significa que un niño come poco? El tema de las cantidades de comida que ingiere un bebé es muy relativo: lo que a una madre le puede parecer mucho a otra le puede parecer lo normal, y lo que a una madre le puede parecer poco, a otra le puede parecer demasiado para su hijo. Lo realmente importante no es la cantidad de alimentos que toma un niño, sino su estado de salud y su peso. Si el niño está bien de peso, si corre, si salta, si juega, si no para, si está activo... es que está alimentándose bien y no necesita nada más.

¿Cuándo hay que preocuparse? Cuando coge poco peso o está estancado, cuando vemos que su estado de salud se deteriora. En ese momento hay que consultar con el médico.

¿Darle cereales por la noche para que duerma más?

Cuando era médico residente, una compañera médico que acababa de ser mamá y se había reincorporado tras una baja maternal de tan solo dieciséis semanas me comentó que su hija dormía fatal, y que ella necesitaba dormir para poder ir a trabajar. Como no se le ocurría qué hacer, probó a introducirle una papilla de cereales en el biberón con tan solo tres meses y, según contaba, daba resultado: la niña dormía un poco más, aunque, eso sí, no paraba de moverse en la cuna mientras dormía. En aquel momento yo aún no era madre, pero me puse en la piel de esa bebé y pensé: «Si como adulto antes de dormir me dieran un tazón hasta arriba de leche con galletas y pan no creo que mis digestiones fueran muy buenas». Aquel comentario se me quedó grabado, y luego en la consulta volví a ver con asiduidad esta práctica en muchos padres. La mayoría no notaban que su hijo durmiera más, y es que se ha comprobado que la famosa papilla antes de dormir es inútil, y puede tener sus efectos secundarios.

Los niños se despiertan por la noche, sí, y más de lo que a nosotros nos gustaría. Pero la mayoría de las veces no se despiertan por hambre. Muchas veces se despiertan solo para asegurarse de que estamos ahí: necesitan olerlos, tocarnos, sentirnos para asegurarse de que todo está bien, de que mamá o papá les protegen, y eso tiene una razón antropológica. La vida de nuestros antepasados era difícil, y había riesgo de que un león u otra bestia salvaje te comiese mientras dormías. El bebé que durmiese plácidamente más de ocho horas tenía más riesgo de ser depredado, por lo que se despertaba con frecuencia y se aseguraba de que tenía quien le protegiese. Esos despertares podían ser su seguro de vida.

Se ha demostrado que darles cereales antes de dormir no hace que nuestros pequeños duerman más[105]. Esta práctica no mejora la calidad del sueño de los padres, pero sí tiene sus riesgos para el bebé. Darles papillas de cereales por la noche puede aumentar el riesgo de sobrepeso y obesidad[106] y, además, puede afectar a la calidad de su sueño, sobre todo cuando se introducen a una edad temprana (antes de los cuatro meses). Antes de los cuatro meses, y según dicen los estudios, antes de los seis, el sistema digestivo del bebé no está preparado para digerir los cereales, ya sean con o sin gluten. Si les llenamos de calorías y azúcar (muchas papillas vienen cargadas de azúcar), su estómago estará lleno, la digestión será difícil y pasarán parte de la noche inquietos y empachados, tratando de digerirlos. Quizás tengamos la sensación de que duermen más, sobre todo al principio de la noche, pero es por empacho, no por otra razón.

El sueño de los bebés daría para un libro entero. Después de criar a tres *peques* solo puedo deciros que tengáis paciencia, que con la edad el sueño mejora, y alrededor de los tres años suelen tener pocos despertares. Para mejorar la calidad del sueño de ellos y la nuestra os recomiendo practicar el colecho, es decir, que durmáis con ellos en la cama. El colecho facilita la lactancia, y mejora el vínculo afectivo.

Un análisis de los alimentos infantiles disponibles en el mercado

7.

ALIMENTOS PARA BEBÉS. Un análisis de los productos que encontramos en el mercado. ¿Realmente son saludables? ¿Cuáles son los mejores potitos y papillas?

Si te das una vuelta por el súper encontrarás una amplia oferta de alimentos para bebés: potitos, papillas, galletas, zumos, infusiones, leches... Y aunque la mayoría son más saludables que la comida procesada para adultos, no todos son recomendables y algunos se han asociado a mayor riesgo de obesidad y sobrepeso infantil. Vamos a hacer un breve recorrido por este amplio mercado y veréis que no es oro todo lo que reluce, que estos productos no son tan recomendables como nos han hecho creer.

La industria alimentaria nos ha convencido de que no tenemos ni idea de qué es lo mejor para alimentar a nuestros hijos, y la mayoría pensamos que si un alimento para bebés se vende en un lineal es porque el gobierno considera que es saludable y permite su venta. Si un producto infantil se anuncia en televisión y tiene un aval de una sociedad médica, debe ser sano, ¿no?

Nos han hecho creer que la alimentación infantil industrial es más apropiada para las necesidades del niño que la casera. También entra en juego el factor práctico y la falta de tiempo. Vivimos en una sociedad que va demasiado rápido y necesitamos tener todo "aquí y hora". Pero por suerte algo está cambiando, cada vez son más las familias que buscan información, que son conscientes de que la mayoría de los productos infantiles son de mala calidad, pobres en nutrientes, ultraprocesados y muchas veces insanos. Con la lactancia materna pasó igual: en un momento fue la forma habitual de criar a los bebés, después empezó a denostarse y se promocionó la lactancia artificial, haciendo creer a las madres que los biberones eran mejores que la leche que ellas mismas producían. En los últimos años ha empezado un movimiento prolactancia promovido por la sociedad que ha hecho que la mayoría de los padres sean conscientes de que la lactancia materna es el mejor alimento para un bebé durante los primeros seis meses de vida, y que aumenten las tasas de lactancia respecto a las de los años setenta del siglo pasado, y también que los gobiernos inviertan en promoción y publicidad e incluso creen una legislación específica al respecto.

Potitos comerciales: ¿sí o no?

Yo creo que la mayoría tenemos clara la respuesta: es mejor hacer la comida en casa para nuestro bebé que comprar potitos industriales. Pero, realmente, ¿hay diferencias entre los potitos y la comida casera? Parece que sí. Según un estudio publicado en la *Revista Internacional de Obesidad*[107], los bebés alimentados con comida preparada en casa aprenden a disfrutar de una variedad más amplia de alimentos y son más delgados que los niños que comen alimentos para bebés preparados por la industria. Para obtener estos resultados, los investigadores examinaron si el origen de los alimentos que comían los bebés del estudio era casero o comercial y qué alimentos incluían. Además, siguieron tanto el crecimiento como el peso del bebé en el tiempo. Encontraron que los bebés que únicamente consumieron alimentos hechos en casa tenían una alimentación más diversa desde una edad temprana y menor cantidad de grasa corporal cuando tenían uno y tres años de edad que los bebés alimentados principalmente con potitos de supermercado.

Es más saludable hacer la comida en casa que comprarla, pero si necesitamos comprar comida para bebés, ¿todos los potitos y papillas son iguales?

La alimentación para bebés es un suculento mercado. En 2016 en España se vendieron 55.000 toneladas de papillas, potitos y leches infantiles, lo que equivale a una facturación de 495 millones de euros. Se estima que cada niño consume 42 kilos de potitos industriales al año y 34 kilos de papillas de cereales. Dos marcas de alimentación son las que copan el mercado español, pero empiezan a crecer las marcas de alimentación infantil del sector ecológico que apuestan por una alimentación natural y ecológica. No todos los potitos son iguales, y tenemos que aprender a leer etiquetas para elegir los más saludables en el caso de que ocasionalmente tengamos que recurrir a ellos.

La mayoría de potitos convencionales son agua, almidón y algo más, como verdura, pollo y aditivos. Fíjate en los ingredientes y en el porcentaje de estos (si es que lo indica). Verás que el ingrediente mayoritario es el agua. La dilución con agua y almidón, además de ser un engaño al consumidor, significa una reducción de la calidad nutricional del producto, porque se diluye la densidad nutritiva. Diversos estudios han mostrado que la mayoría de marcas comerciales contiene menos de una quinta parte de las necesidades diaria de minerales. Algunos de ellos han concluido que muchas de las marcas más populares son menos nutritivas que una hamburguesa Big Mac.

Cuando los potitos son ecológicos no se usa el truco de la dilución, y si se nos anuncia que el potito tiene fruta, más del 90% del producto lo será y el agua y el almidón no estarán presentes. Un motivo más para decantarnos por lo ecológico.

Lo que resulta curioso es que las principales marcas de potitos del mercado tienen una línea de potitos convencionales y otra ecológica. Podrían hacerlo bien, pero saben que hay un sector de la población que lee las etiquetas y otro que no lo hace y al que pueden colarle cualquier cosa.

¿Qué ingredientes tenemos que examinar a la hora de elegir un potito o papilla?

- **_Aceite._** Tenemos que mirar qué tipo de aceite utilizan. Lo ideal es que sea **aceite de oliva virgen extra**, pero no es lo habitual. Podemos encontrar aceite de girasol, de colza o, lo peor, de palma.

- **_Cereal._** Lo ideal es que contenga **cereal en grano integral**, por ejemplo, arroz o quinoa. La mayoría contienen harina, almidón o cereal hidrolizado. Los cereales son hidrolizados o dextrinados para hacerlos más digeribles, pues al hidrolizar o dextrinar los almidones del cereal se descomponen. Se convierten entonces en hidratos de carbono de rápida absorción llamados **dextrinas**, que tienen el mismo efecto en nuestro organismo que los azúcares. Cuando ves una etiqueta de una papilla de cereales y no ves la palabra «azúcar» entre los ingredientes, pero luego lees el informe nutricional y ves que el 30% es azúcar, te sorprendes y lo que sucede es que al hidrolizar el cereal están generando gran cantidad de azúcares en el alimento. A partir de los seis meses los bebés tienen un sistema digestivo maduro y no necesitan que el cereal sea hidrolizado. Si introduces el cereal a los cuatro meses hay que hidrolizarlo, porque el bebé no está preparado para digerirlo, pero como en nuestro caso no vamos a introducir ningún alimento antes de los seis meses, buscaremos papillas o potitos sin cereales hidrolizados. Buscaremos, por tanto, el cereal en grano entero, o en su defecto, harinas integrales o copos de avena. Descarta la papilla o potito que contenga cereales o harinas hidrolizadas o dextrinadas.

- **_Sin nata, queso o leche._** Hemos dicho que hasta el año solo deben tomar leche materna o de fórmula, así que nada de lácteos.

- **_Azúcar._** Algunos productos para bebés tienen gran cantidad de azúcar, sobre todo las galletas. Las galletas para bebés contienen un tercio de azúcar y otro tanto aceite de palma. Lo ideal es que no contengan azúcar. El azúcar puede estar oculto tras las palabras «azúcar», «sacarosa», «dextrosa», «maltodextrina» o «jarabe de glucosa».

- **_Sin zumos._** El zumo es rico en azúcar, pues se le ha extraído la fibra al exprimirlo. No es recomendable.

- **_Sin miel._** Hasta del año no debemos ofrecer miel y, sin embargo, algunas papillas la llevan.

Si os dais una vuelta por el supermercado y leéis unas cuantas etiquetas de potitos o papillas, veréis que pocos son realmente recomendables, y que la mayoría suelen contener aceite de palma o harinas dextrinadas.

Los potitos industriales son monótonos

Los potitos suelen ser poco variados en cuanto a sus ingredientes, pues la mayoría son elaborados con zanahoria, patata, pollo o ternera. Hay pocos potitos con pescado, y los que lo tienen suelen contener merluza. Un estudio alemán revisó los potitos industriales que se venden en este país y observó que los ingredientes más usados eran la zanahoria, el pollo y la ternera. Constataron que había un déficit de pescado y variedad de hortalizas, pero no solo en los potitos industriales, sino también en los hechos en casa[108]. Tenemos que variar la cantidad alimentos a ofrecer, no debemos caer en la monotonía. En este libro tienes un amplio recetario para que puedas innovar cada día.

Repaso de los ingredientes que deben contener los potitos y listado de los ingredientes a evitar.

✓ INGREDIENTES	✗ INGREDIENTES
Cereales integrales	Harina
Harinas integrales	Cereal o harina hidrolizada
Copos de avena	Harina refinada
Aceite de oliva virgen extra o virgen	Aceite de palma
Sin lácteos	Leche, nata, queso
Sin azúcar	Azúcar, miel
Agua	Zumo

EJEMPLO DE POTITO CONVENCIONAL

Crema suave de calabacín con jamón y quesito para bebés de más de seis meses

Ingredientes: agua de cocción, calabacín (25%), patatas, leche descremada (14,5%), carne de cerdo (jamón 5%), cebolla, queso (3%), almidón de maíz, aceite de oliva (1,5%) virgen y sal.

EJEMPLO DE POTITO MÁS SALUDABLE

VERDURA Y MERLUZA ECO

Agua de cocción, verduras* [34% (calabaza*, judía verde*, patata*, cebolla*)], merluza salvaje (6%), arroz*, aceite de oliva virgen extra* (1%).

*ecológico

Las papillas de cereales, una bomba de azúcar

El gran problema de este tipo de productos es que la cantidad de azúcar que presentan es muy alta. Las papillas de cereales tienen una media de 21-23 gr de azúcares cada 100 gr.

Eso significa que, si un bebé toma estas papillas durante unos cuatro meses de su vida, va a ingerir solamente con este producto casi 1,5 kg de azúcar. Es importante recordar que la OMS recomienda encarecidamente que no se dé azúcar ni sal a estas edades. Ni poco ni mucho, nada. Pero tú lees la etiqueta y no ves la palabra azúcar entre sus ingredientes. 1/3 de la composición de las papillas de cereales es azúcar libre, y sin embargo, este ingrediente no aparece en la etiqueta. Esto ocurre porque el cereal se hidroliza o se dextrina para obtener azúcares de rápida absorción, como explicábamos antes. La industria defiende la hidrolisis de los cereales, porque afirman que así se digieren mejor. Se debería prohibir o limitar el uso de cereales hidrolizados.

¿Cómo preparar papillas de cereales saludables en casa?

En el mercado encontramos mucha variedad de papillas de cereales o galletas para añadir a la leche, y hay muchas diferencias entre unas y otras.

Ejemplo de papilla de cereales convencional del mercado español

> **INGREDIENTES**
>
> Harina de cereales (arroz, arroz hidrolizado y maíz) (79%), azúcar, azúcar de caña, fibra alimentaria (fruto-oligosacáridos) (3%), aroma natural de vainilla, carbonato cálcico, vitaminas.

Ejemplo de papilla "menos mala"

> **INGREDIENTES**
>
> Cereales integrales* 73% (harina integral de **trigo***, harina integral de **cebada***, harina de copos de **avena** integral*, harina integral de **espelta***, harina integral de **centeno***), harina de maíz (16%), arroz* molido (10%), vitamina B1. *de producción biológica. **Con cereales integrales**.

Aunque esta papilla sería mucho más saludable que la primera opción, lo ideal sería preparar la papilla de cereales en casa. Para preparar potitos solo tenemos que elegir el cereal en grano que deseemos (avena, arroz, quinoa, trigo sarraceno, etc.) y hervirlo en agua según el tiempo indicado por el fabricante. Colamos el agua sobrante y trituramos para obtener una crema espesa. Como el tiempo de hervido de los diferentes cereales es variable, no te recomiendo preparar papillas multicereales, salvo que los tiempos de cocción serán similares. El arroz blanco tarda lo mismo en hervir que la quinoa y el trigo sarraceno, pero si es integral tarda el doble. La espelta o el centeno son granos duros y tienen un tiempo de cocción bastante largo. Hay quien prepara la papilla de cereales casera con harina, añadiéndole simplemente agua caliente. Esta forma de preparar los cereales no os la recomiendo, pues los cereales sin cocinar son menos digeribles que cuando se someten a la acción del calor. El cereal siempre debe ofrecerse cocinado.

Recetas de GACHAS DE AVENA y de PAPILLA DE CEREALES CASERA. Mira las páginas 304 y 344.

¿Al comprar un potito o papilla o alimento para bebés debemos mirar algo, además de los ingredientes? ¿Qué es la información nutricional?

Sí. Cuando acabamos de leer los ingredientes de un producto, a continuación nos vamos a encontrar con la información o tabla nutricional, y esta nos puede dar una información muy interesante y necesaria para decantarnos o no por el producto.

La información nutricional de un alimento se refiere a su valor energético y de determinados nutrientes: grasas, grasas saturadas, hidratos de carbono, azúcares, proteínas y sal. Esta información aparece en el etiquetado tras los ingredientes y se suele indicar por cada 100 g o 100 ml de producto y por porción o unidad de consumo, y suele indicarnos el porcentaje que representan esos nutrientes respecto al valor de referencia.

En algunos alimentos, además de darnos los detalles de los macronutrientes, también nos informan de la cantidad de micronutrientes, como vitaminas y minerales, que contienen.

Lo que más nos interesa es mirar la cantidad de azúcares que contiene el alimento. Un niño no debería consumir más de 17 gramos de azúcar al día, y algunos productos habituales en la alimentación de los niños sobrepasan esta cantidad de azúcar en solo 100 g de producto.

Esta es la etiqueta de una galleta indicada para bebés muy consumida en España.

MI PRIMERA GALLETA, ALIMENTO ELABORADO A BASE DE CEREALES PARA LACTANTE Y NIÑOS DE CORTA EDAD.

INGREDIENTES: Almidón de maíz, azúcar, almidón de patata, aceite vegetal (palma), **proteína láctea**, **leche desnatada** en polvo, jarabe de fructosa, emoliente (lecitina de **soja**), minerales (calcio y hiero), gasificantes (bicarbonato de sodio y bicarbonato amónico), aromas, sal y vitaminas (niacina, ácido patogénico, B1, B6 y B2).

Valores medios		por 100 gr.	%V.R.*
VALOR ENERGÉTICO	KJ	1.857	
	Kcal	441	
NUTRIENTES			
Grasas	g	12,1	
de las cuales saturadas	g	5,8	
Hidratos de carbono	g	77,6	
de los cuales: azúcares	g	25,0	
Fibra alimentaria	g	1,0	
Proteínas	g	4,8	
Sal	g	0,5	

Valores medios		por 100 gr.	%V.R.*
MINERALES			
Calcio	mg	330	83
Hierro	mg	5,0	83
VITAMINAS			
Vitamina B1	mg	0,48	96
Vitamina B2	mg	0,3	38
Niacina	mg	5,5	61
Vitamina B6	mg	0,36	51
Ácido pantoténico	mg	1,8	

* Porcentaje sobre el valor de referencia

Leemos sus ingredientes y vemos que lo que más contiene es azúcar, jarabe de fructosa y aceite de palma, harina refinada (almidón de maíz) además de leche (los menores de un año no deberían consumir leche que no sea materna o de fórmula). Por cada 100 g de producto nuestro peque está consumiendo 25 g de azúcar, es decir, más del máximo diario recomendado por la OMS. Y ojo, esta galleta se recomienda desde los cuatro meses.

Los bebés no necesitan tomar galletas industriales. Si queremos ofrecerles una galleta podemos prepararla en casa con avena

RECETA Galletas avena y chocolate. Mira la página 444.
galletas de avena y plátano en la página 348.

Y las infusiones o tisanas para bebés ¿son recomendables?

Es frecuente que el pediatra, enfermera o vecina nos recomiende una de esas infusiones instantáneas que nos prometen que al tomarlas nuestros bebés van a tener un sueño tranquilo y reparador. Nos aseguran que se elaboran con extractos de tila, melisa y manzanilla y que van a inducir el sueño en nuestro pequeño. Suena ideal, ¿no? Cuando lees los ingredientes, la realidad es otra... Dextrosa como ingrediente principal, o lo que es lo mismo, azúcar, y un 3% de cada extracto. Esto supone que más del 90% del producto es azúcar. Si les das esta infusión comercial a tu hijo, dormir no sé si dormirá, pero más riesgo de ser un niño obeso sí que tendrá, y sus sueños estarán altamente endulzados. Lo mismo ocurre con las infusiones instantáneas que nos venden para ayudarles a hacer la digestión y mejorar los cólicos, cuya composición es dextrosa = azúcar, manzanilla e hinojo. Otro chute de azúcar para el pequeño. El hinojo y el comino ayudan a hacer la digestión y a digerir mejor las legumbres, podemos acostumbrarnos a añadirlas en nuestros guisos, en vez de darle infusiones azucaradas con una milésima de hinojo. Tenemos que estar atentos y revisar las etiquetas antes de elegir un producto para nuestro bebé.

¿Son buenas las leches de crecimiento? ¿Las necesita mi hijo para crecer sano y fuerte?

Cuando nuestro peque cumple doce meses, lo ideal es que siga tomando lactancia materna, pero si está con lactancia artificial, a partir del año ya no es necesario que siga con la fórmula de continuación o inicio, y tenemos varias opciones.

A partir del año puede:

- *Consumir leche de vaca, cabra, u oveja entera*
- *Consumir leche de crecimiento*
- *Consumir bebidas vegetales*

Muchos padres optan por dar leche de crecimiento a partir del año porque creen que nutricionalmente es mejor que la leche de vaca o cabra.

Las leches de crecimiento llaman nuestra atención, primero por el nombre: la leche de crecimiento. No está demostrado que este producto haga crecer a los niños, y su nombre es cuando menos engañoso. Los envases tienen una imagen muy llamativa, con algún muñeco o peluche que atrae a niños y mayores, y además, nos anuncian a bombo y platillo que contienen minerales como calcio, zinc, hierro... que ayudan al crecimiento, u omega 3 que estimula su desarrollo. Cuando le damos la vuelta al envase y leemos la etiqueta podemos comprobar que contienen leche, sí, pero también aceites vegetales (que suelen ser de palma) y azúcar, mucho azúcar, y que los minerales y vitaminas son añadidos. Beber estas leches de crecimiento es igual que coger un vaso de leche de vaca y añadirle tres terrones de azúcar y un chorreón de aceite de palma. Si miramos la cantidad de calorías que aportan estas leches respecto a la leche de vaca vemos otra gran diferencia: la leche de vaca aporta unas 60-70 kcal por cada 100 ml y las leches de crecimiento unas 80-90. Este exceso de calorías puede favorecer la obesidad infantil. Como apunta la Agencia Europea de Seguridad Alimentaria (EFSA) en su informe sobre los requerimientos y necesidades nutricionales de los niños europeos[109], las leches de crecimiento no son necesarias, pueden aumentar el riesgo de obesidad infantil y además son caras.

Ejemplo de etiqueta de leche de crecimiento

INGREDIENTES

Leche de continuación (95,5%) (**leche** desnatada, agua, aceites vegetales (palma, nabina y girasol), azúcar, **lactosa**, dextrinomaltosa, sales minerales (citrato cálcico, sulfato ferroso, sulfato de zinc, sulfato cúprico, sulfato de manganeso, yoduro potásico y seleniato sódico), emulgente (lecitina de **soja**), estabilizante (carragenanos), vitaminas (L-ascorbato sódico, nicotinamida, DL-alfa acetato de tocoferol, D-pantotenato cálcico, acetato fólico, D-biotina, filoquinona, colecalciferol y cianocobalaminal), harinas (4,4%) (**trigo** hidrolizado, **trigo**, **avena**, **centeno**, **cebada** y maíz) y aroma (vainilla). Contiene **gluten**.

VALORES MEDIOS		100 ml	250 ml
VALOR ENERGÉTICO	kJ	334	836
	kcal	80	199
GRASAS	g	3,6	9,0
de las cuales: saturadas	g	0,9	2,3
Ac. linoleico	mg	834	2.085
Ac. α-linolénico	mg	104	260
HIDRATOS DE CARBONO	g	9,5	23,8
de los cuales: azúcares	g	5,8	14,5
PROTEÍNAS	g	2,3	5,8
Sal	g	0,065	0,163

Bolsas de fruta, ¿equivalen a una ración de fruta?

Las bolsas de fruta son una opción que utilizan muchos padres para dar de merendar a sus hijos. En estas bolsas reza "una ración de fruta", pero se preparan con concentrado de puré al que se añade vitamina C. En ocasiones solo contienen fruta, pero en otras también se les añade galleta. Aun conteniendo solo fruta, la cantidad de fibra y vitamina C que hay en estas bolsas es inferior a una ración de fruta fresca.

Tomemos la fruta siempre fresca y a bocados, por muy cómodas que puedan ser las bolsas de fruta.

Yogures para bebés: ¿necesitan tomar lácteos los bebés?

En el mercado encontramos los llamados «yogures para bebés», que contienen mucho azúcar además de aceites vegetales y almidón de maíz. Ya sabemos que hasta que el bebé cumpla el año no debemos ofrecer lácteos, salvo la leche materna o leche de fórmula. Los bebés no necesitan ningún lácteo más, no les va a aportar beneficios y sí muchas proteínas, cuando ya de por sí los niños toman bastantes proteínas procedentes de la leche materna o artificial, del pescado, del huevo y de la carne. El exceso de proteínas es perjudicial para la salud.

Los yogures para bebés disponibles en el mercado contienen un 35% más de azúcares que los convencionales y un 85% menos de calcio, amén de que son tres veces más caros.

Si tenemos interés en darle un yogur se lo daremos natural y sin endulzar, pues es más saludable y más barato.

También podemos encontrar productos comerciales como Mi primer Cola-Cao, Mi Primer Lacasito, Mi Primera Galleta... todos ellos productos hiperazucarados y cargados de grasas saturadas que nuestros hijos no necesitan, aunque muchos niños los toman por recomendación pediátrica, porque los recomienda el farmacéutico, los amigos o familiares, amén de los anuncios de televisión. Cuando un producto tiene el logo de una sociedad de pediatría o de nutricionistas y viene avalado por ellas, pensamos que será un producto de calidad para nuestros hijos. Si en prensa o televisión vemos a un señor de bata blanca diciendo que hay que comer de todo, que no hay alimentos buenos o malos, pues, ¿qué hacemos? Nos lo creemos.

Sé que al decir todo esto estoy rompiendo con muchas creencias que están muy arraigadas en nuestra sociedad. Muchos pediatras creen que estos alimentos para bebés son lo ideal para su desarrollo, pero la mayoría de ellos no se han parado a leer la etiqueta, al igual que solemos hacer la mayoría de nosotros hasta que no nos informamos bien. Por eso, cuando alguien te recomiende algún producto para tu bebé, primero lee atentamente la etiqueta.

¿Importa el envase?

Sí. No solo debemos tener en cuenta los ingredientes y la composición nutricional de un alimento, también hay que revisar el envase en que nos presentan el producto. Lo ideal es que sea de cristal. ¡Nada de plásticos!

Los plásticos en los que encontramos empaquetados algunos productos son altamente contaminantes para el medio ambiente, pero además contienen sustancias que actúan en nuestro organismo como disruptores hormonales, que interfieren en las funciones del sistema hormonal, especialmente en el del bebé y del feto. Estos disruptores causan demostradas alteraciones: alteraciones genitales, esterilidad, cáncer, alteraciones del tiroides y diabetes.

Los principales disruptores son los ftalatos que hacen flexibles los plásticos y el bisfenol A o BPA, que se utiliza para fabricar plásticos. Estos compuestos contenidos en el plástico denominado policarbonato (PC) y en el PVC.

Para guardar los alimentos, utilicemos mejor **CRISTAL** o **VIDRIO, CERÁMICA, ACERO INOXIDABLE, BAMBÚ** o **SILICONA**.

8.
Alimentos infantiles que parecen saludables, pero no lo son

En el mercado encontramos a la venta muchos alimentos dirigidos a bebés y niños que la mayoría creemos que son saludables, o al menos no muy "malos", pero la cruda realidad es otra. Vamos al meollo del asunto.

1. ZUMOS

¿Debemos ofrecer zumos a los niños?

Históricamente los pediatras han recomendado los zumos de frutas para los niños y bebés como una fuente de vitamina C, presentándolos como una alternativa saludable al agua. Incluso se recomendaban para niños con estreñimiento. La industria nos ofrece los zumos como una fuente natural y saludable de vitaminas.

Los niños suelen aceptar bien los zumos por su sabor dulce, y muchas madres recurren a ellos como una alternativa saludable a una pieza de fruta. Si bien los zumos pueden tener algunos beneficios, pues aportan vitaminas, sobre todo C y fitoquímicos, que nos pueden ayudar a prevenir enfermedades crónicas, también tienen algunos efectos perjudiciales. Al no contener fibra contienen en su lugar mucho azúcar, y esto se asocia a mayor riesgo de obesidad y caries[110].

La Asociación Americana de Pediatría recomienda no ofrecer zumos a los menores de un año y limitarlos en el resto[111].

Algunos datos curiosos:

- La mitad de la fruta que consumen los niños de entre dos y diez años es en forma de zumo, aunque, por suerte, la ingesta de zumos está disminuyendo en los últimos años.

- Los niños menores de un año que consumen zumos en exceso tienen más riesgo de malnutrición y baja talla según varios estudios[112].

- El consumo excesivo de zumos en niños de entre uno y seis años se ha relacionado con diarrea, sobrealimentación y caries. No se recomienda ofrecer más de 115 ml de zumo al día a esta edad.

- La Asociación Americana de Pediatría recomienda que los niños entre seis y doce años no beban más de 250 ml de zumo al día, e invitan a cambiar el zumo por la fruta, ya que un consumo superior a esta edad se ha relacionado con mayor riesgo de obesidad.

- No se deben ofrecer zumos cuando hay diarrea. Solo las soluciones orales son adecuadas para reponer el líquido que se pierde cuando hay diarrea.

La relación entre el consumo de zumo de fruta y la obesidad parece estar clara, pero no tanto con la caries[113]. Se necesitan más estudios para establecer una relación entre el consumo de zumo de fruta y el riesgo de caries.

Para resumir:

1. Los zumos de fruta no deben ofrecerse a menores de un año.

2. Los zumos de fruta no son beneficiosos para los niños, pues son muy ricos en azúcar.

3. El consumo excesivo de zumo se ha asociado a malnutrición, tanto por defecto como por exceso.

4. Los zumos son una buena fuente de calcio, sobre todo el de naranja.

5. La fruta, mejor a bocados.

¿De verdad hay tanto azúcar en un zumo?

Un estudio británico analizó el contenido de 203 bebidas infantiles de tres tipos: zumos de fruta 100%, bebidas basadas en alguna proporción de zumo, como néctar de fruta y concentrado de frutas, y los llamados *smoothies* (batidos de fruta, que suelen incluir lácteos). El 42% de todas estas bebidas, que eran consideradas como aptas para niños, contenían una cantidad de azúcares que igualaba o superaba la cantidad total que los niños de entre cuatro y seis años deben consumir a lo largo de un día, según la OMS. Y el 63% contenían la mitad de esa dosis de azúcar máxima recomendada[114]. Esta gran cantidad de azúcares se ha relacionado con las caries y sobre todo con el sobrepeso y el riesgo de diabetes. Aunque los *smoothies* eran los que más azúcar contenían, los zumos 100% de frutas no se quedaban atrás, ya que de media contenían la mitad de la cantidad total de azúcar recomendados para un solo día.

¿Qué tipos de zumos encontramos en el mercado?
Zumos recién exprimidos

Es el obtenido para consumir en el acto sin mediar ningún tratamiento térmico para su conservación, es el que se hace en casa o el que te sirven en un bar si tienen exprimidor. Es la mejor opción.

Zumo 100% exprimido

Este tipo de zumo envasado contiene 100% de zumo de fruta y es sometido a un proceso industrial y de empaquetado que generalmente permite conservar más vitamina C respecto a otro tipo de zumos.

Zumo concentrado

Se obtiene sometiendo el zumo de fruta a un proceso térmico en el cual se evapora hasta el 85% de agua, por lo que al envasarse se añade agua, pulpa de fruta, aromas y otras sustancias. Hay quien cree que está opción es la más saludable, por aquello de que está "concentrado".

Néctar de fruta

Es un derivado de zumo de fruta que contiene un 50% de zumo concentrado más un 50% de agua y azúcar. Tiene una elevada concentración de azúcares simples y sustancias añadidas, porque está elaborado a base de zumo concentrado, lo que implica más calorías y azúcares añadidos y, por tanto, más sobrepeso entre quienes los consumen. 200 ml de néctar de fruta contienen 25 gramos de azúcar, lo que supone el máximo de azúcar recomendado a diario por la OMS.

Bebida de frutas

Mal llamada zumo porque solo contiene un 10% de zumo de fruta y el resto es agua con saborizantes, aromatizantes y demás sustancias químicas.

En España, lo que más se consume es zumo de naranja, siendo el zumo concentrado el más vendido y los zumos exprimidos obtenidos directamente de la naranja, que son los más saludables, los menos vendidos.

Veamos las diferencias entre los diferentes tipos de zumos, respecto a la fruta usando como ejemplo el zumo de naranja.

FRUTA VS. ZUMO VS. NÉCTAR DE FRUTA

	100 g naranja	Zumo naranja 100%	Zumo a base de concentrado y néctar
Energía (Kcal)	38	43	53
Hidratos de carbono (g)	8,6	10	12,2
Fibra (g)	2	0	0
Azúcares	6,6	10	12,2
Vitamina C (mg)	50,6	30	15

Si consumimos zumo, mejor que este sea exprimido en casa, y si no, como segunda opción, elegiremos zumo 100% exprimido o 100% fruta.

2. YOGURES para bebés y niños

En el mercado existen varias marcas de yogures para bebés que se ofrecen como "Mi Primer Yogur", y para los mayorcitos existen varias marcas con dibujos infantiles que nos aseguran que son buenos para su crecimiento y desarrollo. Pues bien, como siempre, no es oro todo lo que reluce y estos yogures suelen contener gran cantidad de aditivos (aromas y espesantes) y mucha azúcar, entre 10 y 16 gramos por yogur. Antes del año el yogur debería evitarse, es mejor la leche materna o maternizada.

Si vamos a ofrecer yogur, mejor que sea un yogur natural o kéfir, sin aromas y sin azúcar, y si lo vamos a endulzar le pondremos un poquito de xilitol, estevia u otro endulzante, aunque lo ideal es acostumbrar al niño al sabor natural del yogur, que es un pelín ácido, pero es su auténtico sabor. Lo demás es enmascararlo. Podemos aprovechar que le damos el yogur e introducir fruta troceada o triturada y semillas molidas.

3. CEREALES de desayuno infantil

La mayoría de niños desayunan leche con galletas o cereales con leche. Ninguna de las dos son buenas opciones: los cereales son ricos en azúcar, sodio y en ocasiones en grasas trans. Es mejor darles para desayunar copos de avena o quinoa con plátano o una tostada.

4. GALLETAS para niños

Las galletas nos resuelven el desayuno de una forma rápida y sencilla, pero la mayoría no son saludables. Suelen ser ricas en calorías, azúcar y aceite de palma. Las enriquecen con fibra, vitaminas o minerales añadidos. Lo ideal sería no tener que añadir estos micronutrientes, sino que estuviesen presentes de forma natural en las galletas, y para eso deben elaborarse con harinas integrales y copos. El aceite de palma hay que sustituirlo por aceite de oliva virgen. La mejor opción, para asegurarnos de que las galletas son sanas, es elaborarlas en casa.

- Receta de GALLETAS DE PLÁTANO en la página 348.
- Receta de GALLETAS DE CHOCOLATE en la página 444.

Prueba la receta de barritas energéticas que te proponemos en la página 446.

5. Barritas de cereales

La mayoría contienen azúcar y más azúcar. Debemos revisar las etiquetas para buscar alternativas sanas que contengan copos de cereales, semillas, fruta seca y poco más. Una opción es prepararlas nosotros para asegurarnos de que son un *snack* saludable, rico en fibra y por tanto, saciante.

6. Bebidas vegetales

Hay que tener cuidado con las bebidas vegetales, muchas son ricas en azúcar y no van a ser una alternativa saludable a la leche. La bebida de almendra y la de soja suelen ser ricas en azúcar. Sin embargo, a la de avena no suele añadírsele azúcar y es rica en fibra. Busca bebidas vegetales enriquecidas en calcio. La bebida de arroz no es muy recomendable, pues puede contener grandes cantidades de arsénico.

9.
Aditivos alimentarios. Cuidado, pueden ser perjudiciales

Los aditivos son sustancias que se añaden de forma intencionada a los alimentos y bebidas con el fin de conservarlos en buen estado o mejorar su olor, sabor o color. Algunos son muy tóxicos y deben ser evitados. En altas dosis algunos se han relacionado con la aparición de cáncer.

E-385, **también conocido como EDTA**. Secuestra minerales de nuestro organismo cuando lo ingerimos. Este aditivo se obtiene de la síntesis de formaldehído (E-240), etilendiamina y cianuro de sodio. En las legumbres se suele combinar con ácido cítrico (E330) para una mayor efectividad.

Este aditivo no está recomendado a niños ni a embarazadas y lleva prohibido años en Australia. En grandes dosis produce vómitos, diarreas, dolor de estómago y micro pérdidas de sangre en la orina. Cada vez lo contienen más y más productos, por lo que es difícil saber qué cantidad de EDTA consumimos. Además, se produce el llamado «efecto cóctel», resultante de consumir productos repletos de aditivos en la mayoría de alimentos del supermercado. El efecto cóctel hace que se sumen los efectos negativos de los diferentes aditivos que consumimos. Hoy, cualquier producto básico como el pan, el tomate frito o el maíz dulce contiene uno o varios aditivos.

El EDTA o cualquier otro aditivo para conservar las legumbres es absolutamente innecesario.

¿Por qué la industria convencional lo usa? Se usa para evitar el pardeamiento de las legumbres. Es decir, que estas adquieran un tono amarillento.

No ocurre en las ecológicas, que tienen solo agua y sal.

Compra legumbres en conserva sin E-385

Carragenina o E-407. No se recomienda su consumo en embarazadas y en niños. Se ha relacionado su consumo frecuente con posibles úlceras digestivas y cáncer. Algunas empresas han dejado de usar este aditivo.

E-230 bifenilo, E-231 ortofenilfenol y E-232 ortofenilfenato sódico. Son conservantes sintéticos procedentes del petróleo. Se aplican sobre la piel de los cítricos y se relacionan con el cáncer de vejiga. No desaparecen al lavarlos. Si vas a usar la piel de los cítricos para consumo, asegúrate de que estos sean de cultivo ecológico.

E-239 hexametilentetramina. Es un conservante sintético derivado del amoniaco y del formaldehído. Se emplea en conservas de pescado, caviar y cortezas de quesos para evitar mohos y bacterias. Provoca mutaciones genéticas en animales de laboratorio. Puede ser cancerígeno.

E-249 nitrito potásico, E-250 nitrito sódico, E-251 nitrato sódico y E-252 nitrato potásico. Los nitritos son aditivos utilizados en la industria alimentaria para conservar la carne y darle sabor y color. Están presentes en embutidos, salazones, patés, preparados de carnes, bacon y cervezas. Según la OMS son cancerígenos, y son muy tóxicos para los niños.

Estos aditivos se usan como conservantes de la carne, y se han relacionado con cáncer de colon, el más prevalente en nuestro ambiente.

Busca embutidos y fiambres que no los contengan.

E-284 ácido bórico. Se emplea en el caviar y en ciertos enjuagues bucales. Es un tóxico que afecta al sistema nervioso.

E-102 tartrazina o amarillo 5, del que ya hablamos antes. Se usa como colorante alimentario o sintético para dar color amarillo y naranja. Se añade a zumos, polo *flash*, sopas, salsas, helados, chicles, pero también en cosmética y algunos fármacos. Está presente en el colorante alimentario que compraremos para dar color a nuestras paellas y arroces.

Este componente con el que aderezamos nuestras comidas puede causar reacciones alérgicas, asma y urticaria, sobre todo en personas sensibles a la aspirina. También hay estudios que indican que este colorante puede afectar a la actividad del cerebro pudiendo producir hiperactividad y déficit de atención, por lo que el Parlamento Europeo obliga desde 2008 a que los alimentos que contienen ese colorante alimentario sean etiquetados con la siguiente leyenda: «pueden tener un efecto adverso sobre la actividad y la atención de los niños». En Noruega está prohibida la tartrazina y en Austria y Alemania lo estuvo.

E-621 o glutamato monosódico o MSG. Es un potenciador del sabor, que se usa para mejorar el sabor de los alimentos y que nos quedemos con más ganas de seguir comiendo, lo que se ha asociado a mayor riesgo de obesidad cuando se consumen alimentos que contienen glutamato. Este aditivo produce un aumento en las ganas de comer de hasta un 40%, según un estudio. Un producto rico en este aditivo son las patatas de bolsa[115]. ¿Os acordáis de ese anuncio que decía "Cuando haces pop, ya no hay stop"? Cuando abres las patatas ya no puedes parar de comer, en parte por su contenido en glutamato.

Aunque se le considera un aditivo seguro, hay mucha controversia a su alrededor porque los estudios son contradictorios. En personas sensibles puede producir dolor de cabeza, tensión muscular, hormigueos, náuseas y reacciones alérgicas.

Ingredientes a evitar en cosmética

Aunque este libro se centra en la alimentación, también quiero recomendarte qué ingredientes debes evitar en cosmética para ayudarnos a mantener la salud:

FTALATOS (PHTHALATE). Los encontramos en perfumes, sobre todo. Los ftalatos son sustancias disolventes y suavizantes que se pueden encontrar con excesiva facilidad en cremas, esmaltes de uñas, perfumes, colonias, lacas de pelo y desodorantes. Revisa las etiquetas y evítalos, especialmente los tres primeros que te menciono. Se encuentran en las etiquetas con las siglas: DEHP, DBP, BBP4, DINP, DIDP y DNOP, Diethyl Phthalate, Dimethyls Phthalate.

¡No pongas colonia a los niños!

PARABENES. Presentes en la mayoría de los productos convencionales, porque ayudan a preservar otros ingredientes, alargan la vida útil del producto, son bactericidas y fungicidas.

Sin embargo, estos químicos antimicrobianos también provocan trastornos hormonales; son disruptores hormonales, ya que pueden imitar el comportamiento de los estrógenos y favorecer el crecimiento de tumores asociados a los niveles de estos, como es el caso del cáncer de mama. Lamentablemente, los parabenos –en cualquiera de sus formas– se encuentran en más del 90% de los productos que se aplican en la piel.

Revisa las etiquetas y evítalos: Methylparaben, Ethylparaben, Butylparaben, Propylparaben.

TALCO. Es una sustancia químicamente muy similar al asbesto o amianto, elemento conocido por provocar cáncer (especialmente de pulmón). El talco forma parte de numerosos productos cosméticos, entre ellos los maquillajes y los polvos para los bebés. Pero también se emplea para lubricar los preservativos. En este sentido, por ejemplo, ya en 1997 se publicó en la *Revista Americana de Epidemiología* que, a largo plazo, usar talco en la zona genital hace que el riesgo de padecer cáncer de ovarios aumente hasta un 60%[116]. Además, se sabe que tapa los poros de la piel y que impide sus funciones normales.

Alimentos que debemos incluir, alimentos que debemos excluir de la alimentación infantil

10.
Carne y leche, ¿debemos incluirlas en la dieta de nuestros niños? ¿A partir de cuándo?

Esta es una de las preguntas que más me hacen los padres y los enfermos con cáncer. Y la respuesta es compleja, porque es en los últimos años cuando empiezan a publicarse estudios que relacionan el consumo de estos productos con el riesgo de cáncer. La carne y la leche son dos alimentos muy arraigados en nuestra dieta. Pensamos que sin carne no vamos a consumir suficientes proteínas y, por tanto, no se van a formar los órganos y tejidos de nuestros niños de forma adecuada. Por otro lado, tenemos la creencia de que para tener unos huesos fuertes necesitamos tomar mucha leche. Pues bien, ambas afirmaciones no son del todo ciertas.

Para formar tejidos y órganos necesitamos proteínas, eso está claro, pero no necesitamos necesariamente carne, pues hay proteínas de calidad en el pescado, en las legumbres o en el huevo. Para formar unos huesos y dientes fuertes necesitamos calcio, pero no necesariamente el de la leche. El calcio está en las legumbres, en las hortalizas, en el queso, en las sardinas, incluso hay más calcio en un vaso de zumo de naranja que en un vaso de leche.

Pero no solo es que la carne y la leche no sean imprescindibles para el ser humano, es que su consumo frecuente y habitual, y sobre todo desde edades tempranas, puede estar relacionado con un mayor riesgo de padecer cáncer y enfermedades degenerativas en la edad adulta, según apuntan las investigaciones de un reputado médico alemán.

Harald zur Hausen es un médico e investigador que obtuvo el Premio Nobel de Medicina en 2008 tras descubrir que las infecciones víricas, bacterianas, y hasta los parásitos, pueden generar tumores. En concreto, mostró que los pacientes con el virus del papiloma humano son más propensos a desarrollar cánceres de cuello de útero o cervical. Según Zur Hausen se estima que cerca del 21% de los casos de cáncer puede relacionarse con infecciones. La carne y la leche que tomamos a diario pueden contener material genético de parásitos, bacterias o virus que podrían pasar al ser humano tras consumirlos y aumentar así el riesgo de desarrollar un cáncer.

El consumo de carne de vaca es un factor de riesgo elevado para el cáncer de colon y mama, y ya la OMS declaró a la carne roja y a los embutidos como posibles carcinógenos para humanos[117]. Incluso está en entredicho si la carne blanca también puede ser un potencial carcinógeno[118].

El cáncer de colon es más frecuente en los países que más carne vacuna consumen. En países donde tradicionalmente no se ha consumido esta carne, como Japón, se ha observado un grave incremento de este tipo de cáncer desde que se introdujo su consumo tras la Segunda Guerra Mundial. Los mayores consumidores de carne de ternera son Uruguay y Argentina, donde la tasa de cáncer de colon es muy alta.

Parece que en la carne de vaca hay un factor específico que es el que se relaciona con mayor riesgo de cáncer, y parece que este agente son uno o más virus bovinos potencialmente oncogénicos y resistentes al tratamiento con calor, es decir, no desaparecenaunque la carne se cocine y la leche se trate a alta temperatura. Los investigadores creen que estos virus son de la familia de los papilomas y pueden contaminar la carne y sus derivados, y provocar infecciones latentes en el tracto colorrectal de las que no somos conscientes, porque no producen síntomas. Estos virus procedentes de la carne o la leche producen una inflamación crónica que con el tiempo puede derivar en cáncer[119]. Si además de consumir carne de vaca la cocinamos con técnicas culinarias inadecuadas, como fritura, parrillas o barbacoas, el riesgo de cáncer de colon aumenta mucho más.

Pero, además de la carne, la leche es otro agente viral que puede aumentar las probabilidades de aparición de células malignas o de enfermedades degenerativas como la esclerosis múltiple y el párkinson. Incluso, se ha observado que personas con intolerancia a la lactosa que no consumen leche tienen un 45% menos de riesgo de desarrollar tumores[120].

Parece que el contacto temprano (antes de los dos años) con estos virus cuando nuestro sistema inmune aún está inmaduro es un factor de riesgo para desarrollar cáncer de mama y colon en el futuro, según las investigaciones de Zur Hausen y su equipo[121].

El consumo de pescado, por el contrario, parece tener un efecto protector para el cáncer[122].

En poblaciones donde el consumo de carne de vaca es muy bajo, como India, el cáncer de colon es prácticamente inexistente. En Mongolia la tasa de cáncer de colon es muy baja, pero sin embargo se consume mucha carne roja, aunque esta procede del yak, de la cabra y la oveja y no de la vaca. Parece que el transmisor de este tipo de virus es la vaca de la raza *Eurasian taurines*, que es la que se cría en los países con alta tasa de cáncer de colon. Parece que un agente infeccioso, probablemente un virus, específico de esta especie bovina, es el agente etiológico vinculado al cáncer de colon. Estos virus estimularían la expresión de genes estimulantes del crecimiento celular que contribuirían a la malignizacion de las células del colon. Estos posibles virus parecen estar presentes tanto en la carne como en la leche procedente de la vaca. El consumo de carne roja también se ha relacionado con mayor riesgo de cáncer de próstata[123] y páncreas[124].

Los estudios de Zur Hausen también han relacionado el consumo de leche con el cáncer de mama. En India, aunque no se consume apenas carne de vaca, sí se consume leche de esta, y las tasas de cáncer de mama son más altas que las de colon. En Bolivia, el consumo de leche es de los más bajos del mundo, y la tasa de cáncer de mama es una de las más bajas a escala mundial. Se ha comprobado que las personas que no toman leche por ser intolerantes a esta tienen unas tasas de cáncer de mama mucho más bajas. Parece que el contagio por estos virus en edades tempranas de la vida es el que condiciona la aparición de cáncer de mama en la vida adulta. Cuando el sistema inmune aún está inmaduro, al igual que vimos en el caso de la carne de vaca, somos más vulnerables a contagiarnos por estos virus que no producen síntomas, pero cuyo material genético queda latente. Y si el sistema inmune no es capaz de desarrollar anticuerpos y neutralizarlos, cuarenta años después de la infección la niña infectada puede desarrollar cáncer de mama. Parece que el periodo crucial para el contagio son los primeros dos años de vida, cuando el único alimento lácteo que debería recibir el bebé debería ser la leche materna. Los estudios epidemiológicos sobre cáncer de mama y consumo de lácteos son contradictorios. Hay estudios que concluyen que el consumo de lácteos es un factor de riesgo, y otros, que es un factor protector. Parece que las diferencias estriban en que en ningún estudio se tiene en cuenta la edad a la que se comienzan a incorporar los lácteos en la dieta[125].

Aunque toda esta investigación está comenzando, la hipótesis parece plausible, ya que en otros cánceres como el de cérvix, el de hígado, el sarcoma de Kaposi, o algunos linfomas ya se han identificado a diferentes virus como causantes de la enfermedad.

Según Zur Hausen, lo que es importante para la salud futura es cómo nos alimentamos cuando somos bebés. El primer año es el período más importante de la vida. Resulta fundamental cómo manejamos la alimentación durante ese tiempo. Dejar de beber leche o de comer carne en la edad adulta nos aportará beneficios, pero lo crucial es que nuestros hijos y nietos menores de dos años coman de forma saludable.

En esa fase de la vida (antes de los dos años) es cuando podemos reducir el riesgo de desarrollar cáncer y otras enfermedades crónicas.

La lactancia materna proporciona al sistema inmune tiempo para madurar y reaccionar a infecciones de una manera eficiente y por eso debemos amamantar a nuestros hijos cuanto más tiempo mejor. La alternativa para quien no puede o quiere amamantar sería ofrecer leche de fórmula procedente de la cabra.

Conclusión: Hasta los dos años no deberíamos ofrecer carne de vaca, leche ni productos lácteos derivados de la vaca. Podríamos ofrecer carne de pollo, pavo, cerdo y cabra, así como leche y lácteos procedentes de la cabra u oveja.

11.
Alimentos controvertidos

Hay alimentos que nos generan muchas dudas, ¿podemos dárselos a nuestros niños?

11.1. El pescado, ¿es beneficioso? De piscifactoría no, gracias

Los niños que consumen frecuentemente pescado (más de una vez a la semana) son más inteligentes y duermen mejor[126] ¡Toma ya! Para llegar a esta conclusión se realizó un estudio de cohortes con 541 niños chinos de entre nueve y doce años relacionando el consumo de pescado con la calidad del sueño y el desarrollo cognitivo. Parece que los omega 3 presentes en el pescado, en especial en el pescado azul, son los responsables de un sueño reparador y un mejor desarrollo del sistema nervioso del niño.

- *Podemos ofrecer de dos a cuatro raciones semanales de pescado a nuestros niños, pero intentemos que este sea salvaje o de pesca extractiva.*

- *Cuidado con las raspas y las espinas.*

Pescado de piscifactoría no, gracias

Actualmente el 50% del pescado que se consume en el mundo procede de piscifactorías, que son una especie de granjas para peces donde los crían según el principio de la acuicultura o piscicultura.

Los pescados que suelen criarse mediante piscicultura son: **salmón, panga, trucha, atún, rodaballo, gamba, mejillón, lubina y dorada.**

En el caso del salmón, el 75% del consumido proviene de piscifactoría.

Este tipo de crianza tiene muchas implicaciones negativas tanto para nuestra salud como para el medio ambiente.

1. Uso de antibióticos, vacunas, desinfectantes y otros tóxicos para su desarrollo

La masificación de los peces en esteros o jaulas facilita la propagación de enfermedades infecciosas, ya sea a través del agua, por rozamiento entre los peces o por canibalismo de peces enfermos o muertos.

Para el tratamiento y la prevención de las enfermedades piscícolas se está utilizando una amplia gama de métodos curativos y preventivos, algunos de los cuales pueden tener un alto impacto sobre el ecosistema y sobre los propios consumidores, entre los que destacan los baños de formol y el uso masivo de antibióticos.

El uso de antibióticos, vacunas, pesticidas, desinfectantes y anestésicos es habitual en las piscifactorías.

El uso generalizado de antibióticos en la acuicultura ha provocado la aparición de patógenos resistentes. Muchas bacterias patógenas son capaces de transportar los genes de resistencia a los antibióticos a los humanos, pudiendo generar cepas resistentes en la flora intestinal humana[127] y hacer ineficaz el uso de antibióticos en humanos.

2. Contaminación por sustancias tóxicas en peces de piscifactoría

Consumir salmón de acuicultura más de una o dos veces al mes puede resultar perjudicial para la salud, dada la concentración de contaminantes orgánicos detectados en los ejemplares criados en piscifactorías frente a los criados en libertad, según un informe elaborado por científicos canadienses y estadounidenses[128].

El uso de antibióticos, pesticidas y cloro es frecuente, y el de vacunas rutinario, para tratar brotes de enfermedades que aparecen y se propagan fácilmente debido a las condiciones de hacinamiento de los peces.

Estas sustancias permanecen en la carne como residuos. Como los peces de granja se alimentan con piensos y aceites obtenidos de peces salvajes de capturas industriales, pueden contener PCB (causantes de cáncer y riesgos de un inadecuado neurodesarrollo en fetos), dioxinas, mercurio y otros contaminantes marinos. Incluso se ha llegado a encontrar DDT en truchas de granja de Dinamarca.

Se han encontrado altos índices de 14 contaminantes organoclorados en el pescado de piscifactoría, como **PCB, DDT, HCB, dioxinas, mirex, o nonacloro** y en niveles exceden los límites de seguridad establecidos por la Organización Mundial de la Salud.

El nivel de contaminantes de los salmones europeos es significativamente superior que en el resto del mundo y hasta catorce veces mayor que los criados en libertad. La contaminación es tal que el consumo semanal de más de 600 g de salmón del Mar del Norte podría ser nocivo para la salud.

Las **dioxinas** tienen una elevada toxicidad. La cantidad de dioxinas en el salmón de piscifactoría es alta, y estas sustancias tienen efectos negativos para la salud, entre ellas, aumentan el riesgo de desarrollar cáncer[129]. Las dioxinas pueden provocar problemas de reproducción y desarrollo, afectar al sistema inmunitario, interferir con hormonas y, de ese modo, causar cáncer, endometriosis y problemas de fertilidad.

El feto es particularmente sensible a la exposición a las dioxinas. El recién nacido, cuyos órganos se encuentran en fase de desarrollo rápido, también puede ser más vulnerable a algunos efectos. Por eso no recomiendo que embarazadas y niños consuman salmón de piscifactoría.

En la alimentación de los salmones de piscifactoría se usan contaminante orgánicos persistentes que están presentes despúes en su carne y se han relacionado con resistencia a la insulina, diabetes y obesidad[130].

A menudo se inyectan a los peces hormonas de crecimiento para que crezcan más rápidamente y así lleguen a un tamaño comerciable a una edad más temprana. Se han desarrollado salmones con hormonas de crecimiento que llegan a alcanzar trece veces su tamaño normal.

Diferencias entre el salmón salvaje y el de criadero

El salmón de criadero o piscifactoría deberíamos evitarlo, pues es el más contaminado por sustancias tóxicas.

El salmón de criadero contiene más grasas, pero no de las buenas, sino más grasas saturadas y omega. 6. El omega 6 es inflamatorio y conduce a la aparición de enfermedades inflamatorias como cáncer o enfermedades cardiovasculares.

El salmón salvaje es más rico en omega 3, y el cultivado es más rico en omega 6 debido al uso de piensos.

El salmón salvaje come krill, plancton y arenques, por eso su carne es rica en omega 3.

El salmón de criadero come piensos, aceite de pescado, suplementos y antibiótico.

Lo más sorprendente y espectacular entre las curiosidades del salmón de granja es que, debido a su pienso rico en harinas de pescado, pero pobre en crustáceos, ha perdido su característico color rosa y su carne gris. Si llegase así al mercado nadie lo compraría, pues asociamos al salmón con el color anaranjado y la salud.. Para solucionar esto se utiliza un aditivo colorante que se añade al pienso y que se llama **astaxantina**. También usan como tinte cantaxantina, un aditivo que puede ocasionar daños en la retina de los ojos de los seres humanos.

La astaxantina es el caroteno que da el color rojizo al marisco. Como aditivo se obtiene directamente de pulverizar cáscaras de crustáceos o bien de manera sintética, y es la responsable del color rosado o anaranjado del salmón de granja, de hecho, lo que conocemos como color salmón. El salmón salvaje lo tiene precisamente porque en su dieta consumen crustáceos.

Apuesta por el pescado de pesca extractiva y el salmón salvaje

Para reducir el consumo de sustancias toxicas deberíamos consumir pescado criado en el mar y capturado mediante pesca extractiva, es decir, como se ha hecho toda la vida, con redes.

En el caso del salmón, el menos contaminado parece ser el **salmón salvaje del Pacífico de la zona de Alaska.**

Cuando vayas a la pescadería o supermercado a comprar pescado revisa la etiqueta, para que no te den gato por liebre.

En la etiqueta debe indicarse el nombre del pez en español y nombre científico, el método de producción, zona de captura, y la categoría de arte de pesca. Evita la palabra «acuicultura».

MEJILLÓN *Mytilus, spp*

Método de producción
Acuicultura

Categoría arte de pesca:
Acuicultura

Zona de captura:
Pescado en Atlántico Noreste, Golfo de Bizcaya. 1/12/2016

Desembarque: Puerto A Coruña, 1/12/2016

Congelación: No congelado

Consumir preferentemente antes de 4/12/2016

Conservar en frigorífico (entre 2 y 4 ℃)

Peso neto 250 gramos
Operador alimentario
Mejillones S.A. c/Marina Grove
(Pontevedra)
Marca de identificación
CE España

 00,00

Etiqueta de certificación
Código de respuesta rápida

Personalmente, yo soy más partidaria de una alimentación vegetariana basada en plantas, por lo que en casa consumimos poco pescado y apenas nada de carne.

11.2 Algas, ¿sí o no?

Las algas son muy ricas en yodo. El yodo es un oligoelemento esencial para nuestra salud, pero en exceso puede ser perjudicial. Por eso, las algas hay que tomarlas con precaución.

La cuestión del yodo

El yodo es imprescindible para el buen funcionamiento de la tiroides. Las hormonas producidas por la tiroides regulan no solo nuestro metabolismo, sino también el crecimiento físico e intelectual de fetos, bebés y niños pequeños. Si en nuestro organismo no hay suficiente yodo, no podremos producir hormonas tiroideas y desarrollaremos hipotiroidismo. Cuando hay hipotiroidismo estamos cansados, fatigados, estreñidos, ganamos peso fácilmente, tenemos "empanamiento mental". Si durante el embarazo hay falta de yodo, el bebé no se desarrollará de manera correcta. Por eso suele prescribirse un suplemento de yodo durante la gestación. Los niños y bebés con hipotiroidismo no crecen correctamente, y el desarrollo de su cerebro puede verse afectado, así como sufrir retraso mental. Pero el exceso de yodo también puede afectar a la tiroides y producir tanto hipo como hipertiroidismo e intoxicación por yodo. De ahí la necesidad de buscar un equilibro en el consumo de yodo.

Hasta los cinco años necesitamos ingerir 90 microgramos de yodo al día, entre los seis-doce años 120 microgramos, a partir de los trece, 150 microgramos y las embarazadas y lactantes 200 microgramos. No deberíamos ingerir más de 600 microgramos al día[131].

Necesidades diarias de yodo

< 5 años	90 microgramos/día
6-12 años	120 microgramos/día
> 13 años	150 microgramos/día
Embarazadas y lactantes	200 microgramos/día

En España solemos tener un déficit de yodo en nuestra dieta, pues nuestra única fuente de yodo es la sal yodada, la cual contiene 600 microgramos de yodo por cada 100 gramos de sal y no todo el mundo consume la sal yodada.

Las algas, ¿beneficiosas o perjudiciales?

Las algas aparecieron en la tierra hace mil quinientos millones de años y son los antepasados de las plantas terrestres actuales. Las algas son capaces de convertir la energía del sol en sustancias fundamentales para su funcionamiento celular. Sí, parece raro, pero las algas realizan la fotosíntesis y por eso son ricas en clorofila. Una cosa curiosa: las algas solo crecen en mares poco contaminados. Su ausencia es un indicador de contaminación marina.

Aunque siempre tratemos de evitarlas cuando vamos a la playa o nos maravillemos al observar los bosques de algas submarinos, en realidad estas plantas guardan toda una caja de sorpresas beneficiosas para nuestra salud. Las algas son ricas en minerales (calcio y yodo principalmente), en vitamina B, vitamina C, betacarotenos, vitamina E y proteínas de alta calidad biológica. También contienen ácidos grasos poliinsaturados (omega 3 y 6) en una relación ideal 1/1.

Son consideradas verduras marinas y como tales, son ampliamente usadas en la gastronomía oriental, sobre todo en Japón.

Hoy en día se conocen más de 24.000 especies de algas, de las cuales solo unas cincuenta especies son comestibles para el hombre y veintiuna de ellas se usan en la alimentación humana o con fines terapéuticos.

Hace ya 5.000 años que se usan en China con fines medicinales. En el Papiro de Ebers, que es un tratado médico egipcio, ya se indicaba el uso de las algas para curar el cáncer de mama. Durante mucho tiempo se han utilizado las algas como remedio a enfermedades tales como la tuberculosis, la gripe, las lombrices, la artritis... e incluso se les ha otorgado cierto poder de mejorar el rendimiento sexual.

En Japón, las algas constituyen el 10% de la dieta diaria, lo que equivale al consumo de dos kilos de algas al año por persona. Las algas poseen importantes propiedades anticáncer. Parece que ésta es una de las causas por las que en Japón las tasas de cáncer de mama y próstata son tan bajas. Sin embargo, en Europa apenas se usan en la cocina. El *agar-agar* es la única alga que los europeos solemos consumir casi sin saberlo, pues se usa como espesante y gelificante en repostería, helados, dentífricos, cosméticos...

Las **algas** son muy ricas en **yodo**, además de en **fibra, vitamina A, B, C, E, D (algosterol), calcio, hierro y omega 3**.

	Proteinas	Calcio	Hierro	Yodo	Vitamina C	Potasio	Fibra
Nori	6,9%	810	16,5	15,9	0,35	4330	34,7%
Kombu	29%	330	23	17,3	4,2	2030	30%
Wakame	2,7%	1380	20	22,6	5,29	6810	35,3%
Dulse	18%	560	50	55	34,5	7310	2,5%
Musgo	20,5%	720	59	14,7	24,5	1350	34,2%
Spaghetti mar	8,4%	720	59	14,7	28,5	8250	32,7%
Agar agar	0,6%	325	2,2	–	–	–	–
Leche de vaca	3,4%	118	Indicio	0	1	144	0
Espinacas	3,2%	118	Indicio	0	51	470	0,6%

Propiedades de las algas:

• *Son antiproliferativas, antiinflamatorias, antiangiogénicas y antiagregantes. Todo un cóctel anticáncer.*

• *Ayudan a controlar la glucemia. Ideales para diabéticos.*

• *Son reguladoras hormonales. Ayudan a regular el sistema hormonal de estrógenos y fitoestrógenos, contribuyendo a disminuir la aparición de tumores hormonodependientes y problemas hormonales.*

• *Las algas son ricas en ácido algínico. Ayudan a eliminar metales pesados y sustancias radiactivas acumuladas en nuestro cuerpo.*

• *Son antioxidantes.*

• *Contienen fucoidanos y fucoxantina, dos sustancias letales para el cáncer.*

• *Las algas estimulan al sistema inmune de manera intensa. Son ricas en betaglucanos, los cuales son potentes estimuladores del sistema inmune.*

• *Son una fuente importante de omega 3.*

Las algas nos aportan muchos micronutrientes, pero consumidas en exceso pueden afectar a nuestra tiroides y ocasionar problemas de salud[132]. Como en todo, la clave está en la cantidad y la frecuencia de consumo.

Vamos a analizar la cuestión:

El alga más rica en yodo es la kombu, y la que menos contiene la nori y wakame.

Yodo presente en las algas y medido en miligramos por cada 100 g[133]:

WAKAME	*3,9*
DULSE	*10,2*
SPAGHETTI DE MAR	*10,7*
KOMBU	*70*
NORI	*1,3*

¿Cuántas algas suelen consumirse cuando cocinamos una receta?

Pues es muy variado. Vamos a ver ejemplos.

A los guisos o potajes suele añadirse 1 g de alga kombu, lo que equivale a 0,7 mg de yodo, que son 700 microgramos de yodo, que excede la cantidad diaria recomendada. Si le pones un poco de alga kombu a tus guisos no va a pasar nada, la tiroides no se va a ver afectada, pues no comemos guisos a diario, sino dos o tres veces por semana, y no nos comemos todo el guiso nosotros solos.

Prueba el potaje de alubias y judías verdes al que añadimos alga kombu de la página 408.

Los makis se elaboran con unos 2,5 g de alga nori por rollo, y en este caso, si nos tomamos un rollo entero, que serían unos 6 makis, estamos tomando casi 32,5 microgramos de yodo, lo que no es mucho.

Cuando tomamos ensalada wakame estamos tomando aproximadamente 100 g de esta alga, lo que equivale a casi 4.000 microgramos de yodo, y eso sí puede ser un exceso.

¿Debemos de dejar de comer algas?

No. Nos aportan muchos beneficios, pero para no dañar a nuestra tiroides debemos tomarlas con mucha moderación.

Para reducir la cantidad de yodo que obtenemos al consumir algas, se recomienda remojarlas y tirar el agua del remojo.

No las tomes en ensalada, tómalas mejor en guisos y sopas en pequeña cantidad, por ejemplo, espolvoreando copos o añadiendo un trocito del tamaño de una uña al caldo de cocción.

¿Hay algún alga que no podamos consumir?

Las **algas hiziki** acumulan gran cantidad de arsénico, y una alta ingesta de hiziki en la dieta se ha relacionado con una mayor probabilidad de sufrir cáncer[134]. En el caso de consumir hiziki, parte del arsénico que contienen pasa al agua de remojo, pero a pesar de disminuir la cantidad de arsénico de este modo, se considera que la cantidad de arsénico que contienen las hiziki no es seguro para el organismo, y en el Reino Unido la Agencia de Seguridad Alimentaria ha recomendado a la población no consumirla con frecuencia[135].

Recomendaciones para niños y embarazadas sobre el consumo de algas:

1. Los bebés menores de un año no deben tomar algas.

2. Cuando se introduzcan en la dieta hay que hacerlo progresivamente y en cantidades muy pequeñas.

3. En menores de cinco años, no ofrecer más de 2 g secos por plato.

4. Cantidades a ofrecer: podemos ofrecer wakame una vez a la semana, espagueti de mar dos veces por semana, nori tres veces por semana. El alga kombu hay que ofrecerla con mucha moderación: podemos añadirla al caldo de cocción y luego retirarla antes de servir. No ofrecer alga hiziki a los niños ni embarazadas.

5. No se deben dar suplementos de espirulina o chlorella a los niños, pues pueden estar contaminadas por un tipo de toxinas llamadas cianotoxinas, que producen daños en el hígado y en el sistema nervioso si se toman de forma continuada.

6. Si estás embarazada y nunca has tomado algas, ahora no es el momento de empezar. Al tomar un suplemento de yodo ya estás tomando suficiente cantidad de este oligoelemento.

Interacciones de las algas

- En hipotiroideos en tratamiento con levotiroxina el alto consumo de algas puede interaccionar con la medicación.

- Precaución en su consumo en hipertiroideos.

- Por su efecto estimulante del sistema inmune, deben tener precaución al consumirlas las personas con enfermedades autoinmunes o en tratamiento con fármacos inmunodepresores.

- Por su efecto antiagregante deben tener precaución las personas en tratamiento con fármacos antiagregantes y anticoagulantes.

> **Cantidad máxima diaria recomendada en adultos: 5 g de alga en seco.**

11.3 ¿Pueden tomar los niños semillas de lino?

En principio, podemos ofrecer semillas de lino a los niños, siempre molidas en pequeña cantidad (no más de 3 cucharaditas al día). Lo que no os recomiendo es el aceite de lino o linaza, pues puede producir diarrea, y para metabolizar su omega 3 es necesario una enzima que los niños apenas sintetizan.

Las semillas de lino son ricas en omega 3 y fibra, por lo que es interesante que las incorporemos en la dieta de los niños.

Cómpralas enteras y muélelas, guárdalas en la nevera en un tarro de cristal para que no se enrancien. Sus grasas saludables aguantan bien una semana en la nevera. Úsalas siempre en crudo, añadidas al yogur, batidos, cremas, ensaladas, etc.

11.4 Arroz, cuidado con el arsénico

Según la OMS (Organización Mundial de la Salud), el arsénico es un elemento natural de la corteza terrestre; ampliamente distribuido en todo el medio ambiente, está presente en el aire, el agua y la tierra. En su forma inorgánica es muy tóxico.

El arsénico está clasificado como un cancerígeno de categoría 1 por la Agencia Internacional para la Investigación del Cáncer[136]. También puede causar problemas relacionados con el desarrollo, neurotoxicidad, diabetes y enfermedades cardiovasculares. De ahí que haya una preocupación a escala mundial sobre el contenido de arsénico presente en el agua y en los alimentos. El arsénico, aun en niveles bajos, tiene un impacto en el desarrollo inmunológico, en el crecimiento y en el coeficiente intelectual de las personas.

El arsénico inorgánico está naturalmente presente en altos niveles en las aguas subterráneas de diversos países, entre ellos Argentina, Bangladesh, Chile, China, India, México y Estados Unidos. Las principales fuentes de exposición al arsénico son: consumir agua que contenga arsénico, consumir alimentos regados con arsénico y preparar alimentos con agua contaminada por arsénico.

Debido a que hay arsénico en la tierra, los alimentos pueden contener pequeñas cantidades, aunque generalmente en niveles tan bajos que no hay razón para preocuparse.

El arroz, sin embargo, es distinto. El arroz es uno de los alimentos que más arsénico contiene por su método de cultivo. Al cultivarse en campos inundados, es fácil que absorba el arsénico durante su crecimiento. El arroz contiene de diez a veinte veces más arsénico que otros cereales. Los arroces de los países que más arsénico contienen en el agua y en la tierra son especialmente ricos en este semimetal. Hay poca diferencia en el contenido de arsénico de un envase de arroz ecológico y otro convencional.

Los pescados, mariscos, carnes, aves de corral, productos lácteos y cereales también pueden ser fuentes alimentarias de arsénico, aunque la exposición a través de estos alimentos suele ser muy inferior a la exposición a través de aguas subterráneas contaminadas. En el marisco, el arsénico está presente principalmente en su forma orgánica, que es menos menos tóxica.

Los alimentos que más arsénico contienen

Alimentos y bebidas	Niveles estimados de arsénico inorgánico en alimentos (µg /hg)
Leche	4,1
Pan de trigo y panecillos	14,3
Bebidas refrescantes	6,9
Cerveza	6,8
Agua	2,1
Alimentos con mayor contenido en arsénico	
Arroz blanco	88,7
Arroz integral	151,9
Otros alimentos seleccionados	
Pescados	11,3
Crustráceos	36,2
Moluscos	50,9

¿Se puede reducir el contenido en arsénico del arroz? ¿Cómo hacerlo?

La respuesta es SÍ. Hay varias medidas con las que que podemos reducir el consumo de arsénico a través del arroz. Veamos.

La manera en la que cocinas el arroz puede reducir drásticamente el contenido en arsénico.

La mejor técnica es **remojar el arroz desde la noche anterior**. Esto rebaja la cantidad de arsénico en un 80%[137]. Cocinar el arroz en la proporción 5:1 sin remojarlo antes reduce los niveles de arsénico, pero no tanto como cuando lo remojamos.

Andy Meharg, profesor de Ciencias Biológicas de la Universidad de Queens en Belfast, especialista mundial en arsénico y arroz, ha estudiado tres formas de cocinar el arroz para averiguar si se alteran o no los niveles de arsénico según como se cocine[138].

Primero estudió el método tradicional: cocinar dos partes de agua por una de arroz, la medida clásica que casi todos solemos aplicar cuando lo cocinamos. Lo que el biólogo encontró es que este sistema deja en el arroz altos niveles de arsénico.

En cambio, al cocinarlo con el segundo método –utilizando cinco partes de agua y una de arroz, y lavando el exceso de agua– los niveles de arsénico se reducen a la mitad.

Pero con el tercer método, remojando el arroz durante la noche previa a cocinarlo, los niveles de arsénico se reducen hasta un 80%.

Lavarlo bien, hasta que el agua quede clara, es un truco que también ayuda. Empleando está técnica se logra reducir la presencia de arsénico entre un 10 y un 28%[139].

Al remojar el arroz unas ocho horas permitimos el inicio del proceso de germinación. Durante este remojo se generan enzimas, se reducen antinutrientes y además, parte del arsénico inorgánico pasa al agua[140]. Tras remojar, debemos desechar el agua y lavar bien.

Cocer el arroz con abundante agua y después tirarla también ayuda. De esta forma se calcula que se elimina aproximadamente el 50% del arsénico inorgánico del arroz[141].

El método más efectivo para cocinar el arroz y reducir el contenido de arsénico es remojarlo durante la noche, luego lavarlo y enjuagarlo hasta que el agua esté limpia, antes de hervirlo en una cacerola, con una proporción de cinco partes de agua y una parte de arroz. Tras cocerlo debe colarse y tirar el agua de cocción.

Elige arroz con bajo contenido en arsénico

Consume arroz cultivado en España.

El arroz español tiene una media de 80 microgramos por kilogramo de arsénico inorgánico frente a 130 el de China, 253 que presenta el de EE.UU., o 286 el de Reino Unido.

El arroz español que menos arsénico contiene es el de Doñana, por ser sus aguas las menos contaminadas del territorio español.

En España, el equipo del Dr. Carbonell ha estudiado muestras de arroz blanco de diferentes plantaciones de la Península Ibérica, y ha obtenido los siguientes resultados, en orden de mayor o menor nivel de arsénico[142]:

- Extremadura y Portugal: 87 μg/kg
- Cataluña: 80 μg/kg
- Aragón y Navarra: 67 μg/kg
- Valencia: 63 μg/kg
- Murcia: 57 μg/kg
- Andalucía: 54 μg/kg

Usa solo de forma esporádica arroces exóticos como el basmati, el thai (jazmín), el salvaje... que proceden de India, China y EE.UU. El arroz salvaje es el que menos arsénico contiene.

Varía el cereal que consumes a diario

No consumas solo un cereal, ve variando: avena, trigo sarraceno, quinoa, cebada, espelta, centeno, trigo, etc.

Los bebés consumen mucho arroz procedente de papillas de cereales, potitos, tortitas de arroz, etc. La exposición al arsénico es unas tres veces mayor entre los niños que entre los adultos.

Dieta mediterránea para toda la familia

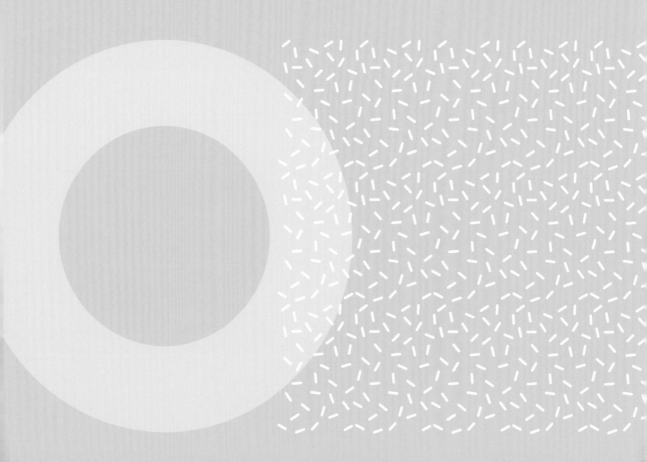

12.
De 2 a 18 años. Alimentación infantil saludable. Apostemos por la dieta mediterránea

A partir de los dos años la alimentación del niño cada vez será más parecida a la del adulto, con la salvedad del tamaño de las raciones, que deberá adaptarse a las necesidades del niño, así como el uso de sal, que debería ser mínimo en los primeros años. Las pautas generales son similares tanto para niños como para adultos, y a día de hoy sabemos cuál es la alimentación ideal y la tenemos al alcance de la mano, pues es la que consumían nuestras abuelas.

La **dieta mediterránea tradicional** parece ser el mejor patrón dietético para mantenernos saludables. Esta dieta se basa en un alto consumo de hortalizas, frutas, legumbres, cereal integral, aceite de oliva virgen, frutos secos y pescado azul, así como en un bajo consumo de lácteos, carnes rojas, embutidos, alimentos calóricos y azucarados. Esta alimentación fue declarada Patrimonio Cultural Inmaterial de la Humanidad por la Unesco en 2010[143].

Se ha demostrado que el patrón dietético mediterráneo está inversamente relacionado con muchas enfermedades, entre ellas la obesidad infantil. Aunque la mayoría de padres sabemos que comer así nos ayuda a estar más sanos y evitar la obesidad, no es habitual que este sea el patrón de alimentación en los niños que viven en la región mediterránea[144].

¿Seguimos la dieta mediterránea tradicional en España?

Por desgracia, cada vez menos. Los estudios demuestran que los españoles hemos empezado a abandonar poco a poco este estilo de alimentación, mientras que empieza a ganar adeptos en otros territorios como Estados Unidos.

Cada vez seguimos más la dieta occidental, rica en grasas, azúcar y calorías, que por desgracia es más barata que la dieta mediterránea. Hace solo unas décadas, alimentarse saludablemente era muy sencillo.

Nuestro país era más rural y existía una gran disponibilidad de alimentos (fruta, verdura, legumbres...) que llegaban muy frescos a la mesa. El dicho «de la huerta a la mesa» era real. Los alimentos elaborados prácticamente no estaban disponibles y eran caros. En España se seguía la saludable dieta mediterránea.

El abandono de la dieta mediterránea no solo ha ocurrido en España, sino también en otros países mediterráneos, y esto está conduciendo a un aumento de la obesidad y de otras enfermedades crónicas.

¿Se relaciona la pérdida de la dieta mediterránea con más riesgo de enfermedad infantil?

Actualmente, las enfermedades no infecciosas están en continuo aumento en la edad infantil y son la principal causa de muerte global en los países desarrollados. Una nutrición inadecuada en la infancia puede condicionar la salud a corto, medio y largo plazo y el riesgo de padecer determinadas patologías como la obesidad, el asma o la hipertensión, según el Libro Blanco de la Nutrición Infantil en España[145]. La obesidad en la infancia es el principal problema de salud de los niños en el mundo desarrollado.

En las consultas de pediatría cada vez consultan más familias por patologías posiblemente relacionadas con una mala alimentación y un exceso de contaminación medioambiental:

- Hay una acumulación excesiva de grasa corporal en la población infantil, que conduce hacia el sobrepeso y la obesidad.

- Hay un aumento de las afecciones respiratorias como dificultad respiratoria, toses irritativas frecuentes y asma infantil.

- Cada vez hay más niños con dermatitis atópica. La presentan el 20% de los niños.

- Cada vez hay más problemas relacionados con el sistema inmune y la hipersensibilidad de este, como alergias e intolerancias alimentarias, rinoconjuntivitis, alergias al polen y gramíneas, o asma de causa alérgica.

- Catarros que se repiten con frecuencia, y parece que el niño no sale del bucle de resfriados.

- Hay una mayor susceptibilidad a las complicaciones bacterianas y menor efectividad de los antibióticos, al haber desarrollado las bacterias más comunes resistencia al uso de antibióticos, en parte debido al uso indiscriminado de antibióticos en el ganado que luego nos comemos.

- Los problemas digestivos también son frecuentes, como las regurgitaciones, los vómitos, los dolores de barriga, el estreñimiento, las hemorroides, etc.

Cada vez hay más niños y adolescentes con enfermedades de adultos, como enfermedad coronaria, hipertensión arterial o diabetes. Uno de cada cinco niños de edades comprendidas entre los ocho y los dieciocho años presentan alteraciones en los niveles de colesterol, con una clara repercusión en enfermedades cardiovasculares futuras.

Muchos de estos problemas tienen su base en el cambio de alimentación que ha sufrido la población mediterránea en los últimos años. Hemos cambiado nuestra saludable dieta mediterránea a favor del patrón de alimentación occidental rico en carne, azúcar, grasas trans, alimentos ultraprocesados y harinas refinadas.

Veamos algunos ejemplos de correlaciones entre determinadas patologías y factores de riesgo de origen alimentario.

PATOLOGÍA	FACTORES DE ORIGEN ALIMENTARIO
Hipertensión arterial	- Consumo inadecuado de frutas y verduras - Consumo excesivo de sal
Enfermedades cerebrales y cardiovasculares	- Consumo inadecuado de frutas y verduras - Consumo excesivo de ácidos grasos saturados y azúcares - Consumo inadecuado de alimentos ricos en fibras
Cánceres (especialmente de colon, mama, próstata y estómago)	- Consumo inadecuado de frutas y verduras - Consumo excesivo de alcohol - Consumo excesivo de sal - Consumo inadecuado de alimentos ricos en fibra - Actividad física inadecuada o exceso ponderal
Obesidad	- Aporte energético excesivo - Actividad física inadecuada
Diabetes tipo 2	- Obesidad - Actividad física inadecuada
Caries	- Consumo frecuente de hidratos de carbono fermentables y/o alimentos o bebidas con alto contenido en azúcar
Menor resistencia a las infecciones	- Consumo inadecuado de frutas y verduras - Consumo inadecuado de micronutrientes - Lactancia materna inadecuada
Alergias alimentarias	Presencia de alérgenos en los alimentos

Fuente: Comisión Europea. Informe sobre el estado de los trabajos de la Comisión Europea en el campo de la nutrición en Europa.

Fundamentos de la dieta mediterránea tradicional, basadas en la pirámide y el decálogo de la Fundación de la Dieta Mediterránea[146]

La pirámide de la dieta mediterránea nos muestra qué alimentos debemos incorporar en nuestro plato y cuáles debemos limitar o eliminar.

Debemos consumir a diario:

- Una o dos raciones por comida de **cereales**, en forma de pan, pasta, arroz, cuscús u otros, y deben ser preferentemente integrales, ya que algunos nutrientes (magnesio, fósforo, etc.) y fibra se pierden en el proceso de refinado. Mejor ecológicos.

- Las **verduras** deberían estar presentes tanto en la comida como en la cena, aproximadamente dos raciones en cada toma, y por lo menos una de ellas debe ser cruda, por ejemplo, en forma de ensalada o gazpacho. La variedad de colores y texturas aporta diversidad de antioxidantes y fitoquímicos, sustancias protectoras frente al envejecimiento y el cáncer. ¡No olvides incluir champiñones y setas!.

  La única hortaliza que debemos limitar es la patata (no más de tres veces por semana), limitando sobre todo la patata frita.

- Las **frutas** deben estar presentes todos los días. Una o dos raciones en cada comida. Mejor siempre en forma cruda que en forma de zumo. Si tomamos postre, que sea fruta. La fruta es una buena alternativa a media mañana y como merienda.

  Todas las frutas son bienvenidas.

  El mito de que el plátano engorda, es eso, un mito. El plátano de Canarias es una de las frutas más saludables, que además nos ayuda a mejorar el estado de ánimo.

• Todas nuestras comidas deben ser regadas con **aceite de oliva virgen o virgen extra**, incluso para freír. Debemos usar el aceite de oliva como principal grasa para cocinar. Es un alimento rico en vitamina E, beta-carotenos y ácidos grasos monoinsaturados que le confieren propiedades cardioprotectoras y anticáncer. Este alimento representa un tesoro dentro de la dieta mediterránea, y ha perdurado a través de siglos entre las costumbres gastronómicas mediterráneas, otorgando a los platos un sabor y aroma únicos.

• **Aromáticas y especias.** Añadidas en las comidas nos ayudan a reducir el consumo de sal, a hacer más sabrosos los platos y a aportar diferentes aromas.

• **Frutos secos crudos, semillas y un puñado de aceitunas a diario**. Las aceitunas pueden ser un buen entrante. Los frutos secos y las semillas los puedes añadir al yogur, a los batidos o comerlos crudos. Evita frutos secos fritos y salados.

• **Lácteos**. Limitarlos a una o dos raciones al día. Mejor yogur, kéfir o queso que leche. Preferiremos los de cabra u oveja a los de vaca. La ganadería mediterránea ha sido caprina tradicionalmente, la bovina nos viene impuesta de otras culturas. ¡Los lácteos, siempre sin azúcar! Evita natillas, flanes, yogures saborizados, y demás postres lácteos azucarados. El consumo de leches fermentadas (yogur, kéfir, leche búlgara, etc.) se asocia a una serie de beneficios para la salud, ya que estos productos contienen microorganismos vivos capaces de mejorar el equilibrio de la microflora intestinal.

El consumo de derivados fermentados de leche de cabra mejora la mucosa intestinal y la absorción del hierro[150], así como los niveles de melatonina, la molécula del buen humor y del estado antioxidante del organismo[151].

• **Agua**. Una correcta hidratación es esencial para mantener un buen equilibrio de agua corporal, si bien las necesidades varían según la edad, el nivel de actividad física, la situación personal y las condiciones climáticas. Además de beber agua directamente, el aporte de líquido se puede completar con infusiones de hierbas y caldos y sopas bajas en grasa y sal.

Un mito: el agua engorda si se toma durante la comida.

Regularmente

Debemos consumir **pescado** en abundancia, y **huevos** con moderación.

Se recomienda el consumo de pescado azul como mínimo una o dos veces a la semana ya que sus grasas –aunque de origen animal– tienen propiedades muy parecidas a las grasas de origen vegetal a las que se les atribuyen propiedades protectoras frente a enfermedades cardiovasculares. Podemos tomar pescado de dos a cuatro veces por semana.

Los huevos contienen proteínas de muy buena calidad, grasas y muchas vitaminas y minerales, que los convierten en un alimento muy rico. El consumo de tres o cuatro huevos a la semana es una buena alternativa a la carne y el pescado.

Las **legumbres** deben consumirse un mínimo de dos veces por semana, aunque lo ideal sería consumirlas más de tres veces por semana, especialmente en el caso de los niños vegetarianos. Aportan abundante fibra y nos ayuda en la prevención de algunos cánceres, así como de enfermedades cardiovasculares.

¿Qué alimentos se limitan o eliminan en la dieta mediterránea?

- La **carne roja.** Sustitúyela por carne blanca de pollo o pavo, y no la consumas más de dos veces por semana. Si consumes carne roja de manera ocasional, retira la parte grasa. Limita también el consumo de carnes muy grasas, como la de pato o el paté.

  La carne roja se tendría que consumir con moderación y si puede ser, mejor como parte de guisos o estofados, nunca como ingrediente principal.

  Las **carnes procesadas y el embutido** hay que limitarlos a cantidades pequeñas o eliminarlos.

- Las **bebidas azucaradas** (tipo refresco de cola, bebidas para deportistas, bebidas gaseosas), la **pastelería y bollería industrial**, los **alimentos azucarados**, la **margarina**, los **aceites de semillas refinados** y la **nata**.

- Las **patatas fritas**.

- El **alcohol**.

- Evita el **aceite de palma** a toda costa.

Elige siempre alimentos frescos, de temporada y respetuosos con el medio ambiente

Los alimentos poco procesados, frescos y de temporada son los más adecuados.

Es importante aprovechar los productos de temporada ya que, sobre todo en el caso de las frutas y verduras, esto nos permite consumirlas en su mejor momento, tanto con respecto a la aportación de nutrientes como a su aroma y sabor.

	Fruta	*Verduras*	*Pescado*
Enero	Caqui, chirimoya, fresa-fresón, kiwi, limón, mandarina...	Acelga, ajo, alcachofa, apio, berenjena, brócoli, calabacín...	Angula, bacalao, berberechos, besugo, camarón, carpa...
Febrero	Fresa-fresón, kiwi, limón, mandarina, naranja...	Cardo, cebolla, col lombarda, coliflor, endibia, escarola...	Angula, bacalao, berberechos, besugo, camarón, carpa...
Marzo	Fresa-fresón, kiwi, limón, mandarina, naranja, níspero...	Coliflor, endibia, escarola, espárrago verde, espinaca...	Anguila, angula, atún, bacaladilla, bacalao...
Abril	Albaricoque, cereza, fresa-fresón, kiwi, limón, mandarina...	Escarola, espárrago verde, espinaca, guisante, haba...	Almejas, anguila, angula, bacaladilla, bacalao...
Mayo	Aguacate, albaricoque, cereza, ciruela, frambuesa, fresa...	Espinaca, judías verdes, lechuga, nabo, pepino...	Lamprea, lenguado, liba, mejillones, merluza, mero...
Junio	Aguacate, albaricoque, breva, cereza, ciruela, frambuesa...	Lechuga, nabo, pepino, pimiento, puerro, rábano...	Anguila, atún, bacaladilla, bacalao, bogavante, boquerón...
Julio	Aguacate, albaricoque, cereza, ciruela, frambuesa, limón...	Nabo, pepino, pimiento, puerro, rábano, remolacha, repollo...	Anguila, atún, bacaladilla, bogavante, bonito, boquerón...
Agosto	Aguacate, albaricoque, ciruela, frambuesa, granada, higo...	Ajo, calabacín, calabaza, cebolla, espinaca...	Anguila, bogavante, bonito, buey de mar, cabracho...
Septiembre	Aguacate, albaricoque, caqui, ciruela, chirimoya, frambuesa...	Col lombarda, coliflor, endibia, escarola, espinaca...	Almejas, anguila, bonito, buey de mar, calamares, camarón...
Octubre	Aguacate, caqui, chirimoya, granada, higo, kiwi, limón...	Acelga, ajo, alcachofa, apio, berenjena, brócoli, calabacín...	Almejas, berberechos, bonito, buey de mar, camarón, carpa...
Noviembre	Aguacate, caqui, chirimoya, granada, kiwi, limón, mango...	Pepino, pimiento, puerro, rábano, remolacha, repollo...	Berberechos, besugo, camarón, carpa, cigala, congrio, dorada...
Diciembre	Caqui, chirimoya, kiwi, limón, mandarina, manzana...	Coliflor, endibia, escarola, espinaca, guisante, haba...	Almejas, angula, bacalao, berberechos, besugo, camarón...

Siempre que puedas elige alimentos ecológicos, pues su contenido en pesticidas y metales pesados es menor que los de la agricultura convencional y mayor en vitaminas y fitoquímicos.

Al calor de los fogones. Cocinar sin empobrecer los alimentos

Es importante elegir alimentos frescos, pero también lo es la forma de cocinarlos. Al someter a los alimentos al efecto del calor estos sufren modificaciones. Cambia su sabor, su color, su aroma y también sus nutrientes. Según el modo en que cocinemos los alimentos podremos aprovechar al máximo los beneficios que nos ofrecen, o bien anularlos e incluso generar sustancias con potencial cancerígeno.

Veamos cuáles son las técnicas culinarias más aconsejables, así como las menos recomendables.

Técnicas culinarias más saludables

1. Consumir los alimentos crudos

Esta es la forma más sana y nutritiva de ingerirlos. Cuando calentamos un alimento por encima de 45 grados se empiezan a destruir las enzimas que facilitan su digestión, al igual que las vitaminas sensibles al calor, como son la vitamina C y B; los minerales pasan de ser orgánicos a inorgánicos y son más difíciles de asimilar; las proteínas se desnaturalizan y se torna más difícil su digestión. Por tanto, para aprovechar al máximo los nutrientes, lo mejor es no perder tiempo calentando alimentos y consumirlos como nos los ofrece la naturaleza.

Los alimentos crudos y frescos son especialmente ricos en fitoquímicos, y por tanto, constituyen la forma más sencilla de tomar a diario un protector que nos ayuda a prevenir el cáncer. Los vegetales crudos son también muy ricos en fibra, lo que previene el estreñimiento, regula la glucemia y nos ayuda a prevenir el cáncer de colon.

Comer los alimentos crudos es la forma de ingerirlos que menos estrés digestivo produce, la que menos toxinas genera en nuestro organismo y la que más nutrientes aporta. Es también beneficioso para controlar las cifras de glucemia, ayudándonos a prevenir el cáncer y la diabetes. Además, previene la aparición de las molestas cándidas.

Pero hay alimentos que sí debemos cocinar para poder consumirlos, como las patatas y la clara de huevo, pues contienen una sustancia, la antitripsina, que se opone a la acción de una enzima, la tripsina, indispensable para realizar la digestión de las proteínas. Al someter estos alimentos a la cocción se destruye la antitripsina y, por tanto, las proteínas se digieren mejor. De modo que la cocción de estos alimentos es muy beneficiosa, pues de otro modo no podríamos digerirlos.

Las legumbres se pueden consumir crudas si están germinadas, pero se digieren mejor cuando se cocinan.

Ejemplos de consumo de alimentos crudos: fruta a mordiscos, las ensaladas, gazpachos, vegetales espiralizados, batidos o *smoothies*...

2. Cocción en medio líquido o húmedo

Al vapor

El método de cocción al vapor consiste en cocinar los alimentos únicamente con vapor de agua, sin sumergirlos en agua ni en aceite. Cocinar al vapor es una forma rápida y muy saludable de preparar los alimentos, puesto que en este tipo de cocción apenas se pierden nutrientes. Es además una forma ligera y sabrosa de cocinar, ya que está exenta de grasa y los alimentos no pierden ni su sabor ni su aroma, conservando intacta su textura y su color.

Es un método de cocción muy limpio, ya que los alimentos no se pegan y los utensilios no necesitan de una limpieza especial.

Para cocinar al vapor suele utilizarse una vaporera, un recipiente con agujeros donde se colocan los alimentos, y este a su vez se coloca sobre una olla que contenga agua hirviendo, la cual no debe tocar a los alimentos de la vaporera. La vaporera debe encajar sobre la olla, no debe introducirse dentro de ésta. También se puede cocinar al vapor usando un *wok*, colocando una rejilla sobre éste y, sobre la rejilla, un cesto de bambú, una vaporera o un plato con comida.

La mayoría de los vegetales se pueden cocinar en un tiempo de entre 5 y 10 minutos. Lo ideal es que la vaporera sea de cristal o vidrio. En su defecto se puede optar por una de acero inoxidable. Existen vaporeras eléctricas programables que cuentan con varios recipientes para colocar los alimentos por separado. Esto es ideal para quienes suelan cocinar al vapor de manera habitual. Entre sus ventajas encontramos la posibilidad de programar el tiempo de cocción y poder dedicarnos a otros menesteres culinarios. La Thermomix® incorpora un recipiente para cocinar al vapor, aunque éste, llamado Varoma, es de plástico y no es la mejor opción, aunque al menos es de polipropileno, el menos tóxico de los plásticos.

También podemos optar por los hornos de vapor. Ofrecen una cocción homogénea y un sistema de regulación electrónica del vapor que evita que los alimentos se cocinen en exceso.

Hervir

Consiste en cocinar el alimento en agua en ebullición (100 grados).

Es una de las técnicas más utilizadas en cocina y puede ser saludable teniendo en cuenta una serie de recomendaciones.

Con el hervido se pierden vitaminas, sobre todo las hidrosolubles, como la vitamina C y B, y minerales que pasarán al caldo de cocción. La cantidad de vitaminas destruida varía mucho según la duración y la temperatura de cocción.

Algunos fitoquímicos son muy sensibles al calor, como es el caso de los glucosinolatos presentes en el brócoli y la coliflor. Si hervimos el brócoli durante diez minutos la cantidad de glucosinolatos se reduce en un 50%.

En el caso del omega 3, cuando se somete al efecto del calor se transforma en grasas saturadas nada beneficiosas; cuanta más temperatura, más grasas saturadas y menos omega 3.

Con el hervido no sólo se pierden nutrientes, sino que también se modifica el sabor, el color y el aroma de los alimentos. A mayor tiempo de cocción y más alta temperatura, más se alteran los alimentos.

Los caldos de cocción de las verduras siempre se deben aprovechar, ya sea para hacer sopas, cremas, salsas, etc.

Por encima de 100 grados la pérdida de vitaminas, fitoquímicos y nutrientes es elevada. Deberíamos cocinar por debajo de los 90 grados para aprovechar al máximo los nutrientes que nos ofrece la naturaleza, y mantener así nuestro cuerpo lo más saludable posible.

Se puede hervir a partir de agua fría en el caso de los alimentos que necesiten un largo tiempo de cocción, como son las legumbres o los cereales. Lo ideal para los vegetales es añadir el vegetal cuando el agua ya está hirviendo. De esta forma se pierden menos nutrientes y se evita la sobrecocción. Te recomiendo que te hagas con un hervidor de agua eléctrico. Ahorra tiempo y es muy práctico.

Para minimizar la pérdida de nutrientes con el hervido, sigue estas recomendaciones:

- Cocina a fuego lento, es decir, a unos 85-90 grados. El agua solo debe hacer burbujitas. En caso de que hierva de forma violenta podemos cortar el hervor con agua fría.

- Utiliza alimentos frescos y de temporada. Descarta los vegetales en conserva, precocidos o congelados.

- No dejes los alimentos en remojo. Lávalos bajo el grifo con agua fría.

- Cocina los alimentos en trozos grandes, salvo cuando queramos preparar un caldo de cocción donde nos interesa que pasen el máximo número de nutrientes al caldo. En ese caso trocea las verduras muy pequeñitas.

- Cocina durante el mínimo tiempo. El escaldado puede ser una buena opción para el brócoli.

- Añade los alimentos cuando el agua ya esté caliente. Lleva el agua a ebullición, añade los alimentos y baja el fuego al mínimo.

- Cocina con poca agua y nunca tires el caldo de cocción. ¡Viva la sopa!

El escaldado y el escalfado son dos alternativas al hervido tradicional en las que se pierden menos nutrientes y se conserva más el sabor y la textura del alimento.

Escaldar

Se trata de una cocción muy corta en abundante agua hirviendo. El tiempo oscila de segundos a 2 o 3 minutos. Esta técnica precisa de un rápido enfriamiento inmediato bajo un chorro de agua fría. Así detenemos la cocción del alimento. Es ideal para cocinar el brócoli, por ejemplo.

Escalfar o pochar

Consiste en cocer un alimento en un líquido, ya sea agua o leche, a una temperatura inferior al punto de ebullición. Sería el equivalente a cocinar a fuego lento.

Preferiremos el escaldado y el pochado frente al hervido.

3. Cocción en seco

Al baño María

Método que consiste en poner el alimento a cocer en un recipiente que se introduce en otro más grande con agua caliente sin dejar que ésta llegue a hervir. El agua nunca entra en contacto con el alimento. Es ideal para recalentar alimentos previamente preparados.

4. Cocción en medio graso

Sofreír

Es una técnica que se utiliza para cocinar las verduras antes de hacer un guiso. Se vierte un poco de aceite sobre una olla o sartén ancha, se calienta y se añaden las verduras, que se cocinarán a fuego lento. Con el sofrito los ingredientes se van calentando poco a poco, desprenden su sabor y adoptan el del aceite. Es un método ideal para elaborar una base para tus platos llena de sabor. Para sofreír bien tenemos que remover con frecuencia. El tiempo de cocción será el necesario para que los ingredientes se ablanden. Nunca se deben quemar ni dorar los alimentos, sólo ablandar. Sofríe con aceite de oliva virgen extra y añade una pizca de sal, su sabor es delicioso. Recuerda usar muy poco aceite, solo el justo para que los alimentos no se peguen. Para disminuir la temperatura del sofrito lo que podemos hacer es añadir una pequeña cantidad de agua a la sartén y esto hará que la temperatura disminuya y se oxiden menos los aceites.

5. Cocción mixta

Guisar

Combina la cocción en aceite a baja temperatura (sofrito) con la cocción en agua a fuego lento. Primero se sofríen los alimentos y después se cuecen a baja temperatura el tiempo necesario. Es una de las técnicas más utilizadas en la preparación de exquisitos platos de cucharada en la dieta mediterránea.

Estofar

Esta técnica se utiliza para cocinar alimentos que requieren una cocción lenta y prolongada, para que queden tiernos. Es ideal para las legumbres o la carne.

Técnicas culinarias no recomendables

Una cocción mal hecha puede no sólo destruir vitaminas y fitoquímicos, sino generar sustancias tóxicas. Esto es especialmente importante en el caso de la carne. Cuando una carne se prepara a la parrilla se generan sustancias cancerígenas como el benzopireno.

1. Cocción en seco

A la parrilla, a la brasa y a la barbacoa

Éstos son los métodos de cocción menos recomendables. Consisten en colocar los alimentos sobre una parrilla o rejilla y esta sobre el fuego o las ascuas. Durante este tipo de cocción se generan benzopirenos, unos hidrocarburos policíclicos aromáticos potencialmente carcinógenos. Cuando una carne o pescado, principalmente su grasa, se someten a un calentamiento excesivo (más de 300 grados), se forman dichos compuestos tóxicos, de manera que su presencia es directamente proporcional a la temperatura y al tiempo de cocción. Cuanto más quemado y negruzco esté el alimento más benzopireno contendrá.

Con este método de cocción, además de los benzopirenos también se generan aminas heterocíclicas y acrilamida, otros reconocidos cancerígenos.

¿Cómo disfrutar ocasionalmente de una barbacoa y minimizar la absorción y generación de benzopirenos?

- No quemar los alimentos. Sólo deben dorarse ligeramente.
- Asar durante poco tiempo, nunca más de treinta minutos.
- No cocinar directamente sobre el fuego o las ascuas, mejor hacer una barbacoa con carbón vegetal o cocinar sobre una resistencia eléctrica tipo grill o tostadora.
- Tomar como acompañamiento una gran ensalada con muchas hojas verdes, pimiento rojo y cebolla. Estos alimentos disminuyen la absorción de los benzopirenos.
- Cocinar carnes con poca grasa. En la grasa se acumulan más los benzopirenos.

A la plancha

Con este método se cocinan los alimentos utilizando una fuente muy caliente y uniforme de calor. De este modo, el alimento se dora por fuera y queda jugoso por dentro. No se emplean ni grasas ni aceites. Puede ser saludable si se tiene cuidado de que el alimento no se queme, de lo contrario sería perjudicial para nuestra salud. Puedes cocinar a la plancha, pero «vuelta y vuelta».

Horneado a alta temperatura

El horno puede ser perjudicial cuando se utiliza a más de 200 grados durante más de treinta minutos. Si lo usas, que sea siempre a menos de 180 grados y durante el menor tiempo posible.

Tostar

Este método consiste en cocer un alimento al fuego sin usar grasa o aceite. Mediante este proceso se extrae la humedad del alimento de tal modo que adquiere un color dorado y una consistencia crujiente. En algunos casos, también permite realzar su sabor. De todos modos, no es un método recomendable, pues se pierden nutrientes y si se alcanzan altas temperaturas pueden crearse benzopirenos.

Para tostar se pueden usar diferentes elementos como una sartén (sin aceite), un horno o una tostadora, entre otros.

Si tuestas ten cuidado de que no se queme el alimento. Las semillas no se deben tostar, pues pierden propiedades, ya que sus grasas son sensibles al calor.

2. Cocción en medio graso

Freír

Es una forma rápida y sabrosa de cocinar, pero muy poco saludable. Freír consiste en sumergir los alimentos en una materia grasa caliente, a una temperatura muy superior a la de cocción en agua. Al freír los alimentos, estos se empapan de la grasa con la que cocinemos, lo cual comporta que sean más calóricos y nuestras digestiones sean más pesadas. Al calentar los aceites o mantecas a alta temperatura se crean sustancias tóxicas para nuestro organismo.

Nunca deberíamos freír a alta temperatura y los aceites jamás deben humear al calentarlos. Si se alcanza el punto de humeo por un descuido, es mejor que desechemos el aceite y volvamos a empezar la fritura.

Los mejores aceites para freír son el aceite de oliva virgen y el de coco, porque resisten mejor que otras grasas las altas temperaturas, son más estables y menos absorbentes para los alimentos. El aceite de coco es rico en grasas saturadas de cadena media. El aceite de oliva, aunque es bueno para freír, pierde cualidades al ser llevado a altas temperaturas. Sus ácidos grasos insaturados se convierten en saturados y pasan de ser grasas saludables a grasas perjudiciales. Además, el contenido en polifenoles también disminuye.

El consumo frecuente de alimentos fritos se ha relacionado con un mayor riesgo de cáncer. Debes freír lo mínimo posible.

Consejos a tener en cuenta a la hora de freír:

- No mezcles distintos tipos de aceites. Cada tipo de aceite tiene un punto de ebullición diferente que daría lugar a la formación de sustancias tóxicas cuando el que aguante menos temperatura se comience a quemar.

- No añadas aceite nuevo sobre el usado.

- Evita el sobrecalentamiento de los aceites. Fríe a baja temperatura. Si el aceite humea ya está quemado y se habrán generado sustancias tóxicas. No frías en freidora, mejor en sartén. De este modo la fritura no será tan profunda ni se alcanzarán temperaturas tan altas.

- Antes de ponerlos a freír en la freidora o sartén, los alimentos deben estar siempre bien secos. El agua de la superficie favorece la descomposición del aceite, dando lugar a posibles reacciones no deseables como la oxidación y enranciamiento prematuro del aceite.

- Cuando frías no tapes la sartén. Los benzopirenos son volátiles y se eliminan en parte durante la fritura si esta no se cubre. Aunque ensucie más no uses tapaderas a la hora de freír.

- No reutilices el aceite. Lo ideal sería usar el aceite una sola vez y desecharlo, aunque se podría usar hasta diez veces como máximo.

- Los mejores aceites para freír son el de oliva virgen y coco. Evita los refinados.

- Una vez frito el alimento, deja que escurra el aceite sobre un colador de acero inoxidable.

Trucos y recomendaciones para una cocina sana

- Lo ideal es consumir el máximo posible de alimentos crudos en forma de ensaladas, gazpachos, batidos, zumos, etc.

- La cocina al vapor es una opción muy saludable. Hazte con una vaporera.

- Para crear saludables y sabrosos guisos combinaremos el sofrito ligero de las verduras con la posterior cocción a baja temperatura. Esto es ideal para platos de cuchara y arroces. Guisaremos como nuestras abuelas, a fuego lento y con mucho amor y cariño.

- Las sopas y cremas son una forma ideal de no perder nutrientes a pesar de la cocción. En el caldo de cocción van a quedar los nutrientes que se pierden al cocinar.

- Elige alimentos frescos y de temporada. Si esto no es posible, mejor congelados que en conserva.

- Hornea siempre a menos de 180 grados y durante el menor tiempo posible. Puedes cocinar a la plancha, pero evitando que los alimentos se quemen.

- Renuncia a fritos, barbacoas y parrillas.

Comer en familia y moverse a diario, dos recomendaciones mediterráneas

En la pirámide mediterránea no solo se presta atención a los alimentos que consumimos y a la frecuencia de su ingesta, sino que se hace hincapié en otros hábitos saludables como la práctica de ejercicio físico regular y la convivencia con la familia, recomendando comer todos juntos, aprovechando el momento de la comida para conversar, compartir y promover buenos hábitos.

A la hora de comer tabletas y móviles fuera. Por desgracia, esta no es la norma y muchas veces las tecnologías son las protagonistas en la mesa.

La Academia Americana de Pediatría y la Sociedad Canadiense de Pediatría nos advierten sobre los efectos negativos que el uso excesivo de las pantallas puede producir en los niños:

- *Desarrolla emociones negativas, como ira y rabia*
- *Limita su capacidad para relacionarse*
- *Aumenta el riesgo de depresión o ansiedad infantil*
- *El sedentarismo eleva el riesgo de obesidad*
- *Limita su desarrollo cerebral*
- *Altera su ciclo de descanso por exceso de estímulos visuales*

Recomendaciones del uso de pantallas (televisión, móvil, tabletas, consolas, etc.).

- *0-2 años: 0 horas*
- *3 a 5 años: 1 hora al día*
- *6 a 12 años: 2 horas al día*

Estas recomendaciones pocas veces se cumplen. Muchos padres usan las tecnologías para "distraer" al bebé y así poder meterle más cucharadas en la boca, con el riesgo de sobrealimentación que esta práctica conlleva. En los restaurantes vemos a muchos niños "enganchados" a la tableta mientras comen y/o esperan la comida. Así los padres se aseguran de que el niño esté quieto, no moleste a los demás comensales y deje a los adultos comer tranquilos. Los mayores hacemos tres cuartos de lo mismo: a la hora de comer consultamos Facebook o Instagram en vez de prestar atención a la conversación de nuestros hijos. Dejemos a un lado las tecnologías y a las amistades virtuales y disfrutemos más de nuestros hijos y amigos reales.

¿Siguen la pirámide de la dieta mediterránea los niños y adolescentes españoles?

Según las encuestas del Ministerio de Sanidad y Consumo, la alimentación general de nuestros niños dista mucho del ideal mediterráneo.

Un 6% de los niños españoles no consume nunca fruta, solo el 15% consume fruta a diario. En el caso de las verduras el 16% de los niños nunca la consumen y solo el 6% la consume a diario.

El consumo de frutas y verduras es mayor en las chicas que en los chicos y disminuye con la edad, de los once a los dieciocho años.

El 23% de los niños comen dulces tales como caramelos, chocolates o chucherías una vez al día o más.

¡El 6% de los niños nunca toma agua! ¡El 11% toma refrescos azucarados a diario y el 18% los toma más de 1 vez al día!

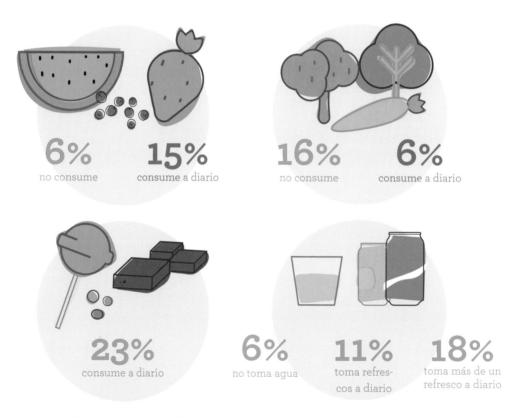

6%
no consume

15%
consume a diario

16%
no consume

6%
consume a diario

23%
consume a diario

6%
no toma agua

11%
toma refrescos a diario

18%
toma más de un refresco a diario

Se recomiendan cinco raciones de frutas y verduras al día (una ración son 150 g de fruta u hortaliza en crudo) para llevar una alimentación saludable.

Una ración de hortalizas (140-150 g en crudo y limpio) equivale a un plato pequeño de hortalizas cocinadas (acelgas, espinacas, col, brócoli, champiñones, cardo, zanahoria, calabaza, judías verdes...). un plato grande de escarola, lechuga, ½ berenjena, ½ calabacín, 1 tomate mediano), una endibia, un pimiento mediano, un pepino pequeño, una zanahoria grande, cuatro alcachofas medianas, seis espárragos finos, ½ vaso de zumo de tomate.

Una ración de frutas (140-150 en crudo y limpio) equivale a una pieza de fruta mediana (pera, manzana, naranja, plátano, membrillo, pomelo, etc.), una rodaja mediana de melón, sandía o piña, un vaso de zumo 100% (sin azúcar añadido), dos o trespiezas medianas de albaricoques, ciruelas, dátiles, mandarinas, higos, etc., cuatro o cinco nísperos, ocho fresas medianas o un plato de postre de cerezas, uvas, moras, grosellas, etc.

Comunidades con menor
consumo de fruta y verdura

Cantabria
Cataluña
Extremadura
Galicia

Comunidad con mayor
consumo de fruta y verdura

Andalucía

En España solo el 11% de los adultos cumple con la recomendación de las cinco raciones, según el estudio *Lidl-5 al día* sobre el consumo de frutas y hortalizas en España, en el que se entrevistó a 2.500 personas de todo el territorio español.

El 41% de los padres considera que sus hijos no comen suficiente fruta y el 36% considera que no comen suficiente verdura.

En Andalucía es donde más fruta y verdura fresca se consume, y donde menos fruta se consume es en Cataluña y Cantabria. Donde menos verdura se consume es en Cantabria, Galicia y Extremadura.

Hemos dejado de ir al mercado y compramos todo en el supermercado o en la gran superficie. Con ello no fomentamos la economía local, y es más fácil que compremos alimentos insanos.

Hemos dejado de tomar alimentos frescos, locales y de temporada; ahora no hay temporadas, todo está disponible todo el año.

Hemos dejado de cocinar y preparar los alimentos; ahora comemos casi todo precocinado.

Hemos dejado de comer en familia; ahora se come en el colegio, en el trabajo, en el bar de enfrente, pero poco en casa. La comida ya no es un acontecimiento familiar, y comemos solos o con compañeros del trabajo o del colegio.

13.
Dieta mediterránea. Menú semanal

Ya sabemos qué alimentos debemos consumir y con qué frecuencia; ahora vamos a ver ejemplos prácticos que nos ayuden a planificar el menú semanal.

A la hora de confeccionar el menú dejaremos los alimentos más fáciles de digerir como sopas, cremas, ensaladas, verduras cocidas y pescados para la cena.

A medio día incluiremos los hidratos de carbono como legumbres y cereales que, aunque sean integrales, algo suben la glucemia, pero como vamos a movernos el resto de la tarde, los vamos a quemar y apenas van a tener repercusión en los niveles de insulina. Sin embargo, si tomamos el cereal y justo después nos vamos a la cama esto sí va a repercutir en la glucemia.

	LUNES	MARTES	MIÉRCOLES
DESAYUNO	Zumo de naranja natural Tostada integral con aceite y tomate	Gachas de avena con plátano, nueces y semillas	Bebida vegetal o leche con cacao Bizcocho integral casero
MEDIA MAÑANA	Gazpacho de mango Nueces	Barrita energética	Yogur con arándanos y semillas
COMIDA	Coliflor asada en ensalada Lentejas con arroz y verduras	Gazpacho de sandía Pasta integral con boloñesa vegetal	Taboulé de coliflor. Arroz alicantino de verduras
MERIENDA	Yogur natural con fresas y semillas molidas	Almendras y melocotón	Bocadillo integral de sobrasada vegana
CENA	Vichyssoise de manzana. Albóndigas de jurel	Ensalada Capresse de sandía y mozzarella Ensalada de pollo, aguacate y garbanzos	Crema de coliflor asada Boquerones en vinagre o palitos de merluza

Pero la dieta mediterránea no es la única saludable. Sabemos que la alimentación oriental e hindú, rica en especias y hortalizas, puede ayudarnos en la prevención de enfermedades, así que de estas culturas gastronómicas nos vamos a quedar con ingredientes saludables como la cúrcuma, el jengibre, el curry, el *tempeh* o el tofu.

Para que empecéis a incorporar ingredientes de la "cocina asiática" en vuestro menú os propongo probar estas recetas:

TACOS VEGGIE en la página 396.

CURRY DE VERDURAS en la página 392.

LENTACOS en la página 398.

JUEVES	VIERNES	SÁBADO	DOMINGO
Gajos de naranja Tostada integral de tahín con miel o sirope	Batido de plátano y cacao Tostada de AOVE y aguacate	Muesli con bebida vegetal Rodajas de plátano	Bebida de avena con galletas de avena y chocolate
Manzana y almendras	Pistachos y fresas	Melón y chocolate negro	Bocadillo integral de crema de chocolate casera (receta)
Potaje de alubias y judías verdes	Crema de tomate Marmitako de bonito	Crema de calabaza, boniato y salvia Pasta de guisantes con shiitake y pesto de guisantes	Ensalada de kale y calabaza Macarrones integrales con salsa de tomate y cúrcuma
Plátano y yogur	Yogur con moras y semillas	Tarta de manzana	Gazpacho enriquecido
Crema de zanahoria, lentejas y naranja Sardinas en escabeche	Ensalada de quinoa y calabacín Tortilla de shiitake	Salmorejo sin gluten Hamburguesas de pollo, tomate y avena	Ensalada de tomate, queso fresco y boquerones Queso crema vegetal

El plato infantil saludable

14.
¿Cómo sería el ideal de plato infantil saludable?

La clave para una dieta saludable y equilibrada es presentarles a nuestros hijos en el plato comida variada, colorida y sabrosa. Así obtendremos un plato cargado de macronutrientes como grasas, proteínas e hidratos de carbono y micronutrientes como vitaminas, minerales y fitoquímicos. Os presento cómo debería ser el plato infantil saludable según la Escuela de Salud Pública de la Universidad de Harvard, basado en actualizadas evidencias científicas[152]. La confección de este plato no está orientada solo a niños, sino que es apta para toda la familia a partir de los dos años. Por supuesto, las cantidades serán diferentes según la edad de cada miembro de la familia.

Hay que tener en cuenta que a partir de los dos años los niños tienden a comer menos porque tienen un crecimiento más lento. Desde ese momento y hasta la preadolescencia, por tanto, en proporción, se come menos cantidad que en los dos años anteriores. No es que de repente se vuelvan malos comedores, se trata de algo fisiológico. A esta edad, el crecimiento va a picos en ocasiones, por lo que unas temporadas comen más que otras. "No se crece porque se come, se come porque se crece".

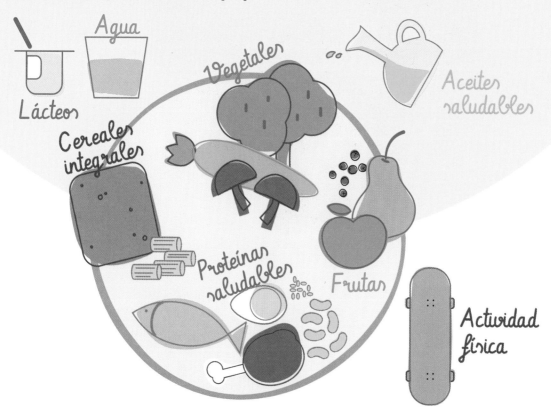

Lácteos · Agua · Vegetales · Aceites saludables · Cereales integrales · Proteínas saludables · Frutas · Actividad física

Desde los dos o tres años y hasta los seis, aproximadamente, es cuando los pequeños comienzan a rechazar algunos alimentos. Además, sus gustos varían mucho: un día se pueden comer alimentos que al día siguiente se rechazan. Hay rachas en que solo quieren comer plátano o zanahoria, por ejemplo, y se niegan a probar nada más. No hay que olvidar que, a los dos o tres años, hay una fase de oposición y reafirmación de la personalidad, y esto incluye también a los alimentos. Paciencia.

Teniendo en cuenta que el plato hay que adaptarlo a su apetencia y a la cantidad de comida que necesitan, veamos cómo confeccionarlo.

La mitad del plato debería estar conformado por vegetales y/o frutas y la otra mitad por cereales integrales (25%), grasa y proteína saludable (25%).

- **Vegetales.** Todos nos valen, salvo la patata. La patata no cuenta como vegetal por su impacto negativo sobre los niveles de azúcar en sangre, sobre todo cuando se presenta en forma de patata frita.

- **Frutas**. Elige frutas frescas y de temporada. Cuanto más coloridas, mejor. Limita los zumos a no más de un vaso pequeño al día y que sea de zumo recién exprimido.

- **Cereales integrales.** Procura que no sean cereales refinados o "blancos". Elige arroz integral, quinoa, trigo sarraceno, trigo integral, avena, pasta integral, pan integral con masa madre. El pan blanco, la pasta blanca, el arroz blanco, la masa para pizza... tienen un impacto negativo sobre los niveles de azúcar y nos predisponen al sobrepeso y la obesidad.

- **Proteína saludable.** Elige como fuente de proteínas a las legumbres, frutos secos, semillas y otras proteínas no vegetales saludables como el pescado, el huevo y la carne blanca, como el pollo y el pavo. Limita la carne roja de ternera, buey, cerdo y cordero, y evita la carne procesada como el bacón, los embutidos, tocino, salchichas, hamburguesas y preparados de carne.

- **Grasas.** Es importante recordar que la **grasa** es parte importante de nuestra dieta.

Encontramos grasas saludables en el pescado, los aguacates, los frutos secos, las semillas y el aceite oliva virgen extra. Evita las grasas trans que forman parte de los aceites vegetales hidrogenados y parcialmente hidrogenados.

- **Lácteos.** Solo debemos consumirlos en pequeña cantidad, máximo uno o dos lácteos al día. Elegiremos el yogur natural, kéfir y el queso y, en menor medida, la leche.

- **Agua.** Es la mejor bebida que podemos consumir. Es ideal para calmar la sed. Descarta las bebidas azucaradas y las *light* o sin azúcarcomo colas, bebidas para deportistas y refrescos gaseosos. Limita los zumos.

El azúcar, la bollería, la pastelería, las chucherías, los dulces y la comida rápida deben limitarse o intentar eliminarse, que solo formen parte de nuestra alimentación muy de vez en cuando.

- Recuerda la importancia de practicar ejercicio físico de manera regular.

Frutas y verduras para toda la familia

Los vegetales y las frutas son una parte importante de una dieta saludable, y la variedad es tan importante como la cantidad. Ninguna fruta o verdura proporciona todos los nutrientes que se necesitan para estar saludable. Por eso, pon color en tu plato y procura elegir frutas y verduras de temporada. La mitad del plato debería estar compuesto de frutas y/o hortalizas.

Una dieta rica en verduras y frutas puede disminuir la presión arterial, reducir el riesgo de enfermedades cardíacas y accidentes cerebrovasculares, prevenir algunos tipos de cáncer, reducir el riesgo de problemas oculares y digestivos... Y tiene un efecto positivo sobre la glucemia, lo que puede ayudar a mantener el apetito bajo control, controlar el peso y prevenir la diabetes.

Cuanto mayor es la ingesta diaria promedio de frutas y verduras, menores serán las posibilidades de desarrollar enfermedades cardiovasculares. En comparación con aquellas personas que tienen una ingesta baja de frutas y vegetales (menos de 1,5 porciones al día), las personas que consumen un promedio de ocho o más porciones al día tienen un 30% menos de probabilidades de sufrir un ataque cardíaco o un derrame cerebral[153].

Aunque todas las frutas y verduras probablemente contribuyan a este beneficio, las verduras de hoja verde como la lechuga, la espinaca, la acelga y la rúcula; las crucíferas como el brócoli, la coliflor, el repollo, las coles de Bruselas, la col china y la col rizada; y las frutas cítricas como naranjas, limones, limas y pomelos (y sus zumos) son las que nos aportan mayores beneficios[154].

Un informe del World Cancer Research Fund y del American Institute for Cancer Research sugiere que las verduras sin almidón, como las hojas verdes (la lechuga, canónigos, rúcula); las crucíferas como el brócoli, el repollo, el repollo; el ajo; la cebolla y las frutas protegen contra varios tipos de cánceres, incluidos los de la boca, garganta, el esófago y el estómago; la fruta probablemente también protege contra el cáncer de pulmón. También el tomate tiene un papel protagonista en la lucha contra el cáncer. Un mayor consumo de productos a base de tomate (especialmente la salsa de tomate) y otros alimentos que contienen licopeno como la sandía y el mango, puede reducir la incidencia del cáncer de próstata[155].

Comer frutas y verduras también puede mantener nuestros ojos saludables, y puede ayudar a prevenir dos enfermedades comunes relacionadas con el envejecimiento: cataratas y degeneración macular[156, 157].

Cereales integrales

Los cereales o granos integrales ofrecen múltiples beneficios para la salud, a diferencia de los granos refinados, que son desprovistos de valiosos nutrientes en el proceso de refinado.

Todos los granos integrales contienen tres partes: el **salvado**, el **germen** y el **endospermo**. Cada sección contiene nutrientes que promueven la salud. El salvado es la capa externa rica en fibra que suministra vitaminas B, hierro, cobre, zinc, magnesio, antioxidantes y fitoquímicos. Los fitoquímicos son compuestos químicos naturales presentes en plantas que han sido investigados por su papel en la prevención de enfermedades. El germen es el núcleo de la semilla donde ocurre el crecimiento; es rico en grasas saludables, vitamina E, vitaminas B, fitoquímicos y antioxidantes. El endosperma es la capa interior que contiene carbohidratos, proteínas y pequeñas cantidades de algunas vitaminas B y minerales.

Cuando se refina el cereal lo que consumimos es solo el endospermo.

Un creciente núcleo de investigación muestra que elegir cereales integrales y otras fuentes de carbohidratos menos procesadas y de mayor calidad, y reducir el consumo de cereales refinados, mejora la salud de muchas maneras.

En el caso de los cereales, las diferencias para nuestra salud respecto a consumirlos refinados o integrales son muy relevantes. Los **cereales integrales** nos **protegen frente a las enfermedades crónicas**. Los consumidores habituales de cereales integrales ven reducido su riesgo de enfermar. Estos son algunos beneficios:

- Reducción del 30% de la mortalidad por enfermedades cardiovasculares.
- Reducción de la incidencia de cáncer entre un 10-50% según el tipo de cáncer, especialmente en el caso del cáncer de colon.
- Reducción del 30% del riesgo de padecer diabetes *mellitus*.
- Menos posibilidades de padecer obesidad e hipertensión arterial.

Entre los grandes consumidores de cereales blancos y refinados encontramos un mayor riesgo de padecer cáncer, especialmente de tiroides, colon, recto, estómago y esófago.

La incidencia de cáncer en España se ha incrementado de forma exponencial desde los años sesenta hasta la actualidad. Este incremento coincide con el cambio de alimentación de los españoles y la llegada al mercado de los alimentos refinados y azucarados.

Las mujeres que consumen granos integrales de forma habitual padecen menos artritis reumatoide, gota, asma, colitis ulcerosa, enfermedad de Crohn y enfermedades neurodegenerativas[158].

Un metaanálisis de siete estudios principales mostró que la enfermedad cardiovascular (ataque cardíaco y/o accidente cerebrovascular) era un 21% menos probable en las personas que consumieron 2,5 o más porciones de alimentos integrales un día comparado con aquellos que comieron menos de dos porciones a la semana[159].

Durante el proceso de refinado y blanqueamiento del arroz y las harinas desaparecen parte de sus nutrientes, de modo que la industria añade de forma artificial estas vitaminas que se pierden. ¿Es esto natural? ¿No sería mejor consumir el cereal tal y como lo ofrece la naturaleza sin manipulación alguna? Nuestro organismo obtendría todos los nutrientes necesarios para su buen funcionamiento y se ahorraría la ingesta de aditivos innecesarios y en ocasiones tóxicos.

Apostemos siempre por los **cereales ecológicos e integrales**.

¿Qué cereales podemos consumir?

Amaranto	*Mijo*	*Alforfón o trigo sarraceno*	*Avena*
Kamut	*Teff*	*Centeno*	*Arroz salvaje*
Espelta	*Arroz integral*	*Trigo*	*Maíz*
Cebada	*Quinoa*	*Bulgur*	*Sorgo*

Proteínas saludables

Consumir fuentes de proteínas saludables como pescado, pollo, legumbres o frutos secos en lugar de carne roja y embutidos puede reducir el riesgo de varias enfermedades, entre ellas el cáncer, enfermedades cardiovasculares y muerte prematura[160, 161]. Las fuentes de proteína más saludables son las legumbres, los frutos secos, las semillas, el pescado y el huevo.

Grasas saludables

Hace unos años se promovían las dietas bajas en grasas, pero las investigaciones más recientes muestran que las grasas saludables son necesarias y beneficiosas para la salud y se recomienda seguir una dieta rica en grasa, de la buena.

Cuando nos venden un producto bajo en grasa o sin grasa lo que hace la industria es añadir azúcar, endulzantes artificiales o almidón para que resulte sabroso, y eso afecta a los niveles de glucosa. Por eso debemos olvidarnos de los productos que indiquen «0% materia grasa»[162].

Se recomienda consumir a diario grasas insaturadas de las buenas: **aceite de oliva virgen extra, aguacates, semillas, frutos secos y pescado azul**.

Las grasas "malas" (grasas trans) aumentan el riesgo de enfermedades, incluso cuando se consumen en pequeñas cantidades. Los alimentos que contienen grasas trans se encuentran principalmente en alimentos procesados elaborados con grasas trans de aceites parcialmente hidrogenados.

Las grasas saturadas se deben limitar cuando proceden del aceite de palma industrial y de la grasa de la carne roja y el embutido.

Lácteos

Durante años nos han bombardeado con la importancia de tomar leche para así obtener calcio y tener unos huesos y dientes fuertes. Nos decían que no debía de faltar el litro de leche diario. A día de hoy, no está claro que los productos lácteos sean realmente la mejor fuente de calcio para la mayoría de las personas.

Si bien los lácteos (yogur y kéfir) pueden reducir el riesgo de cáncer de colon, la ingesta elevada de lácteos, sobre todo leche, puede aumentar el riesgo de cáncer de próstata y posiblemente de cáncer de ovario. No se ha demostrado que una alta ingesta de calcio procedente de los lácteos prevenga la osteoporosis, como nos han hecho creer durante mucho tiempo[163, 164].

Además, los productos lácteos pueden tener un alto contenido de grasas saturadas y también de retinol (vitamina A), que en niveles altos puede debilitar paradójicamente a los huesos.

Buenas fuentes de calcio no lácteas son las verduras de hoja verde, el brócoli, la bebida de soja fortificada, las legumbres, el sésamo, las almendras, el tofu y los suplementos que contienen calcio y vitamina D (cuidado si tomamos un suplemento de calcio, siempre debemos elegir uno con vitamina D, porque si no, no sirve para nada). Todos estos alimentos son excelentes fuentes de vitamina K, otro nutriente clave para la salud ósea, que no vamos a encontrar en la leche.

15.
¿La alimentación vegetariana es saludable para los niños y adolescentes?

La Academia Americana de Nutrición, así como otras sociedades médicas y dietéticas, consideran que la dieta vegetariana y vegana, bien planeadas, son perfectamente adecuadas para los niños de todas las edades, y pueden ayudar a prevenir enfermedades. Pero hay que tener en cuenta que una dieta vegetariana o vegana mal planificada puede, como cualquier otro tipo de alimentación desequilibrada, tener consecuencias negativas sobre la salud y el crecimiento de niños y adolescentes.

La Asociación Española de Pediatría de Atención Primaria ha editado una guía muy completa en la misma línea de lo que defiendo este libro y en la que voy a basar la mayoría de recomendaciones de este capítulo[165].

Cada vez son más las familias que deciden seguir una alimentación vegetariana, ya sea por motivos éticos o por motivos de salud.

Una persona vegetariana es aquella que se abstiene de comer carne, pescado, marisco y productos elaborados con estos alimentos, pudiendo o no incluir en su dieta otros derivados animales como lácteos, huevos o miel.

Las personas veganas son vegetarianas totales, es decir, no incluyen en su alimentación ningún alimento o derivado de origen animal; mientras que los lactovegetarianos incluyen regularmente productos lácteos (leche, queso, yogures) y los ovolactovegetarianos toman además huevos.

La Academia Americana de Nutrición, que agrupa a más de 100.000 profesionales de la nutrición, y que es la asociación más importante de dietistas y nutricionistas del mundo, afirmó en el año 2003: "Las dietas vegetarianas adecuadamente planificadas, incluidas las dietas totalmente vegetarianas o veganas, son saludables y nutricionalmente adecuadas y pueden proporcionar beneficios para la salud en la prevención y en el tratamiento de ciertas enfermedades. Las dietas vegetarianas bien planificadas son apropiadas para todas las etapas del ciclo vital, incluidos el embarazo, la lactancia, la infancia, la niñez y la adolescencia, así como para deportistas". Esta postura oficial fue ratificada en el año 2009[166].

Los estudios muestran que los niños y adolescentes vegetarianos tienen un crecimiento y desarrollo normal[167], siendo su índice de masa corporal algo menor que el del resto de niños[168], es decir, no suelen estar gordos.

Según los diferentes estudios los niños vegetarianos tienden a consumir más frutas, verduras y legumbres, por lo que su ingesta de fibra, vitaminas A, C y E, folato, hierro, magnesio y potasio suele ser mayor; mientras que el consumo de calorías totales, grasas saturadas, proteínas, vitaminas D y B12 y zinc es menor.

Los niños y adolescentes vegetarianos y veganos suelen consumir con menos frecuencia bebidas azucaradas y alimentos procesados[169]. En general, el patrón de alimentación de estos niños se acerca más a las recomendaciones de este libro sobre lo que debería ser una alimentación saludable.

Los niños vegetarianos y veganos muestran un mejor estado antioxidante y un patrón lipídico más favorable en sangre cuando se comparan con los no vegetarianos[170].

Una alimentación vegetariana saludable no dista mucho de lo que debería ser una alimentación saludable y que ya hemos visto en capítulos anteriores.

Si volvemos a analizar cómo debería ser el plato saludable vemos que el 75% de este plato es común para vegetarianos y no vegetarianos. El 25% del plato saludable provendría de fuentes de proteínas saludables: legumbres, frutos secos, pescado, huevo y carne blanca. Si el niño es vegano tendrá que aumentar la ingesta de legumbres y frutos secos y consumir a diario estas dos categorías de alimentos. Si el niño es ovolactovegetariano, los huevos, las legumbres y los frutos secos serán su fuente de proteínas, y en menor medida los lácteos.

Proteínas

Las proteínas no suelen ser un problema en una dieta vegetariana sin embargo, es lo que más preocupa a los profesionales sanitarios, a la vecina y a la abuela cuando una familia decide seguir una alimentación vegetariana. En general, los niños españoles consumen más proteína de la recomendada.

Todas las proteínas vegetales son completas, y similares a las de la carne, aunque su composición en los diferentes aminoácidos difiere según el alimento. Por ejemplo, los cereales tienen menos cantidad de lisina que las legumbres (que son muy ricas en lisina) o algunos frutos secos, pero este mínimo déficit se compensa cuando la dieta es variada.

Las mejores fuentes de proteínas vegetales son las legumbres (en especial la soja y derivados), los frutos secos (en especial los cacahuetes y las almendras) y las semillas.

Si no has probado aún las mantequillas de frutos secos, te recomiendo introducirlas por ejemplo en bocadillos, pero también pueden añadirse a batidos o copos de avena.

Mantequilla de cacahuete, receta en la página 284.

Cantidad de proteínas en varios alimentos vegetales, en comparación con algunos productos de origen animal.

Alimento g de proteínas	100 g	Alimento g de proteínas	100 g
Cacahuetes	26	Pan integral	14
Almendras	21	Lentejas (ya cocidas)	12
Seitán	21	Huevo (cocido, por 100 g, no por unidad)	12
Pistachos	20	Garbanzos (ya cocidos)	9
Tempeh	20	Tofu	9
Carne de pollo	18	Guisantes tiernos	5,5
Semillas de calabaza	18	Leche semidesnatada de vaca (100 ml)	3,3
Anacardos	18	Leche de soja (100 ml)	3,3

Fuente: Base de datos de nutrientes del Departamento de Agricultura de EE.UU.

Grasas

Las dietas vegetarianas son bajas en grasas saturadas (salvo que el consumo de queso, huevo y aceite de palma sea alto) y ricas en grasas mono y poliinsaturadas, procedentes de frutos secos, semillas y aceite de oliva.

Hierro

La dieta vegetariana, y especialmente la vegana, contiene en general mayor cantidad de hierro que las dietas no vegetarianas. Las legumbres, los frutos secos y semillas, los cereales integrales y muchas verduras son alimentos muy ricos en hierro. Por otra parte, los niños y adultos vegetarianos no se encuentran en mayor riesgo de presentar anemia ferropénica, aunque sus depósitos de hierro son menores que los de las personas no vegetarianas[171], hecho que parece ser positivo para un óptimo funcionamiento de nuestras mitocondrias y para la prevención de diferentes enfermedades crónicas como diabetes, cáncer o enfermedad cardiovascular.

Mejoran la absorción del hierro de origen vegetal la vitamina C presente en cítricos, fresas, kiwi, o vegetales de hoja verde, la lisina presente en las legumbres, así como los fermentos presentes en el pan de masa madre.

Calcio

Otra cosa que preocupa mucho cuando un niño sigue una dieta vegetariana es el aporte de calcio. Pensamos que solo hay calcio en la leche y derivados, pero no es así: en el mundo vegetal hay mucho calcio.

Para asegurar un aporte adecuado de calcio en dietas vegetarianas se recomienda consumir:

- Dos raciones de lácteos, bebidas vegetales enriquecidas con calcio o yogures vegetales enriquecidos al día.

- Al menos tres o cuatro raciones por semana de verduras ricas en calcio y bajas en oxalatos, como las crucíferas.

- Dos o tres raciones por semana de tofu y/o tempeh.

- Una ración al día de otras legumbres que no sean soja.

- Una ración al día de frutas, frutos secos o semillas ricos en calcio (almendras, anacardos, sésamo, tahín, higos, chía, lino, dátiles, naranjas, etc.).

- Añadir con frecuencia aromáticas a nuestros platos.

Vitamina D

Gran parte de la población española tiene déficit de vitamina D y esto, a la larga, puede tener consecuencias negativas para nuestra salud, aumentando el riesgo de osteoporosis, cáncer, depresión, caries, etc.[172] Para fabricar vitamina D necesitamos exponernos al sol a diario. Se considera que exponer al sol el rostro, el escote y los brazos durante media hora al menos tres veces por semana entre las once de la mañana y las tres de la tarde, sin protector solar, es suficiente para producir suficiente vitamina D[173]. Pocos alimentos contienen vitamina D de manera natural, salvo el pescado, las algas, las setas y el huevo.

Los motivos por los que el déficit de vitamina D es cada vez más prevalente son múltiples. Cada vez pasamos menos tiempo al aire libre, solemos usar cremas solares con pantallas totales para protegernos del sol, cada vez es más prevalente la obesidad, que impide que se forme la vitamina D.

Deberíamos plantearnos un suplemento de vitamina D3 tanto para adultos como para niños durante los meses de invierno. Para saber si realmente es necesario nos haremos un análisis de sangre. Pídeselo a tu médico de familia o especialista la próxima vez que tengas que extraerte sangre.

Para los menores de un año se aconseja un suplemento diario desde el nacimiento hasta el año de vida, independientemente de la estación del año. La dosis sería 400 UI/día.

En mayores de un año yo os lo recomendaría en invierno, una dosis de 600 UI/día o 5.000 UI/semana.

Vitamina B12

Es la única vitamina que realmente puede ser deficitaria en niños veganos, no así en niños que toman huevo y lácteos de manera habitual, pero aun en estos casos se recomienda el suplemento. De momento no se ha demostrado que haya ninguna fuente vegetal fiable de vitamina B12, y realmente es una vitamina muy importante para el óptimo desarrollo y funcionamiento de nuestro organismo, por lo que un suplemento de B12 es necesario si vamos a seguir nosotros o nuestros hijos una dieta vegana. Lo ideal sería determinar los niveles de B12 en sangre.

Suplemento de B12

Cuándo se debe tomar	Edad	Dosis	Frecuencia
SIEMPRE tanto veganos como ovolactos	7 meses-3 años	250 µg	Una o dos dosis/semana
	4-8 años	500 µg	Una o dos dosis/semana
	9-13 años	750 µg	Una o dos dosis/semana
	> 14 años	1000 µg	Una o dos dosis/semana
	Embarazo y lactancia	1000 µg	Dos o tres dosis/semana

¿Las bebidas vegetales sustituyen a la leche?

A partir de los dos años no se aconseja dar más de dos lácteos al día a los niños, y es preferible hacerlo en forma de yogur, kéfir o queso.

La bebida de soja sin azúcar es rica en proteínas y grasas, de manera similar a la leche de vaca. La mayoría están fortificadas con calcio y este calcio se absorbe de manera similar al de la leche de vaca[174]. El problema es su digestibilidad.

La leche de soja fortificada con calcio puede sustituir completamente a la leche animal en la alimentación infantil a partir del año.

Los yogures de soja, fortificados con calcio y sin azúcar, se pueden introducir en la alimentación del lactante a partir de los seis meses, y la leche de soja a partir del año.

Un yogur de soja puede considerarse un probiótico interesante para introducir en nuestra dieta habitual.

El resto de leches vegetales tienen una cantidad de proteínas mucho menor y no sirven como sustituto de la leche de vaca. A partir de los 18-24 meses, sin embargo, una vez que la dieta ya es variada y ya hay suficiente aporte de proteínas a partir de otros alimentos, se pueden empezar a dar otras leches vegetales enriquecidas con calcio, pues suponen una buena forma de aportar calcio a la dieta. Las mejores son la de avena y la de almendras (ojo, suelen añadirles mucha azúcar). Hay que evitar la leche de arroz en todas las edades: su valor nutricional es muy pobre y además es una fuente importante de arsénico[175]. Mis hijos nunca han tomado leche de vaca. Hasta los dos años tomaron leche materna, y a partir de ahí, de forma ocasional, bebida de avena enriquecida con calcio.

Mi recomendación sería que como mínimo hasta los dos años (o hasta que la madre y el hijo lo deseen) el bebé tomase leche materna. Si esto no es posible recomendaría tomar leche de fórmula hasta el año, y de los doce a los veinticuatro meses, leche de cabra. Después podemos incluir las bebidas vegetales sin azúcar.

Alimentación vegetariana en las diferentes edades

0-6 meses

Lo ideal, al igual que en un niño no vegetariano, es tomar **leche materna de manera exclusiva** hasta los seis meses. Si la madre es vegetariana no debe olvidar tomar el suplemento de B12.

Si el bebé es alimentando con lactancia artificial, existen en el mercado **fórmulas vegetales adaptadas** a base de soja o arroz hidrolizado.

El contenido en fitoestrógenos de la soja y su potencial alergénico no lo convierten en un alimento ideal para un bebé[176]. Por lo que, si vamos a optar por un preparado vegetal, elegiremos arroz.

Este tipo de leches son muy caras, y salvo que el motivo de consumirlas sea el ético, yo optaría por **fórmula adaptada a base de leche de cabra ecológica**.

6-24 meses

La recomendación ideal sería continuar con la lactancia materna hasta los dos años y en su defecto usar una leche de continuación hasta los doce meses. A partir de los doce meses podemos darle leche de vaca o preferiblemente de cabra u oveja ecológica. A partir de los dieciocho a veinticuatro meses podemos ofrecer una bebida vegetal sin azúcar y enriquecida en calcio. Te enseñamos a preparar una rica **bebida vegetal de almendra** en la página 278.

En cuanto a la introducción de alimentos, esta sería igual que en niños no vegetarianos. Podemos empezar con el alimento que deseamos teniendo en cuenta que hay alimentos que no podemos ofrecer durante el primer año de vida, como la miel o las espinacas.

Los frutos secos podemos introducirlos desde los seis meses, pero en forma molida y siempre mezclados con otro alimento. También podemos ofrecerlos en forma de mantequilla de frutos secos.

Las legumbres son el sustituto natural de la carne en la alimentación vegetariana y vegana y, por su alto contenido en proteínas, hierro y zinc, son uno de los primeros alimentos que se deben introducir en la dieta del lactante vegetariano, generalmente acompañados de verduras y hortalizas. La mejor legumbre para empezar es la lenteja roja pelada, que tiene poca fibra y se digiere muy bien. Más adelante se puede introducir tofu, garbanzos cocidos, guisantes tiernos y lentejas sin pelar. Para introducir el *tempeh* esperaremos hasta los doce meses, pues es rico en sal.

Desde la Asociación de Española de Pediatría de Atención Primaria nos proponen este menú para lactantes vegetarianos que he adaptado para que sea compatible con niños que hacen BLW.

7 meses	Mañana	Gachas de avena preparadas con leche materna o de fórmula
	Mediodía	Crema de zanahoria, lentejas y naranja Gajos de naranja (2-3 cucharadas de zumo de naranja recién exprimido si damos triturados)
	Merienda	Papilla de frutas con una cucharadita de almendras molidas o frutas a trocitos y una cucharadita de mantequilla de frutos secos (BLW)
	Noche	Huevo cocido. Brócoli al vapor
	Además	Pecho o fórmula a demanda
10 meses	Mañana	Tostada de pan integral con aguacate. Rodajitas de manzana
	Mediodía	Panaché de verduras con quinoa. Yogur de soja con chía o lino molido y fresas
	Merienda	Compota de pera o manzana con una cucharadita de nueces molidas. Fruta fresca con una cucharadita de mantequilla de frutos secos (BLW)
	Noche	Pastelitos de garbanzos. Huevo cocido. Fruta
	Además	Pecho a demanda o fórmula 4-5 tomas
14 meses	Mañana	Yogur de leche de cabra o soja con semillas de lino o chía molidas
	Media mañana	Hummus con palitos de zanahoria y rodajitas de tomate
	Mediodía	Mini pizza. Plátano
	Merienda	Macedonia de frutas
	Noche	Croquetas de boniato y maitake. Tortilla. Fruta
	Además	Pecho a demanda y fórmula 2-3 tomas
20 meses	Mañana	Tostada de pan integral con aceite y tomate. Batido de leche de cabra, avena o soja con plátano y fresas o con chocolate
	Media mañana	Rodajas de aguacate y huevo cocido
	Mediodía	Boloñesa vegetal con macarrones integrales. Ciruela
	Merienda	Gofres de calabaza y avena
	Noche	Hamburguesas de quinoa y coliflor. Yogur de soja o queso fresco
	Además	Pecho a demanda y fórmula 2-3 tomas

Niños a partir de dos años

A partir de esta edad la alimentación debería parecerse cada vez más a la del resto de la familia. El número y tamaño de las raciones dependerá de la edad y el nivel de actividad física.

Debemos tener en cuenta que a partir de los dos o tres años empiezan a comer, en proporción, menos comida respecto a años anteriores y no por ello debemos pensar que es un mal comedor o que ya no le gusta lo que le ofrecemos.

Ejemplo de menú vegetariano para todos los miembros de la familia a partir de los dos años:

Mañana	Tostada integral con aguacate y huevo. Naranja o mandarina
Media mañana	Tartar de frutos rojos
Mediodía	Crema de tomate Espagueti de calabacín con pavo y gambas Pera
Merienda	Paté de zanahorias al curry con palitos de zanahoria, pepino o pan integral. Yogur de soja o cabra
Noche	Salmorejo sin gluten Curry de lentejas Queso fresco o puñado de frutos secos

Obesidad infantil, la plaga de nuestro siglo

16.
Binomio azúcar-obesidad. La obesidad como causa de múltiples enfermedades

Obesidad, la pandemia del siglo XXI

El sobrepeso y la obesidad son la nueva epidemia del siglo XXI. Cada vez son más los afectados, tanto niños como adultos. En España, el 63% de los hombres y el 45% de las mujeres. La obesidad afecta al 19 y 16% respectivamente. La prevalencia mundial de obesidad se ha triplicado en los últimos treinta años.

En el caso de los niños y adolescentes (5-19 años), España e Italia son líderes europeos en obesidad, encabezando el *ranking* mundial de obesidad infantil Estados Unidos, según un estudio a escala mundial publicado en *The Lancet*[177].

Según datos de 2016[178], el 13% de los niños españoles y el 8% de las niñas son obesos. En el caso de Estados Unidos, el 23% de los niños y el 19% de las niñas lo son. Y si hablamos de sobrepeso, comprobamos que el 37% de los niños españoles lo sufre, así como el 31% de las niñas.

En 2016 había en el mundo 41 millones de niños menores de cinco años con sobrepeso u obesos y más de 340 millones de niños y adolescentes (5-19 años) pesaban más de lo recomendado para su edad. Antes, la obesidad se asociaba a los países con ingresos altos, pero actualmente está aumentando en todos los países, sobre todo en las ciudades. En África el número de obesos ha aumentado en un 50% desde el año 2000.

% de niños con obesidad

5%   10%   15%   20%   25%

% de niñas con obesidad

5%   10%   15%   20%   25%

Consecuencias de la obesidad infantil

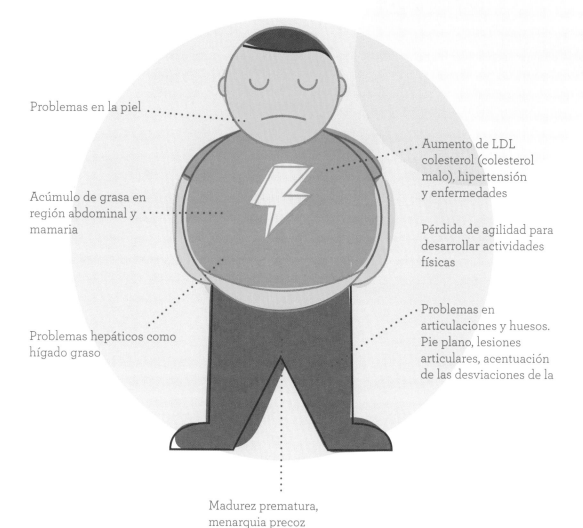

Problemas en la piel

Acúmulo de grasa en región abdominal y mamaria

Problemas hepáticos como hígado graso

Aumento de LDL colesterol (colesterol malo), hipertensión y enfermedades

Pérdida de agilidad para desarrollar actividades físicas

Problemas en articulaciones y huesos. Pie plano, lesiones articulares, acentuación de las desviaciones de la

Madurez prematura, menarquia precoz (primera menstruación a edades tempranas)

Además

- Alteraciones del sueño: apnea del sueño, asma, problemas respiratorios...

- Baja autoestima

- Diabetes tipo 2, síndrome metabólico y resistencia a la insulina

- Desánimo, cansancio, depresión

- Trastornos alimenticios como anorexia y bulimia

- Aumento del acoso, hostigamiento y discriminación

El sobrepeso y la obesidad pueden afectar negativamente al desarrollo emocional de niños y adolescentes. Pueden aparecer sentimientos de inferioridad y baja autoestima. También pueden sentirse rechazados y tender al aislamiento, desarrollando comportamientos depresivos y actitudes antisociales. Y todo ello puede llevar a un mayor sedentarismo y a aumentar la ingesta de calorías como consecuencia de la ansiedad, agravando así el grado de obesidad. Por otra parte, conviene recordar que los trastornos alimentarios como la anorexia y la bulimia se pueden iniciar en situaciones de sobrepeso.

¿Qué causa el sobrepeso y la obesidad?

La causa fundamental del sobrepeso y la obesidad está en un desequilibrio energético entre las calorías consumidas y las gastadas. Es decir, comemos más de lo que gastamos.

En los últimos años la dieta de nuestros niños ha cambiado, con un claro aumento en la ingesta de alimentos de alto contenido calórico que son ricos en grasa y azúcar. Las cadenas de comida rápida han hecho estragos en la alimentación infantil y a eso hay que sumar el importante descenso en los niveles de actividad física debido a un estilo de vida más sedentario. Vamos en coche a todos sitios, los apuntamos a extraescolares como música, inglés, chino o *aloha*, en vez de llevarlos al parque a jugar o apuntarles a extraescolares que impliquen movimiento físico.

> Una alimentación cargada de azúcar y grasas vegetales refinadas, unida al sedentarismo, son las claves de la obesidad infantil.

Pero no todo es tan sencillo; la obesidad depende de muchos factores, entre ellos genéticos, y aunque sabemos que la alimentación insana y el sedentarismo son dos factores fundamentales, parece que hay más factores que pueden influir.

El estudio IDEFICS es un estudio europeo multicéntrico que estudia los riesgos de sobrepeso y obesidad en los niños. Para su realización reclutaron a 16.224 niños con edades comprendidas entre dos y nueve años de diferentes países europeos, entre ellos Italia, Estonia, Chipre, Bélgica, Suecia, Hungría, Alemania y España. Comprobaron que la lactancia materna exclusiva durante los primeros seis meses protegía contra el sobrepeso y la obesidad en comparación con los niños que nunca habían sido amamantados exclusivamente. Los niños que no tenían hermanos, los hijos únicos, tendían más a tener sobrepeso que sus pares con hermanos, cuando controlaban otros factores que pudieran inducir a un sesgo.

En los países europeos, aproximadamente 22 millones de niños tienen sobrepeso. Las exposiciones dietéticas tempranas, los factores genéticos, ambientales y sociales se han propuesto como posibles factores causales. Dos de estos factores incluyen la lactancia materna exclusiva y el impacto de ser hijo único[179].

¿Cómo puede prevenirse el sobrepeso y la obesidad?

La clave para la prevención y el tratamiento de la obesidad está en nuestra mano:

1. Limitando la ingesta energética procedente de alimentos ricos en grasas vegetales refinadas, grasas trans y azúcares que consumen nuestros niños cada día.

2. Aumentando el consumo de frutas y verduras, así como de legumbres, cereales integrales, pescado, huevo y frutos secos.

3. Realizando una actividad física periódica (60 minutos diarios para los niños y 150 minutos semanales para los adultos).

> En mi tierra diríamos que la clave para prevenir la obesidad está en "cerrar el pico y mover la pata".

La OMS, en su "Estrategia Mundial OMS sobre Régimen Alimentario, Actividad Física y Salud", adoptada por la Asamblea Mundial de la Salud en 2004[180], nos invita a pasar a la acción, tanto de modo individual como colectivo, para acabar con la obesidad infantil, e insta a los gobiernos a implementar políticas sanitarias basadas en pruebas científicas que permitan que la actividad física periódica y las opciones alimentarias más saludables estén disponibles y sean asequibles y fácilmente accesibles para todos, en particular para las personas más pobres. Un ejemplo de una política de este tipo sería crear un impuesto sobre las bebidas azucaradas.

La OMS pide que no solo colaboren los gobiernos y las personas a título personal, sino que también pide colaboración a la industria alimentaria. Y les ruega que reduzcan el contenido de grasa, azúcar y sal de los alimentos procesados y limiten la comercialización de estos productos, sobre todo de los alimentos destinados a los niños y los adolescentes ricos en estos ingredientes. Además, les pide que pongan a la venta opciones saludables y nutritivas que sean asequibles para todos los consumidores.

Los jefes de los diferentes estados y gobiernos del mundo se comprometieron en 2011 a aplicar el compromiso de promover la aplicación de la "Estrategia Mundial OMS sobre Régimen Alimentario, Actividad Física y Salud", introduciendo políticas y medidas encaminadas a promover dietas sanas y a aumentar la actividad física de toda la población, con el objetivo de frenar el aumento de la obesidad y reducir la mortalidad prematura asociada a esta en un 25%. Con este fin redactaron en 2016 un informe para acabar con la obesidad infantil[181], pero imagino que conforme estáis leyendo estáis pensando: y ¿quién está aplicando las recomendaciones de la OMS? ¿Hacen algo los gobiernos para que los niños coman de manera más sana y se muevan más?

Casi nada, pero en algunos sitios empiezan a hacerse cositas.

En Andalucía, donde el 23% de los niños tienen sobrepeso, se ha hecho una propuesta de ley pionera en España. Se trata de la "Ley para la promoción de una vida saludable y una alimentación equilibrada", que sigue las recomendaciones de la OMS en el sentido de implicar a la sociedad en su conjunto, sobre todo a las administraciones públicas, sectores empresariales, medios de comunicación y empresas de publicidad. Cuando empiece a aplicarse esta ley no se venderán en los colegios productos que contengan un alto contenido en ácidos grasos saturados, ácidos grasos trans, sal, azúcares, cafeína u otros estimulantes y contengan más de 200 kcal, entre ellos bollos, pasteles y refrescos.

Además, hay otras medidas contempladas en el proyecto de ley dirigidas a fomentar hábitos de vida saludables, como por ejemplo:

- Todos los lugares públicos, centros educativos y centros de ocio infantil deberán ofrecer agua potable gratis.

- Los colegios deberán usar productos alimentarios locales y regionales para garantizar menús saludables.

- Las empresas de más de cincuenta empleados deberán tener un aparcamiento para bicicletas.

- Las escuelas deberán dar al menos cinco horas semanales efectivas de actividad física, que constituye, junto con una alimentación saludable, un área clave para luchar contra el sobrepeso.

- Los establecimientos de restauración deberán disponer de menús de diferentes tamaños de raciones.

- Se pondrán en marcha iniciativas para la distribución de frutas y verduras y la participación del alumnado en huertos escolares.

- Se limitará la publicidad infantil de alimentos grasos y de bebidas no alcohólicas dirigidas a menores de quince años.

Andalucía da un primer paso de gigante para luchar contra la obesidad. Esperemos que dé ejemplo y que otras comunidades se suban al carro.

En Cataluña existe un impuesto sobre las bebidas azucaradas que contengan más de 5 gramos de azúcar por cada 100 ml, o que supondrá un incremento del precio de estas bebidas de hasta un 50%. Aquí se incluyen colas, refrescos, bebidas de néctar y zumos concentrados de fruta, bebidas deportivas, refrescos de té y café, batidos, leches endulzadas o aguas con sabores.

Para no perder mercado, la industria de las bebidas azucaradas en España se ha puesto las pilas y ha reducido en un 23% el azúcar presente en estas bebidas.

Poco a poco las cosas van cambiando, pero no podemos esperar a que los gobiernos legislen, sino que tenemos que ponernos a ello, informarnos bien y cambiar nuestra alimentación y la de nuestros hijos.

Acabar con la obesidad infantil

Vamos a repasar los consejos de la OMS para poner freno a la obesidad infantil. Todos los consejos son de sentido común, como veréis, solo hace falta pasar a la acción y llenarnos de paciencia y amor para cambiar los hábitos de nuestros hijos y de toda la familia.

1. Fomentar el consumo de alimentos saludables y limitar o evitar el de alimentos insanos

Información y formación sobre nutrición accesible para todos

Para cumplir con el primer objetivo de la OMS, lo primero que necesitamos es estar bien informados. Debemos tener claras cuáles son las bases de una alimentación saludable, tanto para los niños como para los adultos. Todos deberíamos hacer un curso de alimentación saludable, y yo me incluyo la primera, pues cuando terminé la carrera de Medicina mis conocimientos de nutrición eran muy, muy básicos. Fue a raíz de mi diagnóstico de cáncer de ovario cuando empecé a interesarme por la alimentación, primero orientada al cáncer y después a toda la familia, para así ofrecer alimentos saludables a mis hijos. Ojalá antes de ser madre me hubiesen orientado de manera adecuada, ojalá en mi formación como médico me hubiese formado en alimentación saludable.

En general, somos poco conscientes del impacto que tienen los alimentos insanos o, por qué no llamarlos así, "alimentos basura" en el peso del niño.

Cuando trabajaba en pediatría de atención primaria me consultaban muchos padres porque al niño lo veían gordo, aunque según ellos el niño apenas comía. Cuando evaluabas la dieta veías que el niño realmente comía poco de lo sano y mucho de lo insano: pocas verduras, frutas y legumbres y mucha bollería, pastelería, chucherías, patatas, bebidas azucaradas, comida procesada, etc. Los padres no solían ser conscientes de que la clave de esa obesidad estaba en las patatas, en los refrescos o los bocadillos.

No a la venta de productos insanos en las zonas "calientes"

Es muy difícil en esta sociedad ofrecer alimentos saludables a nuestros hijos y eliminar los alimentos basura. En las cajas de los supermercados están estratégicamente disponibles las golosinas, las patatas de bolsa, los chicles, etc. para que el niño los pida a su madre y esta acceda para poder finalizar la compra tranquila. En los locales de comida rápida suelen regalar a los niños un juguete con los dibujos o película de moda, con lo que el niño te pide que le lleves a comer una hamburguesa con tal de tener el regalo. En los cumpleaños infantiles, los menús que ofrecen los organizadores son pizza, sándwich de embutido, salchichas, refrescos y, de regalo, una bolsa de chuches.

Abaratar precios de los alimentos saludables

¡Es tan barato comprar insano y en ocasiones tan caro comprar comida saludable! Mirad el precio de la verdura y del pescado y luego el de las galletas, bollería o helados.

Etiquetado fácil de leer e interpretar

Las etiquetas son confusas y a veces la letra es tan pequeña que es difícil leerlas. Además, si tienes que leer con lupa cada etiqueta, la compra se hace eterna. Necesitaríamos etiquetas más claras y fáciles de leer, y sobre todo que estuvieran al frente, no ocultas. Sería una buena idea que dibujaran los terrones de azúcar que contiene el alimento, o que los productos insanos tuvieran una etiqueta similar a la del tabaco donde advirtiesen de lo perjudicial que puede ser ese alimento para la salud

"Crema de 6% de cacao y 7% de avellanas con un 28% de azúcar"

"Esta lata contiene 8,7 terrones de azúcar"

28% de azúcar y aceite de canola y palma

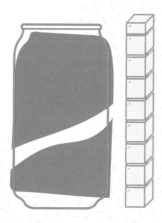

Limitar la comercialización y promoción de alimentos insanos

Los gobiernos deberían limitar la comercialización de productos con exceso de azúcar o grasas trans y poner altos impuestos a los productos insanos, al igual que se hace con el tabaco. La fruta, la verdura y el pescado deberían estar subvencionados por el gobierno.

Una forma sencilla de reducir el consumo de azúcar, podría ser que en los bares, en vez de ofrecer azucarillos o bolsitas de ocho gramos de azúcar se ofrecieran bolsas de 4 gramos y siempre estuviera disponible la estevia o el xilitol en monodosis para endulzar.

Prohibir los anuncios televisivos de productos infantiles insanos podría ayudar mucho a que el niño no te pida constantemente ese súper bollo que ha visto anunciado mientras veía sus dibujos favoritos. Así como prohibir los obsequios al comprar alimentos poco saludables.

2. Promover la actividad física y reducir el sedentarismo

¿Sabías que el 81% de los adolescentes entre once y diecisiete años no realiza suficiente ejercicio físico? Las niñas son las más sedentarias. El 84% de las adolescentes no realizan más de sesenta minutos de actividad física diaria[182]. El sedentarismo se está convirtiendo en la norma en nuestra sociedad.

Realizar actividad física de forma regular reduce el riesgo de diabetes, enfermedades cardiovasculares, cáncer[183] y mejora la capacidad de los niños para aprender, así como su salud mental y bienestar general. La obesidad reduce la práctica de ejercicio físico, convirtiéndose en un círculo vicioso. "Como me cuesta hacerlo porque estoy gordo, no me muevo, si no me muevo, cada vez estoy más gordo".

La actividad física aporta beneficios para la salud sumamente importantes en los niños y adolescentes: aumenta la capacidad cardiorrespiratoria y muscular, reduce la grasa corporal y mejora la salud ósea[184].

Se ha comprobado que la práctica de ejercicio físico a lo largo de la vida puede verse determinada en gran parte por las experiencias que se tienen de niño.

Si hubiese más carriles bici, y estos fueran seguros, más niños y padres pasearían en bici o incluso podrían ir al cole en bici. Claro, eso si en el cole hubiese un sitio donde aparcarlas. Organizar jornadas de actividad física al aire libre por parte de ayuntamientos, asociaciones de vecinos y colegios sería un incentivo para la práctica de ejercicio.

Los padres somos el ejemplo de nuestros hijos: realicemos actividad física nosotros y la realizarán ellos. Si yo me quedo viendo la tele o jugando a la videoconsola y al niño le mando a correr, quizás no se motive, pero si salimos juntos a montar en bici, a correr o a nadar se animará.

A mí me gusta correr y suelo apuntarme a carreras populares acompañada por mis hijos. Es una forma muy divertida de practicar deporte en familia, e incluso ihemos ganado algún premio!

La participación periódica en actividades de educación física de calidad puede mejorar la concentración de los niños y potenciar su autocontrol y aprendizaje[185]. Además, se ha demostrado que el deporte ayuda a reducir los síntomas de la depresión y mejora las relaciones sociales. Es importante que la educación física en la escuela incluya a todos los niños, de todas las capacidades, más que centrarse en el potencial de los niños tipo deportistas de élite. Y por supuesto, la educación física debe ser una asignatura práctica, nada de teoría, nada de tener a los *peques* sentados impartiendo conocimientos: todos a la pista a saltar, correr y brincar.

Se ha comprobado que un aumento de las horas de educación física en los colegios e institutos aumenta el rendimiento académico[186]. La actividad física mejora la cognición y la salud cerebral de los niños[187]. Un incremento de la intensidad y de las horas de educación física en el currículum escolar tiene un efecto beneficioso en la mejora cognitiva de los alumnos, aumentando el promedio de las notas en todas las asignaturas. Lo ideal sería que al menos practicasen cuatro horas de educación física a la semana, cuando actualmente lo habitual en España es que sean solo dos horas semanales[188].

3. Cuidar la alimentación de la madre durante el embarazo para reducir el riesgo de obesidad infantil

La atención que las mujeres reciben antes, durante y después del embarazo tiene repercusiones profundas para el desarrollo y la salud posteriores de sus hijos. El sobrepeso o la obesidad materna, el aumento de peso excesivo durante el embarazo, la hiperglucemia materna (incluida la diabetes gestacional), el hábito de fumar o la exposición a productos tóxicos son factores que pueden aumentan la probabilidad de padecer obesidad durante el primer año de vida y a lo largo de la niñez[189, 190, 191, 192]. Pero además, cada vez son más los datos sobre la posible influencia del peso del padre en el momento de la concepción en el riesgo de obesidad de los hijos[193]. Por tanto, sería casi obligatorio que se diesen pautas de alimentación saludable a los futuros padres. El sobrepeso y la obesidad en el caso de la madre aumentan el riesgo de complicaciones (en particular de muertes fetales) durante el embarazo, el parto y el nacimiento. Esos factores pueden incrementar el riesgo de mortalidad infantil o de que el niño padezca obesidad en la infancia, así como diabetes o cáncer en la edad adulta. En el capítulo sobre alimentación y embarazo puedes ampliar la información.

4. Formar a los niños y padres en nutrición saludable y alentarles para que desde la primera infancia se asienten las bases de un estilo de vida saludable y crezcan de forma adecuada

Los primeros años de vida son cruciales para establecer hábitos de nutrición saludable y actividad física adecuados que reduzcan el riesgo de obesidad.

La lactancia materna exclusiva durante los primeros seis meses de vida, seguida de la introducción de alimentos complementarios adecuados, más una lactancia materna prolongada, son factores importantes en la reducción del riesgo de obesidad[194].

En este período decisivo, alentar la ingesta de diferentes alimentos sanos, en lugar de alimentos malsanos de alto contenido calórico y bajo valor nutricional y bebidas azucaradas contribuye a un crecimiento y desarrollo óptimos. Los profesionales de la salud pueden aprovechar las revisiones periódicas de crecimiento para hacer el seguimiento del índice de masa corporal (IMC) para la edad y detectar precozmente los problemas relacionados con el peso. Los profesionales sanitarios deben ofrecer a los padres y a los cuidadores asesoramiento adecuado para ayudar a prevenir que los niños padezcan sobrepeso y obesidad. Para ello los profesionales deberíamos recibir una adecuada formación.

Las experiencias sensoriales sobre los alimentos empiezan en el útero y continúan durante la lactancia materna, puesto que los sabores de los alimentos que comemos las madres se transmiten a nuestros pequeños. Este hecho y una alimentación complementaria adecuada pueden desempeñar una función importante en el establecimiento de las preferencias alimentarias y el control del apetito, según los estudios actuales. Por eso, debemos alentar a los niños a que tomen diferentes alimentos sanos mediante una exposición repetida y positiva a nuevos alimentos desde el útero y durante el primer año de vida[195].

Los niños deben observar a sus padres y demás miembros de la familia disfrutar de alimentos sanos, y limitar la exposición a alimentos malsanos (que pueden llevar a una preferencia por bebidas y alimentos muy dulces). Se ha demostrado que estas estrategias contribuyen a establecer buenos hábitos alimentarios en los niños y en sus familias[196]. Por eso, el nacimiento de un hijo es un buen momento para cambiar los hábitos de toda la familia.

5. Poner en marcha programas que promuevan entornos escolares saludables

Los niños son muy vulnerables a la publicidad que promociona los alimentos insanos y las bebidas azucaradas, así como a la presión de sus compañeros. Si limitamos la publicidad de alimentos basura estaremos dejando de promocionar hábitos insanos. Si además, aprovechamos el periodo escolar para inculcar hábitos saludables, estaremos sembrando salud en el presente y en el futuro, pues es en la infancia donde se adquiere el estilo de alimentación. Se dispone cada vez de más datos científicos que demuestran que las intervenciones dirigidas a niños y adolescentes en entornos escolares y en la comunidad en general constituyen una estrategia de prevención de la obesidad. La nutrición debería ser una asignatura más en los *currícula* escolares como lo son la lengua o las matemáticas. Ni siquiera tendría que quitarle horas lectivas a otras asignaturas, sino que podría integrarse de forma adecuada en los temas generales. Si les enseñamos de forma creativa y amena podemos obtener muchos beneficios. He impartido varias charlas en colegios e institutos, tanto teóricas como prácticas, y los niños se han mostrado muy interesados. Cuando hemos cocinado alguna receta saludable se han sentido muy orgullosos con el resultado y se han deleitado con lo preparado.

> La educación es el arma más poderosa
> que puedes usar para cambiar el mundo.
> Nelson Mandela

6. Ofrecer a los niños y jóvenes con obesidad servicios para controlar el peso en los que se implique a la familia y se centren en modificar el estilo de vida, no en «dar una dieta»

La atención primaria es el escenario ideal para detectar y tratar la obesidad y el sobrepeso del niño. Aprovechando los controles del niño sano se pesa, se talla al niño, se le pregunta por sus hábitos de alimentación y por la práctica de ejercicio físico.

Las dietas de escaso contenido calórico son eficaces a corto plazo para el tratamiento de la obesidad, pero lo ideal es enseñarles a comer de forma sana al niño y a su familia. No hay que prescribir dietas hipocalóricas restrictivas, sino estilos de vida saludables. La reducción de la inactividad, o sea, el aumento de la actividad física, ayudará a la pérdida de peso.

A veces los profesionales sanitarios discriminan a los niños con sobrepeso u obesos, y esto es intolerable. Es muy importante que los profesionales de la salud tengan una formación adecuada sobre nutrición, actividad física y factores de riesgo que dan lugar a la obesidad, y por desgracia muchas veces esa formación brilla por su ausencia. Todas las formas de discriminación son inaceptables. Es necesario prestar una atención especial a las necesidades de los niños en el ámbito de la salud mental, en particular por lo que respecta a la estigmatización y la intimidación que pueden sufrir por parte de otros niños.

¿Cómo sé si mi hijo tiene sobrepeso u obesidad?

Para saber si nuestro hijo tiene sobrepeso u obesidad lo mejor es acudir al pediatra o enfermera para que le mida y le pese y nos diga, según las tablas, si tiene exceso de peso. Todos miramos a nuestros hijos con ojos de madre y podemos no ser conscientes de que tiene sobrepeso u obesidad, simplemente nos parece que están fuertes, recios, rechonchos, lustrosos..., pero la realidad en ocasiones es que ese niño tiene un exceso de peso que puede perjudicar a su salud. Por eso es recomendable llevarle a las revisiones del Niño Sano y que le valoren.

Si nos ceñimos a las definiciones de la OMS y queremos saber si nuestro hijo tiene sobrepeso u obesidad, podemos consultar los gráficos y tablas de crecimiento de la OMS distinguiendo si son menores de cinco años[197] o tienen entre cinco y diecinueve años[198].

Niños de dos a cinco años:

- El **sobrepeso** es el peso para la estatura con más de dos desviaciones típicas o estándar por encima de la mediana establecida en los patrones de crecimiento infantil de la OMS, para niños[199] y niñas[200].

- La **obesidad** es el peso para la estatura con más de tres desviaciones típicas por encima de la mediana establecida en los patrones de crecimiento infantil de la OMS.

Te has quedado igual, ¿no? Voy a tratar de explicártelo.

El peso para la longitud/talla refleja el peso corporal en proporción al crecimiento alcanzado en longitud o talla. Es decir, lo que pesa en función de lo que mide. No es lo mismo que pese 13 kilos y mida 100 centímetros a que pese 13 kilos y mida 90.

Esta herramienta sirve para identificar niños con un peso para la longitud/talla elevado, que pueden estar en riesgo de presentar sobrepeso u obesidad.

Lo primero que vamos a hacer es medirle y pesarle, y después consultaremos las tablas de la OMS. Buscamos la mediana, que sería el peso ideal, y después miraremos las desviaciones estándar, que es el "promedio" o variación esperada con respecto a la media aritmética. Miramos el peso que se considera normal y miramos si nuestro niño está por encima o por debajo de él respecto a la media de niños de su edad, y cuántas desviaciones estándar lo está. Veamos un ejemplo:

ALTURA	Peso medio (kg)	Sobrepeso (kg)	Obesidad (kg)	Peso normal (kg)
80	10,6	≥12,6	≥13,7	9-12,5
90	12,9	≥15,2	≥16,6	11-15
100	15,4	≥18,2	≥19,9	13-18
110	18,5	≥22,2	≥24,4	15,6-22,1

Peso para la edad en NIÑAS de dos a cinco años

ALTURA	Peso medio (kg)	Sobrepeso (kg)	Obesidad (kg)	Peso normal (kg)
80	10,2	≥12,3	≥13,6	8,6-12,2
90	12,6	≥15,2	≥16,8	10,6-15,1
100	15,2	≥18,4	≥20,3	12,8-18,3
110	18,6	≥22,6	≥25,1	15,5-22,5

Peso para la edad en NIÑOS de dos a cinco años

- Si tu hijo o hija mide un metro (100 centímetros) su peso ideal son 15,5 kilos. Se considera un peso normal si está entre 13 y 18 kilos. Si pesa más de 18 kilos se considera sobrepeso, y obesidad si pesa más de 20 kilos.

- Si tu hijo mide 115 cm, su peso ideal es 20,5 kilos. Sería considerado sobrepeso si pesa más de 25 kilos, y obesidad si pesa más de 27,5 kilos.

- Si tu hijo mide 90 centímetros su peso ideal es de 13 kilos, considerándose normal pesar entre 11 y 15 kilos. Sería considerado sobrepeso si pesa más de 15 kilos y obesidad si pesa más de 16,5 kilos.

Niños de cinco a diecinueve años:

En el caso de los niños de cinco a diecinueve años, el sobrepeso y la obesidad se definen de la siguiente manera:

- El **sobrepeso** es el IMC para la edad con más de una desviación típica por encima de la mediana establecida en los patrones de crecimiento infantil de la OMS[201].

- La **obesidad** es mayor que dos desviaciones típicas por encima de la mediana establecida en los patrones de crecimiento infantil de la OMS.

Primero tenemos que medir y pesar al niño y luego calcular el IMC o índice de masa corporal (IMC), que se calcula dividiendo los kilogramos de peso por el cuadrado de la estatura en metros (IMC = peso [kg]/ estatura [m²]).

Veamos algunos ejemplos para que puedas orientarte, pero recuerda que esto es aproximado y siempre hay que consultar con el pediatra.

Para un niño de diez años su IMC ideal es de 16,5, considerándose normal entre 15 y 18,5. Un IMC entre 18,5 y 21 se considera sobrepeso, y un IMC mayor de 21,1 obesidad.

Peso para la edad en NIÑOS de cinco a diecinueve años

EDAD	IMC medio (kg/m²)	Sobrepeso (kg/m²)	Obesidad (kg/m²)
6	15,4	≥16,9	≥18,7
10	16,6	≥18,8	≥21,8
14	19,3	≥22,2	≥26,4
19	22,2	≥25,4	≥29,7

Peso para la edad en NIÑAS de cinco a diecinueve años

EDAD	IMC medio (kg/m²)	Sobrepeso (kg/m²)	Obesidad (kg/m²)
6	15,3	≥17,1	≥19,4
10	16,9	≥19,4	≥23
14	19,9	≥23,1	≥27,7
19	21,4	≥25	≥29,7

Reducir el consumo de azúcar, clave para prevenir la obesidad

Como hemos visto, el azúcar es uno de los responsables de la epidemia actual de obesidad, y por eso la OMS hace especial hincapié en reducir su ingesta al mínimo.

Después de revisar unos 9.000 estudios, el panel de expertos de la Organización Mundial de la Salud recomienda reducir el consumo de azúcar libre.

Tanto en adultos como en niños, la OMS recomienda reducir la ingesta de azúcares libres a menos del 10% de la ingesta calórica total[202] y sugiere que lo ideal sería reducir la ingesta de azúcares libres a menos del 5% de la ingesta calórica total[203]. Esta recomendación se traduce en reducir la ingesta de azúcar a 25 gramos al día en una dieta de 2.000 calorías. Para un niño de entre seis y doce años se recomiendan unas 1.500 kcal, lo que equivaldría a un máximo de 18 g de azúcar libre al día. Estas recomendaciones se basan en las últimas evidencias científicas y cuentan con la participación internacional de investigadores líderes a escala mundial, ya que hay certeza de que la ingesta de azúcares libres a menos del 10% del total de energía reduce el riesgo de sobrepeso, la obesidad y la caries dental.

Consumo máximo de azúcar libre recomendado por la OMS:

- *Adultos: 25 g al día*
- *Niños de 2 a 11 años: 17 g al día*
- *Lactantes (0-2 años): 0 g al día*

Si cumpliéramos las recomendaciones de la OMS, no deberíamos consumir más de 9 kilos de azúcares libres al año. Pues bien, son muy pocos los países que cumplen esta recomendación, como vamos a ver.

Consumo de azúcar en el mundo

Según datos de la Organización de las Naciones Unidas para la Alimentación y Agricultura (FAO)[204] en Europa, el consumo de azúcares libres en adultos varía de aproximadamente 7-8% de la ingesta total de energía en Grecia, Eslovaquia o Rumania, hasta un 15 a 17% en España o Reino Unido y un 24% en Dinamarca y Bélgica.

¡¡El consumo medio de azúcar libre diario a nivel mundial es de 34 g al día y de 24 kilos al año!!

Consumimos mucho más azúcar del recomendado por la OMS. Recuerda que no deberíamos consumir más de nueve kilos al año. Vamos a analizar la situación a nivel mundial para ver si hay algún país que se aproxime a este consumo recomendado.

En la Unión Europea el consumo medio de azúcar en 2012 fue de 39 kg de azúcar por persona, siendo Bélgica el país que más azúcar consumió (55 kg/persona/año) y Grecia y Eslovenia los que menos consumieron este dulce producto, con un consumo medio de 27 kilos. En España el consumo medio es de 31 kilos de azúcar por persona.

En el ámbito mundial, el lugar en que menos azúcar se consume es África, donde solo consumieron 16 kg por persona en 2012. En Asia el consumo fue de 17 kg. Los países que menos azúcar consumen en el mundo son Corea, Nepal y Níger, con un consumo medio por habitante y año de 4 kilos, seguidos de Etiopía, Sierra Leona y Liberia, con un consumo de 5 kilos por habitantes.

La palma en consumo de azúcares libres se la lleva Estados Unidos, con un consumo medio de más de 60 kg de azúcar por persona.

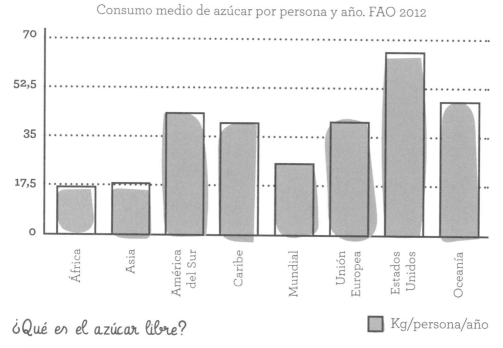

Consumo medio de azúcar por persona y año. FAO 2012

Kg/persona/año

¿Qué es el azúcar libre?

Hablamos de consumo de azúcar libre máximo de 25 gramos al día (6 terrones), pero ¿a qué nos estamos refiriendo?

La OMS considera **azúcares libres:**

Los azúcares añadidos (refinados o sin refinar) a los alimentos por los fabricantes, los cocineros o los consumidores, y se engloban en este término la glucosa, la fructosa, la sacarosa y el azúcar de mesa añadidos a los alimentos y bebidas, así como los azúcares naturalmente presentes en la miel, jarabes y zumos y concentrados de fruta.

Atención, las recomendaciones de la OMS no se aplican al consumo de los azúcares intrínsecos presentes en las frutas y las verduras enteras frescas, aunque sí a sus zumos o concentrados de zumo de frutas.

¿Qué efectos tiene el azúcar sobre la salud?

El consumo de más de 50 g de azúcar al día se ha relacionado con un aumento del riesgo de **caries, sobrepeso, obesidad**[205]**, enfermedades cardiovasculares, diabetes y cáncer**[206].

La pandemia de sobrepeso y la obesidad actual es el quinto factor principal de riesgo de defunción en el mundo. Además del problema en sí están las enfermedades asociadas al mismo: el 44% de los casos de diabetes pueden ser asociadas al excesivo consumo de azúcar, el 23% de las cardiopatías isquémicas y entre el 7% y el 41% de algunos cánceres son atribuibles al sobrepeso y la obesidad (endometrio, mama, ovario, próstata, hígado, vesícula biliar, riñón y colon).

La obesidad infantil se asocia con una mayor probabilidad de obesidad en la edad adulta, muerte prematura y discapacidad en la edad adulta. Sin embargo, además de estos mayores riesgos futuros, los niños obesos sufren más dificultades respiratorias, mayor riesgo de fracturas e hipertensión, y presentan marcadores tempranos de enfermedades cardiovasculares, resistencia a la insulina, además de los efectos psicológicos que la obesidad conlleva[207].

¿Qué productos son los más azucarados?

Pensamos en azúcar y pensamos en terrones o cucharillas añadidos a la leche, café o infusiones y en realidad el consumo de estos terrones es apenas insignificante si tenemos en cuenta todo el azúcar que tomamos a través de los alimentos y del que apenas somos conscientes, y es que el 75% del azúcar que ingerimos no lo vemos, es invisible: se trata de azúcar añadido en los alimentos procesados, es el llamado "azúcar oculto".

Recordamos que la OMS recomienda no tomar más de 25 g de azúcar al día, que es el equivalente a seis terrones.

Un vaso de zumo de frutas (300 ml) contiene 36,7 g de azúcar, lo que equivale a nueve terrones de azúcar, una cola gigante contiene diecisiete terrones, un yogur, tres terrones y medio, un turrón de chocolate puede contener hasta treinta y cinco terrones en 130 gramos de producto. 100 gramos de golosinas contienen 56 gramos de azúcar, lo que equivale a catorce terrones. Un potito de 250 g de frutas y galletas contiene 27 gramos de azúcar libre, siete galletas tipo Oreo contienen 42 gramos de azúcar (10,7 terrones).

Zumo de frutas	Refresco	Potito	Gominolas
300 ml. = 9 terrones	330 ml. = 7,5 terrones	250 gr. = 9 terrones	100 gr. = 14 terrones

Hay productos que son especialmente ricos en azúcar y son los productos infantiles. Las galletas y los cereales se llevan la palma, y esto se traduce en un aumento desorbitado en los últimos años de las tasas de obesidad infantil.

Muchos pensamos que el yogur es saludable, y sin embargo, un yogur puede contener más azúcar que un refresco. Por eso debemos revisar con atención el etiquetado. Un yogur puede contener tanta azúcar como un refresco azucarado.

Los yogures naturales y los griegos son los que menos azúcar contienen. Sin embargo, los yogures infantiles, los de sabores y los ecológicos son los que más azúcar contienen.

Un estudio realizado en Reino Unido con casi 900 yogures y similares mostró que la inmensa mayoría de los yogures están extremadamente azucarados[208]. Para llevar a cabo este estudio se analizaron 921 yogures disponibles en cinco cadenas de supermercados británicos, los cuales fueron divididos en ocho categorías: infantiles, alternativas a los lácteos, postres, bebidas, de sabores, de fruta, naturales, griegos y ecológicos.

La clasificación de «bajo en azúcar» se hizo de acuerdo con la regulación europea, que indica que los yogures deben tener un máximo de 5 g de este producto por cada 100 g para poder ser considerados bajos en azúcares. Menos del 9% de los yogures y derivados analizados y solo un 2% de los productos destinados a niños pudieron calificarse como bajos en azúcares.

Los yogures infantiles analizados contenían de media 10 g de azúcar por cada 100 g.

En España, un estudio observacional realizado por la web sinazucar.org llegó a conclusiones similares. Analizaron 704 yogures comercializados en cuatro supermercados españoles. El 73,83% (520) de los yogures analizados contenían azúcares añadidos, con una media de 9,3 g de azúcar añadido (más 6 g de lactosa, azúcar natural presente en la leche) por cada 125 g. De los analizados, 186 yogures (el 26,4%) no contenían azúcar añadido en sus ingredientes, aunque muchos de ellos añadían edulcorantes (el 10% del total).

¡El azúcar no solo está presente en productos aparentemente dulces, sino también en pizzas, salsas de tomate, aderezos para ensaladas, etc.!

Ketchup 300 gr. = 21 terrones

Pizza Barbacoa 1 terrón

Salsa de tomate 11 terrones

Yogur 125 gr. = 3 terrones

Hay alimentos que no consideramos como dulces y que también tienen gran cantidad de azúcar, por ejemplo, el kétchup o la salsa de soja puede contener hasta un 50% de azúcar. Una lata de judías con salsa de tomate contiene 22 gramos de azúcar, más de cinco terrones, una pizza barbacoa tiene 17 gramos de azúcar, un paquete de embutido contiene unos 6 gramos de azúcar.

El consumo de azúcar *in crescendo*, el de hortaliza, en descenso

¿Comen bien los niños españoles? ¿Consumen suficiente cantidad de fruta y verdura? ¿Toman mucho azúcar?

La respuesta a todas estas preguntas las encontramos en el estudio ANIBES, donde se estudia la ingesta, el perfil y las fuentes de energía de la población española[209].

El consumo medio de azúcares libres en adultos en España supone el 17% de la ingesta calórica total y, como hemos visto, lo recomendado es no consumir más del 10%. Esto se traduce en que un niño de ocho años español ya ha comido más azúcar que su abuelo durante toda la vida, según afirma dicho estudio. Se estima que los niños españoles consumieron de media 32 kilos de azúcar en 2017, cuando la OMS recomienda no consumir más de 9 kilos al año. La principal fuente de azúcares libres que consumen nuestros niños son chocolates, bebidas azucaradas, pastelería y bollería.

Consumo de azúcar en niños y niñas de 9 a 12 años

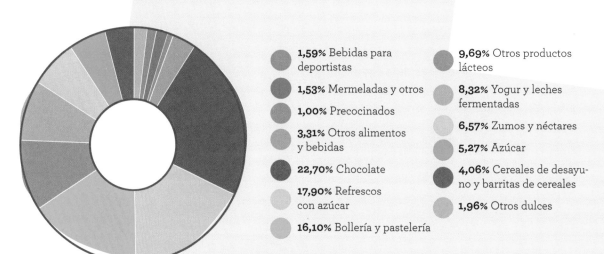

- **1,59%** Bebidas para deportistas
- **1,53%** Mermeladas y otros
- **1,00%** Precocinados
- **3,31%** Otros alimentos y bebidas
- **22,70%** Chocolate
- **17,90%** Refrescos con azúcar
- **16,10%** Bollería y pastelería
- **9,69%** Otros productos lácteos
- **8,32%** Yogur y leches fermentadas
- **6,57%** Zumos y néctares
- **5,27%** Azúcar
- **4,06%** Cereales de desayuno y barritas de cereales
- **1,96%** Otros dulces

Los niños españoles consumieron más de 32 kilos de azúcar en 2017.

Los alimentos más consumidos a diario por los niños de nueve a doce años son, en orden decreciente: pan, bollería, pastelería, carne, aceite de oliva, embutido, leche y precocinados. Las legumbres, los huevos, el pescado, el queso, las verduras y las frutas son los alimentos menos consumidos. Como podéis ver, poco se parece la actual dieta de los niños españoles a la dieta mediterránea tradicional que deberían seguir. Por eso no debe extrañarnos que nuestros niños cada vez estén más gordos y tengan más diabetes y cáncer.

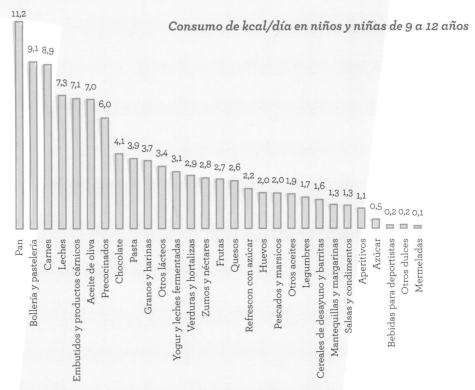

Consumo de kcal/día en niños y niñas de 9 a 12 años

Con la llegada de la adolescencia parece que los españoles se alimentan peor. Los alimentos que más consumen los adolescentes de entre trece y diecisiete años son: pan, carne, bollería y pastelería, embutidos, precocinados, aceite de oliva, leche y pasta.

Los alimentos menos consumidos son yogures, legumbres, frutas, pescados y huevos.

Si analizamos el consumo de macronutrientes, vemos que el consumo está desequilibrado.

La ingesta de proteínas es del 16,8% y el límite máximo recomendado es del 15%, siendo lo ideal no exceder del 12%. En España tomamos muchas proteínas y esto puede acarrear serios problemas de salud. Del total de proteínas, la mayor fuente es el grupo de carnes, embutidos y derivados (33,14%).

El consumo medio de grasas en España es del 38,5%. Sin embargo, las grasas deberían representar del 20 al 35% de la ingesta diaria. Las grasas saturadas no deberían aportar más del 10% de la energía consumida y en España es del 11,7%. Deberíamos consumir la misma cantidad de omega 6 que de omega 3, es decir, la ratio debería ser 1:1 y en el caso de España es 1:9; consumimos mucho omega 6 que está presente en la margarina y en aceites vegetales de semillas, y muy poco omega 3 presente en semillas, frutos secos y pescado azul. Un dato bueno es que consumimos mucho aceite de oliva, que nos aporta gran cantidad de ácidos grasos monoinsaturados.

Perfil calórico de la dieta

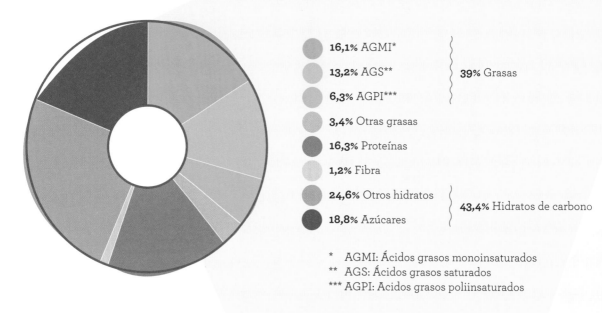

- **16,1%** AGMI*
- **13,2%** AGS**
- **6,3%** AGPI***
- **3,4%** Otras grasas

} **39%** Grasas

- **16,3%** Proteínas
- **1,2%** Fibra
- **24,6%** Otros hidratos
- **18,8%** Azúcares

} **43,4%** Hidratos de carbono

* AGMI: Ácidos grasos monoinsaturados
** AGS: Ácidos grasos saturados
*** AGPI: Acidos grasos poliinsaturados

	Consumo medio en España respecto a la ingesta calórica diaria	Consumo ideal
Proteínas	16,8%	12%
Grasas	38,5%	20-35%
Omega 6/omega 3	9:1	1:1
Azúcares libres	17%	5-10%

Al mirar el carrito de la compra del supermercado de la mayoría de las familias ya podríamos haber intuido los resultados del estudio. Y es que, si nos fijamos, no vemos la fruta ni la hortaliza, y sin embargo los embutidos, carne, comida procesada, lácteos, bollería y pastelería son los que rellenan el carro de la compra. Cambiando el carro de la compra podemos mejorar nuestra salud y combatir la obesidad.

	ALTERNATIVA SALUDABLE
Yogur azucarado de sabores	Yogur natural endulzado con xilitol, estevia y puré de frutas
Natillas de chocolate	Caqui maduro y cacao en polvo
Galletas industriales	Galletas de avena y plátano
Refrescos con gas	Agua con gas, hierbabuena y limón
Chocolate con leche	Fruta bañada en chocolate negro
Salsa de tomate industrial	Salsa de tomate casera con cúrcuma
Helado industrial	Helado hecho con plátano congelado
Zumos industriales	Fruta entera
Leche con Cola Cao o Neskquick	Bebida vegetal con cacao y dátiles
Aliño o salsa para ensaladas	AOVE, limón, sal y pimienta
Cereales del desayuno para niños	Copos de avena con fruta, frutos secos, semillas
Azúcar en recetas	Xilitol, estevia, sirope de dátiles

Fuera chucherías

Consumir chucherías es una costumbre muy extendida en la infancia, fomentada a menudo por los familiares que utilizan los dulces como regalo, para ganarse el afecto de los peques o como forma de recompensa. Muchos son también los adultos que consumen con frecuencia este tipo de productos.

La mayoría sabemos que no conviene tomar chucherías, pero seguimos comprándolas, posiblemente porque no nos hemos parado a ver cuál es su composición y no conocemos el impacto que pueden tener sobre la salud.

Las chucherías engordan, pero no alimentan.

Muchas de las grasas utilizadas en la fabricación de las golosinas contienen ácidos grasos trans, o aceite de palma. Son muy ricas en azúcar.

Suele ser muy frecuente en la etapa escolar tomar chucherías al salir de clase y, en cambio, dejarse parte de la comida que les espera en casa.

Cuando se han tomado chucherías, se reduce el apetito y posiblemente luego no quieran comer la comida que les ofrecemos.

Las *chuches* suponen un importante gasto económico. Sumando el gasto de cada día, de cada mes, es posible descubrir que el dinero gastado puede suponer unos 400 euros al año.

Para su elaboración se emplean sustancias añadidas que contribuyen a aumentar su atractivo (sabor, color, etc.), algunas de las cuales tienen capacidad para evadir los mecanismos naturales de control del apetito y hacen que no podamos parar de comerlas, como es el caso del glutamato de sodio.

En ocasiones, se usan colorantes como el E-102, que puede afectar al comportamiento y la atención de los niños.

El contenido real de ingredientes no siempre se conoce o no está claramente descrito en el etiquetado.

Es conveniente limitar la cantidad de golosinas y *snacks* que comen los niños. Una regla de oro para no comerlos en no tenerlos en casa y otra, dar ejemplo.

Alternativas al azúcar. Los mejores endulzantes para nuestras recetas

- Vainilla en polvo
- Canela en rama o molida (mejor la de Ceilán)
- Plátano maduro
- Bebida de coco o almendra sin azúcar añadido
- Calabaza y boniato
- Estevia, xilitol, azúcar de coco, sirope de agave oscuro
- Dátiles, orejones de albaricoque
- Sirope de dátil
- El **xilitol** es un azúcar de alcohol o polialcohol, que tiene la capacidad de estimular los receptores linguales del sabor dulce. Pero, ojo, el xilitol no tiene nada que ver con el alcohol o etanol. El xilitol se descubrió en 1891 y se ha utilizado como agente edulcorante alimentario desde los años sesenta. Se obtiene del maíz o del abedul.

  Es un sustituto al azúcar de mesa, similar en sabor y aspecto, pero con la ventaja de aportar múltiples beneficios a nuestro organismo.

  No eleva los **niveles de azúcar** en sangre, al contrario que el azúcar, al tener una carga glucémica baja.

  Ayuda a prevenir las caries y regular la diabetes.

  En altas cantidades puede tener efecto laxante (más de 400 g al día) y producir gases e hinchazón en algunas personas, en especial en los niños, por eso debe usarse con moderación.

En la página 282 te enseño a preparar el sirope de dátil, una alternativa saludable al azúcar.

Evita la sal

No deberíamos comer más de 5 g al día de sal y, sin embargo, esta cantidad se supera con frecuencia. El alto consumo de sal se relaciona con más riesgo de hipertensión, insuficiencia renal, obesidad y algunos tipos de cánceres, especialmente el de estómago.

Para reducir el consumo de sal, además de evitar pasarnos con el salero, debemos revisar el etiquetado. Debemos mirar la tabla nutricional en el envase y ahí aparece la cantidad de sal por cada 100 g/ml.

* **Contenido alto:** 1,25 g de sal o más por 100 g 0,5 g de sodio o más por 100 g

* **Contiene un poco de sal:** 0,25 g de sal o menos por 100 g. 0,1 g de sodio o menos por 100 g

* **Niveles aceptables:** hasta 0,4 g

Elige aquellos alimentos que son bajos en sal (0,4 g de sal o menos por 100 g).

NUTRIENTES		
Grasas	g	12,1
de las cuales saturadas	g	5,8
Hidratos de carbono	g	77,6
de los cuales: azúcares	g	25,0
Fibra alimentaria	g	1,0
Proteínas	g	4,8
Sal	g	0,5

Nivel aceptable
Hasta 0,4 g/100 g

Nivel medio
Hasta 0,25 g **sal**/100 g
- 0,1 g de **sodio**/100 g

Nivel alto
Hasta 1,25 g de **sal**/100 g
0,5 g de **sodio**/100 g

A la hora de cocinar usa menos sal y más aromáticas y especias. Intenta que la sal que consumas sea yodada, y procura que sea sin refinar.

¿Influye en el riesgo de obesidad el hecho de que sean los abuelos o los padres quienes alimenten a los niños?

Según un estudio elaborado en el Reino Unido, los niños pequeños que son atendidos regularmente por sus abuelos tienen un mayor riesgo de tener sobrepeso. En concreto, existía hasta un 34% de posibilidades más de tener problemas de peso si los niños eran cuidados a tiempo completo por los abuelos, y cuando los abuelos les cuidaban a tiempo parcial el riesgo de tener sobrepeso era del 15%[211]. Según este estudio británico, el cuidado de los abuelos no solo influía en la dieta, sino también en el sedentarismo, pues los niños criados por los abuelos tendían a moverse menos. Parece que los abuelos tienden a ser permisivos con la comida y los videojuegos. Ya hacen bastante con echarnos una mano y cuidarles, no vamos a pedir que corran detrás de ellos.

Sin embargo, parece que en España los abuelos sí son una influencia positiva para los nietos. Según se desprende del primer *Estudio sobre la Influencia de los Abuelos en la Alimentación de los Niños* realizado a 404 adultos de más de sesenta años, el 64% de los abuelos preparan a los nietos la comida con frecuencia, especialmente entre semana, que es cuando los padres suelen trabajar, y parece que los abuelos españoles aún siguen la dieta mediterránea tradicional y la inculcan a sus nietos. Según este informe los abuelos consumen tres piezas de fruta al día, y tres y cuatro veces a la semana preparan verduras y pescado. Dos de cada tres abuelos siguen la dieta mediterránea y la ofrecen a sus nietos. El 52% de los encuestados consideraban que su dieta es, y ha sido, más sana que la que tienen actualmente los niños. El 67% de los abuelos cree que los nietos no comen bien porque abusan de la carne, los lácteos y los alimentos azucarados, y por el contrario toman poca fruta, hortaliza y pescado. Lo que podemos observar con frecuencia es que, aunque los abuelos suelen ofrecen platos de cuchara, y más comida casera que los padres, luego consienten mucho con las *chuches*, caramelos, bollería, pastelería, sobre todo a la hora de la merienda, con el pretexto de que los padres educan y los abuelos consienten. Si estamos preocupados por la alimentación de nuestros hijos, hablemos con los abuelos para que sigan fomentando la dieta mediterránea en los nietos, pero también para que no ofrezcan chucherías y golosinas como premio, recompensa o para ganar su afecto.

Y la palma se la lleva el aceite de palma

Hemos prestado mucha atención al azúcar como raíz de la obesidad, pero no debemos olvidar a otro "villano", el aceite de palma. El aceite de palma está en entredicho últimamente, pues se ha relacionado su consumo con más riesgo de cáncer, obesidad y enfermedades cardiovasculares[212].

En un estudio publicado en *Nature* se comprobó que una dieta rica en ácido palmítico procedente del aceite de palma administrada a ratones con cáncer oral hacía que el cien por cien de estos desarrollara metástasis[213].

El ácido palmítico es una grasa saturada que se encuentra principalmente en el aceite de palma, pero también en el aceite de coco, el aceite de oliva, la grasa humana, la leche materna, la carne roja, los lácteos... Es el principal ácido graso saturado presente en la dieta y el más abundante en las carnes (sobre todo, en la grasa de la carne roja y en la piel de la carne blanca), en la grasa láctea (mantequilla, queso y nata) y en los aceites vegetales, como el aceite de palma. Además, es el principal componente de la margarina.

En condiciones normales, este ácido graso está acompañado de otros, como el ácido oleico y linoleico, y no representa un problema, siempre que su consumo sea moderado. El problema aparece cuando el ácido palmítico se trata industrialmente o se mezcla con otras grasas hidrogenadas. En este caso, el colesterol LDL aumenta y disminuye el HDL, y con ello aumenta el riesgo de cáncer y de enfermedades cardiovasculares.

El ácido palmítico industrial obtenido del aceite de palma está presente en bollería y pastelería industrial, helados, margarinas, *snacks*, chocolates, precocinados, cremas para untar, etc. ¿Cómo identificarlo en las etiquetas? ¡Fíjate! Aparece con las denominaciones: *aceite de palma, palm oil, palmitic acid, palmiste, grasa de palma,* etc.

Os propongo algunos consejos para reducir el consumo de ácido palmítico.

- Reducir el consumo de carne y sus derivados.
- Restringir el consumo de lácteos.
- Limitar o eliminar los productos ultraprocesados.
- Aumentar el consumo de fruta y hortalizas.
- Para cocinar, utilizar siempre aceite de oliva virgen extra.

Situaciones que hacen que comamos más de la cuenta. Evítalas

- *Cuando se come mientras se hace otra cosa (ver la televisión, pasear, estudiar), es más fácil que no nos demos cuenta de que ya estamos saciados.*
- *Cuando después de una comida normal se toma un postre lácteo, un dulce o un pastel.*
- *Cuando se intenta apagar la sed tomando zumos o refrescos.*
- *Cuando "lo habitual" es entrar al cine con una montaña de palomitas, un refresco y una bolsa de chucherías.*
- *Cuando se come fuera de casa los fines de semana y se cede a la tentación de ir a cadenas de comida rápida y pedimos el menú doble más el postre.*
- *Cuando "lo normal" es que todas las celebraciones infantiles incluyan una bolsa de dulces, refrescos y* snacks.
- *Cuando por aburrimiento o ansiedad se hacen varios viajes a la nevera, picoteando chocolate, golosinas o cualquier alimento no saludable.*
- *Cuando no se hace la cantidad de ejercicio suficiente, y además estamos frente a la televisión, el ordenador o la consola mucho tiempo.*

EL CENTRO COMERCIAL, LOS RESTAURANTES Y LOS CENTROS DE OCIO como nichos de obesidad

Los fines de semana suele ser habitual ir en familia al centro comercial y aprovechar para hacer compras, ir al cine, salir a comer fuera, etc., y estas son ocasiones en las que solemos comer mal y mucha cantidad.

Ver una película con una gran ración de palomitas, un refresco y golosinas es lo habitual, aunque a continuación se vaya a ir a un restaurante. Sin embargo, en el cine no nos movemos, no vamos a quemar energía y no necesitamos comer tanto.

Vamos a aconsejaros que cambiéis el refresco por agua, las palomitas del cine que están cargadas de sal y margarina o mantequilla por palomitas hechas previamente en casa con aceite de oliva. Las chuches las podemos cambiar por uvas pasas o dátiles.

De tapas o en un restaurante

Hoy en día, en la mayoría de restaurantes hay ofertas de menús infantiles abundantes e insanos pero a precios muy asequibles para a la mayoría de los bolsillos. Muchas veces incluyen además un postre y un regalo.

Es preferible que no pidamos el menú infantil, que suele estar compuesto por patatas, hamburguesas, *nuggets*, carne empanada, etc., y que pidamos en su lugar raciones para compartir. De esa forma ellos comen mejor y menos cantidad y nosotros también.

Procura pedir siempre algún vegetal crudo, como ensalada, y ofréceles siempre, verás que con el tiempo la aceptarán.

Evita las salsas en los restaurantes, pues suelen estar cargadas de azúcar y nata. Modérate con las frituras.

La cola del supermercado

En los supermercados, las chucherías y demás productos insanos están colocados estratégicamente para que ningún niño salga de allí sin alguno de estos productos. Los niños insisten para que les compres todos esos productos que son llamativos y están a su altura. En Reino Unido se han puesto las pilas contra la obesidad y en breve estará prohibido exhibir alimentos poco saludables en las cajas, en los extremos de los pasillos y en las entradas de las tiendas. No podrá haber promociones de dos por uno para los productos con alto contenido de grasa, azúcar y sal. ¡No más peleas en la caja del súper!

Los cumpleaños infantiles, en el punto de mira de la obesidad. Cómo celebrar un cumpleaños saludable

Los cumpleaños y fiestas son ocasiones en que la comida juega un papel importante y suele ser el centro de la celebración. Los menús de los cumpleaños suelen contener excesiva cantidad de calorías, azúcar, grasas y sal.

- Las fiestas infantiles se convierten en una oferta casi continua de alimentos atractivos para niños y niñas, pero insanos la mayoría de las veces.

- Los dulces, bollería y chocolates deben limitarse al máximo.

- Es difícil renunciar a estos alimentos en las fiestas, pero quizá se puedan sustituir los refrescos por batidos de frutas hechos en casa y zumo recién exprimido o bebidas caseras refrescantes y sin azúcar. En el recetario de este libro tienes varias ideas. Muchas de las golosinas que se suelen ofrecer se pueden sustituir por brochetas de fruta o chocolate negro.

- Lo más importante para el "cumpleañero" y las niñas y niños que participan es contar con juegos divertidos y con la atención y el cariño de las personas adultas que les acompañan[214]. En las fiestas de mis hijos solemos organizar gymkanas, búsqueda del tesoro... o cantamos y montamos algún teatro o representación infantil. Siempre que el tiempo lo permite celebramos el cumpleaños al aire libre y huimos de los parques de bolas y demás espacios cerrados donde el menú que nos ofrecen no suele ser muy saludable.

- Olvida la mesa de chuches. Si quieres tener un detalle con los invitados prueba a regalarles un pompero, un silbato, una comba, unos lápices...

- En vez de comprar el bizcocho o la tarta intenta hacerlo en casa y, si pueden ayudarte los *peques,* mejor. Recuerda usar harinas integrales y aceite de oliva, y procura añadirle alguna fruta o verdura para hacerlo más sabroso y saludable. En vez de adornarlo con las coloridas y azucaradas figuras de *fondant,* puedes adornarlo con figuras no comestibles, de esas de plástico, de sus personajes o animales favoritos.

- Sembrando hábitos de higiene dental. Pide al resto de padres que traigan el cepillo de dientes de sus hijos. No hay que olvidar la importancia de lavarse los dientes después de comer, sobre todo si se han ingerido dulces, como suele ocurrir en un cumpleaños.

Ideas para un cumpleaños saludable:

1. Para picar: piruletas de chocolate negro, unas palomitas especiadas o unas gominolas de frutas, brochetas de fruta, pizza de sandía.

2. Para beber: **mojito sin alcohol,** *pink lemonade,* **limonada de romero.**

Diez consejos y recomendaciones para prevenir y tratar la obesidad

Para cerrar este capítulo, te muestro diez recomendaciones basadas en las propuestas por la Sociedad Española de Endocrinología y Nutrición para prevenir la obesidad y el sobrepeso y mantener un buen estado nutricional en la infancia.

1. Recuerda, un niño obeso no es sinónimo de un niño sano. El niño puede estar gordo y mal alimentado.

2. Durante los primeros meses de vida (de cero a seis meses) la leche materna a demanda es el alimento ideal para el niño, ya que le aporta, en cantidades suficientes, todos los nutrientes necesarios. No debemos ofrecer infusiones ni zumos.

3. Enséñale a tu hijo buenos hábitos alimentarios desde el mismo momento en que empieces con la alimentación complementaria:

- *Ofrécele alimentos variados.*
- *No sobrealimentes al bebé.*
- *Deja que él decida cuánto quiere comer.*
- *No añadas miel o azúcar a sus biberones y frutas.*
- *No agregues sal a su comida. Si lo haces, que sea sal yodada.*

4. En la etapa preescolar y escolar:

- *Adapta su horario a la comida familiar.*
- *Evita los "picoteos" entre horas, sobre todo si se trata de alimentos ricos en azúcares y grasas (chucherías, bollería, patatas fritas).*
- *Evita darle o negarle determinados alimentos como premio o castigo.*
- *Acostúmbrale al agua como bebida en lugar de a zumos artificiales y refrescos dulces.*
- *Proporciónale una dieta variada rica en verduras y frutas.*
- *Fomenta el ejercicio físico regular.*
- *Limita el tiempo que el niño pasa frente al televisor o frente a las tecnologías a menos de dos horas diarias.*
- *Evita llevarle a sitios de comida rápida.*

5. Cocina con poca grasa y evite las frituras. La mejor grasa para cocinar es el aceite de oliva virgen extra.

6. Elige alimentos frescos y utiliza técnicas culinarias saludables para toda la familia. Mejor cocinar en crudo, al vapor, hervido o cocinar a baja temperatura.

7. Enseña a tus hijos a comer despacio y sin distracciones (televisión, videojuegos, etc.).

8. Toda la familia debe implicarse en la práctica de los buenos hábitos alimentarios y en el tratamiento del niño obeso si fuera el caso.

9. Enséñale a tu hijo a comer con moderación y de forma variada: un poco de cada cosa y no mucho de una sola.

10. Procura que el momento de la comida sea en familia y que sea un momento relajado y distendido, sin prisas.

17.
¿Necesitan los niños tomar suplementos nutricionales?

Cada vez son más frecuentes los bombardeos en televisión, páginas web de nutrición y prensa en que nos recomiendan que les demos a los niños algún tipo de suplemento alimenticio para que estemos tranquilos al saber que se alimentan bien y se desarrollan de manera adecuada, aunque se dejen comida en el plato. El más conocido de estos suplementos es Pediasure©, de la marca ABBOTT.

En los anuncios televisivos nos aseguran que vamos a nutrir de manera adecuada a nuestros hijos si a diario les damos un vaso de Pediasure©, porque de esta forma les vamos a facilitar todos los nutrientes necesarios para que crezcan fuertes y sanos, al ser Pediasure© un alimento completo y equilibrado. Nos dice la publicidad que está diseñado para niños a partir de un año que no comen bien. Nos recomiendan darles una botella diaria (unos 8,5 euros de precio recomendado en 2018).

Vamos a ver si esto es verdad...

¿Qué encontramos en una botella de Pediasure©?

Si de verdad Pediasure© fuera un alimento completo y equilibrado esperaría encontrar fitoquímicos a raudales, omega 3, fibra, minerales y vitaminas, y por supuesto nada de azúcar, porque los niños no deberían ingerir más de 17 g de azúcar al día, y como ya lo toman de muchas otras fuentes, pues sería mucho mejor que ese súper suplemento que me anuncian no tuviera azúcar.

Un vaso de Pediasure©
en 125 ml de agua tiene 12 gr de Pediasure©

12 gr. = **3** terrones

Al leer los ingredientes vamos a encontrar:

- **Agua**, ¿del grifo?, ¿mineral? No lo sabemos. Ese es su ingrediente principal.

- **¿¿¿AZÚCAR????** Y para rematar el aporte de azúcar, **maltodextrina de maíz** (maíz transgénico). Dos sustancias con una alta carga glucémica que producen obesidad y caries. Empezamos bien, ¿no? Por cada botella vamos a encontrar 18 g de azúcar, lo que supone que con solo una botella superamos la cantidad máxima diaria recomendada por la OMS para consumo infantil. Después encontramos proteína de leche. Mira tú que si has optado por no darles leche a tus niños, ya no puedes darle Pediasure. Tranquila, que lo mejor que puedes hacer es no dárselo.

- **Aceite de canola**. ¿Qué es eso? Es aceite de colza, que es un aceite de semillas refinado rico en omega 6 y, por tanto, inflamatorio. ¿Por qué no usar aceite de oliva virgen extra que sí es saludable? Ah, es que resulta que es caro...

- **Sabores naturales y artificiales.** O sea, que si el Pediasure© es de chocolate o de fresa no significa que lleve ni fresas ni cacao. Otro engaño más.

- **Soja.** Transgénica, por supuesto, pues de los contrario la etiqueta indicaría que no es transgénica.

- **Sulfato de cobre o sulfato cúprico**. Utilizado como fungicida para eliminación de hongos, como limpiador de algas de piscinas, y como complemento en la alimentación animal. En su ficha técnica indica que es nocivo en caso de ingestión y provoca irritación cutánea e irritación ocular grave. Es muy tóxico para los organismos acuáticos, con efectos nocivos duraderos, por lo que aconsejan evitar su liberación al medio ambiente.

- **Cloruro de cromo**. Se le considera nocivo en caso de ingestión. Muy tóxico para el medio ambiente, sobre todo para el medio acuático. Es irritante para la piel.

- **Palmitato de vitamina A.** En altas cantidades es teratógeno, por eso no se recomienda que tomen suplementos con vitamina A las embarazadas. Puede afectar a la función hepática y producir molestias digestivas. Puede debilitar los huesos cuando se toma en altas dosis.

- **Selenato sódico.** El selenato sódico se utilizó por primera vez como un agente de tinción para la cristalería. A pesar de ser un producto químico altamente tóxico, el selenato sódico es un ingrediente común en la mayoría de multivitaminas y alimentos para animales de granja como fuente de selenio, debido a su alta solubilidad y reactividad relativamente baja. La FDA y la Unión Europea actualmente clasifican el selenato de sodio como una sustancia química tóxica, sobre todo si se ingiere o se inhala. Pruebas en ratas mostraron que una dosis de 1,6 mg/kg puede ser mortal. La exposición crónica al selenato de sodio puede causar daños en los pulmones, los riñones y el hígado.

- **Aceite de atún.** Este ingrediente aporta omega 3 al producto. Pero resulta que el Ministerio de Sanidad español no recomienda que los menores de tres años consuman atún por su alta contaminación por metales pesados. Sería mejor que usaran aceite de krill, pero claro, es mucho más caro.

- **Carragenina o E-407**. No se recomienda su consumo en embarazadas y en niños. Se ha relacionado su consumo frecuente con posibles úlceras digestivas y cáncer. Algunas empresas han dejado de usar este aditivo.

Al leer la información nutricional, además de comprobar que es un producto rico en azúcares, podemos observar que es rico en proteínas.

Pediasure© aporta 7 gramos de proteínas diarias, y un niño de un año no debería consumir más de 14 g al día. Al tomarse el Pediasure ya se ha tomado la mitad de las proteínas de todo un día.

Información nutricional

Ración 1 botella (8fl oz)

Cantidad por ración
Calorías 240   Calorías de grasa 80

	% de VD		% de VD
Total de grasa 9g	14%	**Sodio** 90mg	4%
Grasas saturadas 1g	5%	**Potasio** 350mg	10%
Grasas trans 0g		**Carb. totales** 33g	11%
Grasas polisaturadas 2g		Fibra dietética 1g	4%
Grasas monoinsaturadas 6g		Azúcares 18g	
Colesterol 5mg	2%	**Proteínas** 7g	14%

Vitamina A	10%	• Vitamina C	40%	• Calcio	25%
Hierro	15%	• Vitamina D	40%	• Vitamina E	20%
Vitamina K	20%	• Tiamina	40%	• Riboflavina	30%
Niacina	10%	• Vitamina B_6	30%	• Ácido fólico	15%
Vitamina B_{12}	25%	• Biotina	15%	• Ácido pantoténico	25%
Fósforo	20%	• Yodo	15%	• Magnesio	10%
Zinc	10%	• Selenio	10%	• Cobre	10%
Manganeso	20%	• Cromo	10%	• Molibdeno	10%
Cloruro	8%	• Cloro	15%	• Calcio	25%

INGREDIENTES: AGUA, AZÚCAR, MATODEXTRINA DE MAÍZ, CONCENTRADO DE PROTEÍNA DE LECHE, ACEITE DE CÁRTAMO CON ALTO CONTENIDO OLÉICO, ACEITE DE CANOLA, PROTÍNA AISLADA DE SOYA;
MENOS DEL 0,5% DE: FRUCTOOLIGOSACÁRIDOS DE CADENA CORTA, SABORES NATURALES Y ARTIFICIALES, GEL DE CELULOSA, CLORURO DE POTASIO, FOSFATO DE MAGNESIO, CITRATO DE POTASIO, FOSFATO DE CALCIO, ACEITE DE ATÚN, CARBONATO DE CALCIO, FOSFATO POTÁSICO, SAL, GOMA DE CELULOSA, CLORURO DE COLINA, ÁCIDO ASCÓRBICO, LECITINA DE SOYA, MONOGLICÉRIDOS, HIDRÓXIDO DE POTASIO, m-INOSITOL, CARRAGENINA, TAURINA, SULFATO FERROSO, dl-ALFA-TOCOFEROL ACETATO, L-CARNITINA, SULFATO DE ZINC, PANTOTENATO DE CALCIO, NIACINAMIDA, SULFATO DE MANGANESO, CLORHIDRATO DE CLORURO DE TIAMINA, CLORHIDRATO DE PIRIDOXINA, RIBOFLAVINA, LUTEÍNA, SULFATO CÚPRICO, PALMITATO DE VITAMINA A, ÁCIDO FÓLICO, CLORURO DE CROMO, BIOTINA, YODURO DE POTASIO, SELENATO DE SODIO, MOLIBDATO DE SODIO, FILOQUINONA, VITAMINA D3 Y CIANOCORALAMINA,
CONTIENE INGREDIENTES DE LECHE Y SOYA.

Trucos y consejos para que los niños coman de modo más sano

18.
¿Por qué los niños no quieren comer verdura? Estrategias para animarles a consumir frutas y hortalizas

Un alto consumo de frutas y verduras tiene múltiples beneficios para la salud en las distintas etapas de la vida.

La Organización Mundial de la Salud (OMS) recomienda consumir un mínimo de cinco raciones de frutas y verduras al día. Se ha comprobado que consumir estas cinco raciones reduce el riesgo de desarrollar distintas enfermedades como obesidad, enfermedades cardiovasculares, cáncer, hipercolesterolemia y diabetes tipo 2.

Este efecto beneficioso sobre la salud se debe a la presencia de ciertas sustancias en el mundo vegetal, como fibra, minerales, vitaminas y fitoquímicos con papel antioxidante y antiinflamatorio tales como flavonoides, carotenos, terpenos, glucosinolatos, etc.

Muchos niños no consumen las cantidades de frutas y hortalizas recomendadas, como hemos visto anteriormente. En España el 23% de los niños no consume fruta fresca a diario, mientras que el 38% de los niños la consume solo una vez al día. La mitad de los niños españoles no consume verduras ni hortalizas a diario[215]. Pero no creáis que los adultos lo hacemos mejor, solo el 11% de los españoles consumimos las cinco raciones recomendadas. El 28% de los adultos no consume fruta a diario y el 51% no consume hortalizas en su menú diario. Andalucía es la comunidad autónoma donde más frutas y hortalizas se consumen. Las verduras y hortalizas más consumidas por los españoles son las patatas (93%), los tomates (90%) y las zanahorias junto con la lechuga (82%). En el caso de las frutas, las más demandadas son el plátano (87%), la manzana (80%), la fresa (79%) y las naranjas (78%).

Para muchas familias la hora de la comida es un suplicio y los enfrentamientos entre padres e hijos son frecuentes en torno a la comida.

¿Por qué no quieren consumir frutas y hortalizas?

Crece la evidencia que sugiere que la elección de alimentos por parte de la madre durante el embarazo puede sentar las bases para la posterior aceptación de los alimentos sólidos por parte de los hijos[216]. El líquido amniótico en el que flota el bebé en el útero es una fuente de exposición a distintos sabores por parte del feto, pues muchos de los sabores de la dieta materna están presentes en el líquido amniótico y los fetos tragan este líquido de forma regular durante el embarazo[217].

Una vez que nace el bebé y comienza a mamar va a relacionarse con los sabores de los alimentos de manera frecuente e intensa. El sabor de la leche materna varía en función de los alimentos que ingiera la madre[218] y sabemos que los bebés prefieren algunos alimentos, por ejemplo el sabor del ajo, el alcohol o la vainilla pueden detectarse en la leche humana y sabemos que cuando la leche sabe a ajo[219] o a vainilla los bebés pasan más tiempo succionando que cuando no tiene sabor a estos dos alimentos.

Cuando empecé a darle teta a mi hijo mayor fueron muchas las mujeres mayores que me dijeron que si tomaba ajo o espárragos el niño dejaría de tomar teta porque estos alimentos cambiarían el sabor de la leche y el niño la rechazaría, pero parece que la ciencia dice lo contrario y que esos sabores fuertes gustan a los niños. Curioso, ¿no?

Todo indica que el experimentar con los sabores de los alimentos durante el embarazo y la lactancia favorece la aceptación de los alimentos en la dieta, especialmente de los alimentos que la madre haya consumido durante la lactancia[220]. El niño aceptará mejor aquellos con cuyo sabor ya esté familiarizado. Según como sea la alimentación de la madre durante esta etapa, podemos promover la posterior aceptación de los alimentos una vez que el niño comience a comer. Si la dieta de la madre es rica en hortalizas y frutas, el niño ya estará relacionado con estos sabores cuando empiece con la alimentación complementaria.

La leche materna es el mejor alimento para un bebé y le aporta múltiples beneficios para su salud, como ya hemos visto. La lactancia materna influye en el riesgo de padecer obesidad tanto en la etapa infantil como en la adolescencia y en la edad adulta, por lo que imaginaos lo importante que es la alimentación del niño en los primeros meses de vida.

¿Cómo influye la lactancia materna en el riesgo de desarrollar obesidad infantil?

Los motivos aún no están claros, pero la razón parece estribar en la capacidad de autocontrol con la comida que muestran los niños amamantados. Los niños alimentados con teta suelen desarrollar mayor autocontrol a la hora de autorregular la ingesta respecto a los niños alimentados con biberón[221]. Parece ser que los lactantes pueden autorregular la ingesta calórica controlando el volumen de leche ingerido. Los bebés alimentados con biberón son más pasivos a la hora de alimentarse, pues no tienen que hacer apenas ningún esfuerzo para obtener la leche y tienen poca capacidad para regular y controlar cuánta toman, siendo fácil que sean sobrealimentados. Los bebés alimentados con lactancia artificial tienden a consumir más leche de la que necesitan y ganan más peso que los amantados[222], lo que incrementa el riesgo de obesidad infantil.

Esta capacidad de autorregulación de la ingesta se adquiere durante la lactancia y se mantiene durante la vida adulta. Por el contrario, parece que si no tienes la oportunidad de aprender a autorregular la ingesta calórica durante la época de lactante, de adulto tiendes a sobrealimentarte con facilidad[223].

¿Por qué los niños prefieren unos alimentos y rechazan otros? La preferencia por el dulce

Los bebés ya nacen con predisposición para elegir alimentos de sabores agradables y rechazar los sabores amargos y ácidos[224].

Los cinco tipos de sabores básicos son el dulce, el salado, el amargo, el ácido y el umami.

El primer sabor por el que sienten atracción los bebés es el dulce (la leche materna es muy dulce, la naturaleza ha diseñado su sabor para que sea atractiva para el niño) y a partir de los cuatro meses empiezan a mostrar apetencia por los sabores salados[225]. Se cree que estas apetencias tienen una función protectora de la especie. Los sabores dulces y salados suelen corresponder a alimentos densos, ya sean porque son calóricos o ricos en nutrientes, y los niños suelen mostrar gran apetencia por los alimentos en que predominan estos dos sabores[226]. Sin embargo, los amargos y los ácidos pueden estar asociados a la ingesta de toxinas, por eso la naturaleza del bebé los rechaza[227].

En el caso de las verduras, hay unas más amargas que otras. Las crucíferas como la coliflor y las coles de Bruselas tienen un sabor amargo por ser ricas en glucosinolatos. El calcio de las verduras también puede ser otra de las causas del sabor ligeramente amargo de algunas verduras, y las crucíferas son una de las verduras más ricas en calcio. Estas verduras son las que más cuesta que acepten los *peques*.

Los bebés suenen aceptar bien las frutas dulces como plátanos, manzana y pera, y las frutas secas como los dátiles, pero por otro lado suelen rechazar las verduras que no son tan dulces y que además pueden contener algunos toques amargos o ácidos. Las verduras más aceptadas por los niños suelen ser las patatas y los guisantes, que son precisamente las más dulces y energéticas.

El problema viene cuando esa preferencia innata, pensada para que el bebé sobreviviese en la Antigüedad, cuando la comida era escasa, se topa con la sociedad actual, donde hay exceso de alimentos y el sabor dulce proviene de los azúcares y harinas refinadas, alimentos que van a contribuir a la sobrealimentación del niño y al posible desarrollo de la obesidad.

Ya sabemos que los niños tienen preferencia por los alimentos de sabor dulce, por eso es importante ofrecer alimentos dulces, pero saludables, como los plátanos, la zanahoria o el boniato.

Los alimentos dulces y saludables no suelen ser los que predominan en la alimentación infantil, al contrario, es el azúcar lo que predomina en su alimentación. Los estudios demuestran que los niños menores de dos años consumen más azúcares de los que necesitan, consumen muchos alimentos cargados de calorías y pobres en nutrientes.

Algunos datos: las patatas fritas suelen ser el vegetal más consumido por los niños de entre quince y dieciocho meses. El 50% de los niños de ocho meses consume algún tipo de bebida o postre endulzado. Entre el 15 y el 30% de los niños pequeños no consume vegetales (salvo patatas) y entre el 23-30% no consume frutas. Menos del 10% de los niños pequeños consume vegetales de hoja verde. La mayoría de niños toman algún tipo de zumo o bebida azucarada, y ya sabemos que su consumo frecuente se ha asociado a obesidad y caries.

Aceptando nuevos alimentos

Que un niño pruebe y acepte sabores que en principio no son atractivos para él por naturaleza, como pueden ser las verduras, dependerá de la experiencia vivida con estos alimentos. Si a través del líquido amniótico y/o de la leche materna ya ha tenido contacto con ellos, será más fácil que quiera aceptarlos. Durante el embarazo nuestra alimentación debe ser rica en hortalizas.

Muchos niños rechazan en un primer momento los alimentos nuevos. A este fenómeno se le llama **neofobia**, pero tiene solución.

Dicen los estudios que la aceptación de los nuevos alimentos aumenta tras la exposición repetida a estos en un entorno relajado[228]. Parece que es necesario ofrecer de diez a dieciséis veces estos alimentos antes de que los acepten. Muchos padres, tras ofrecer dos veces un alimento, llegan a la conclusión de que este alimento no les gusta o lo rechazan, y ya no vuelven a ofrecerlo[229]. Tenemos que cargarnos de paciencia y ofrecer con frecuencia el alimento, pero sin presiones, sin prisas, sin castigos, ni premios y sobre todo siendo creativos. Imagina que un día le ofreces fresas a tu peque y este las rechaza, las escupe o simplemente las lanza bien lejos; al día siguiente vuelves a ofrecerlas y vuelve a declinar la invitación a probarlas. ¿Qué podemos hacer? ¿Damos por sentado que no le gustan las fresas y no volvemos a intentarlo? Podemos ofrecerlas de nuevo, pero de forma creativa y diferente, por ejemplo, en una brocheta con otras frutas que ya sabemos que sí acepta, dentro de un batido, en una ensalada, cubiertas con un poco de chocolate negro derretido, etc.

¿Y si a pesar de todo no quiere comer verdura?

Si se niega a consumir verdura la solución no está en castigarle, ni en ponerle las lentejas de mediodía de merienda, ni en ofrecer chucherías o ir al parque si se lo come todo. No hay que amenazarle ni chantajearle, tampoco recriminarle que es un mal comedor o que se deja la comida que con tanto amor hemos preparado. No convirtamos la hora de la comida en un momento de conflicto, con gritos, enfados y presiones.

La solución está en la paciencia y en el respeto. A mí me ha funcionado el refuerzo positivo, es decir, reconocerle cuando se come la verdura. «¡Qué bien te has comido el brócoli! ¡Mira, los dos hemos comido lo mismo!»

¿Cómo aumentar la ingesta de fruta?

Las recomendaciones son similares a las propuestas para que acepten las verduras. Aunque con la fruta lo tenemos más fácil, pues la mayoría de niños suelen aceptarlas con agrado.

- Ten siempre **fruta fresca a mano**. Si la ven, les despertará interés y querrán probar. Tiene que haber siempre fruta fresca disponible en el frutero o en la nevera, en piezas enteras o cortadas.

- **Ofrécela en cada comida.** Ofréceles un trozo de fruta en el desayuno, también en el postre, en la merienda o cuando te pidan algo para picar.

- Sé creativo. Hay muchas formas de preparar las frutas y todas pueden ser muy atractivas. Prueba a ofrecerlas en piezas enteras, troceadas, en forma de brocheta, en macedonia, en batidos, en gelatina, en bizcochos o tartas, en polos o helados. Cualquier presentación es buena para que no se aburran de comer siempre la pieza entera. Prueba los polos veganos de cereza que encontrarás en la página 462.

- **Cuanta más variedad, mejor.** No ofrezcas siempre la misma fruta. El plátano es muy socorrido, suele gustarles, no mancha mucho, es fácil de pelar... Pero si todos los días les damos plátano se aburrirán.

- Intenta ofrecer siempre **fruta de temporada:** es más sabrosa, más nutritiva y más barata.

- **Da ejemplo, come fruta.** Los niños son grandes imitadores de sus padres, por lo que el primer paso para que incorporen frutas y verduras es que sus padres, hermanos y abuelos también las coman.

- **No fuerces, castigues o premies para que coman fruta.** Estas estrategias pueden ser contraproducentes y conducir a un rechazo total del consumo de fruta.

19.
Diez consejos para que los niños coman de modo más sano

La hora de la comida a veces se convierte en una batalla campal y padres e hijos acabamos enfadándonos en cuanto la verdura o la fruta aparecen en el plato. No hay un truco infalible para que los niños coman de forma más saludable, pero sí sabemos que algunos trucos nos pueden ayudar.

Veamos qué estrategias pueden ayudarnos para que los niños consuman más frutas y hortalizas. Estos consejos no son infalibles, pues cada niño es un mundo, pero pueden ser de utilidad para acercarles a la alimentación saludable.

1. Los padres como modelo y proveedores de buenos hábitos alimentarios

Los patrones de ingesta y preferencia de alimentos de nuestros pequeños son un reflejo de los alimentos con los que están familiarizados. Si las frutas y verduras están presentes, disponibles y accesibles en la casa, el niño las comerá.Si no es así va a ser muy difícil que las consuma por iniciativa propia[230]. Para motivar la ingesta, lo más importante es que los alimentos estén a su alcance. Si queremos que coma fruta esta tiene que estar siempre en un lugar accesible y visible, y debemos ofrecerla con frecuencia. No basta con comprar fruta, debemos ponerla en un sitio donde puedan cogerla[231]. Poner pequeños trozos de fruta en una mesa que sea accesible para ellos puede ser una buena idea para motivar el consumo. Los padres influyen, y mucho, en las primeras experiencias de los niños con la comida. Los niños están preparados para comer lo mismo que los adultos de su entorno. Los padres vamos a ser el modelo a imitar y de nosotros aprenden los hábitos alimentarios que serán la base futura de su alimentación. Los niños aprenden a alimentarse a través de la experiencia directa al comer, pero también al observar a los demás alimentarse.

Lo primero que tenemos que hacer para que un niño coma de modo sano es dar ejemplo. Si nosotros no comemos fruta difícilmente ellos lo van a hacer. Después debemos evitar comprar aquellos alimentos que no queremos que coman. Si no quiero que tome golosinas, pero tengo un armario lleno de ellas en casa, eso es poco congruente.

Lo que los niños ven en casa lo asumen como normal, y a partir de allí crean sus propios hábitos, tanto en el trato hacia los demás como en la alimentación y en todos los ámbitos.

Por eso es tan importante meterlos en la cocina desde que son pequeños, dejarles jugar con los alimentos, cocinar junto a ellos, dejarles que se manchen y experimenten con los ingredientes.

2. Frutas y hortalizas siempre disponibles y accesibles

Las preferencias alimentarias de los niños y su dieta van a ser un reflejo de los alimentos que hayan tenido disponibles y accesibles durante su infancia. En casa tengo una mesa baja donde procuro que siempre haya un bol con fruta fresca, y cada vez que pasan suelen picar algo mientras juegan o trastean de aquí para allá. Procura que los dulces o chucherías no estén a su alcance. Si no, no habrá forma de negárselos. Lo mejor para no tener que negar algo que no queremos que coman es no comprarlo.

3. Raciones pequeñas

Para que un niño coma de manera saludable y mantenga un peso adecuado también hay que tener cuidado con el tamaño de las raciones[232]. Tendemos a ofrecer más comida de la que realmente necesitan. El tamaño de las porciones o raciones en las cadenas de comida rápida se ha incrementado de manera notable en los últimos años, y esto está haciendo que las tasas de obesidad aumenten de forma exponencial al tamaño de las raciones[233]. Al niño es mejor ofrecerle poquito, y si se queda con hambre, ponerle un poco más a ofrecerle un plato a rebosar.

La porción de un niño de entre uno y tres años debe ser aproximadamente un cuarto de la de un adulto, porciones que irán creciendo con la edad.

1 Ración   ¹/₄ de ración

4. Sin premios, sin castigos, sin gritos, sin prohibiciones

Se ha comprobado que forzar a los niños a comer verduras[234] («¡Que te lo comas, he dicho!») o prohibir la ingesta de alimentos no saludables («¡No vas a comer esa galleta!») son actitudes que aumentan el rechazo hacia los alimentos sanos[235].

Premiar a los niños con dulces si se comen la verdura no va a hacer más que fomentar el gusto por los alimentos azucarados. Castigarlos si no se comen la verdura solo va a fomentar que la rechacen.

Prohibir la ingesta de alimentos "no sanos" como puede ser galletas, helados o bollería industrial cuando están a la vista o a su alcance puede ser contraproducente[236], y conseguir que cuando el niño tenga acceso a estos alimentos los consuma con avidez y sin mesura[237]. Imagina que tu niño abre la nevera y se encuentra con una bandeja de pasteles y te pide si se puede comer uno. Le dices que no, y el niño, decepcionado, cierra la nevera. Al rato vuelve el antojo de dulce, vuelve a abrir la nevera y te pide un pastel. Vuelves a decirle que no, y el peque, esta vez ya enfadado, cierra la nevera de un portazo. Cuando nos pierda de vista es probable que abra la nevera y, a escondidas, coma sin apenas masticar esos pasteles que le hemos estado negando, por miedo a que le pillemos comiendo y le echemos la bronca.

Se ha observado, en el caso de las niñas de madres que restringen la comida que estas suelen tender a comer en exceso y a darse atracones, lo que puede conducirles a un problema con el peso[238].

¡Cuanto más les presionemos para comer, menos fruta y verduras comerán y más grasas y azucares consumirán[239]!

¿Sabéis que los padres más autoritarios a la hora de comer suelen ser los que menos frutas y verduras tienen disponibles en la nevera y la despensa?[240] Los padres autoritarios con la comida también suelen serlo con otros aspectos de la crianza, y esto puede llevar a que las necesidades de los niños no sean tenidas en cuenta.

Lo que parece que sí funciona es ser persistente y no darnos por vencidos. Es decir, ofrecer, ofrecer y ofrecer. Nosotros ofrecemos, con paciencia, con buen humor, dando ejemplo, y el niño tarde o temprano acaba aceptando. Dicen los estudios que hasta quince veces hay que ofrecer algunos alimentos hasta que el niño acaba incorporándolos en su alimentación.

5. Sé creativo

Incorpora la fruta y la verdura a otros alimentos o recetas que ya sabes que les gustan.

Para fomentar que prueben nuevas frutas o verduras estas se pueden incorporar con alimentos o recetas que ya consuman y les gusten. Por ejemplo: ofrecer las verduras dentro de una pizza o con un poco de sofrito de tomate casero; puedes añadirlas en trozos pequeños en las legumbres o directamente triturar las legumbres del sofrito. Si sabes que le gusta la crema de verduras de una determinada verdura, como la calabaza o el boniato, que son dulces, puedes aprovechar para añadir otras verduras de sabor más suave cuando cocines esa crema, como por ejemplo, el calabacín.

Si hay un alimento que no acepta muy bien, prueba a prepararlo de diferentes maneras para mejorar su aceptación. Un ejemplo: la coliflor es un alimento que a la mayoría de niños no les entusiasma. Sin embargo, es una de las verduras más saludables que tenemos disponibles, y por ello sería interesante que la incorporásemos en su menú. En el recetario te presento cinco maneras diferentes de cocinar la coliflor. Prueba a ver cuál es la favorita de tu hijo. ¡Suerte!

Crema de coliflor asada, receta en la página 354.

Coliflor asada en ensalada, receta en la página 372.

Hamburguesas de quinoa y coliflor, receta en la página 330.

La forma de presentar la comida también puede ser importante. Los investigadores del Centro de Ciencias Sensoriales Avanzadas de la Universidad de Deakin (Australia) hicieron un experimento curioso con 72 niños de primaria para demostrar que la forma de presentar las zanahorias influye en su consumo[241]. A cada niño del estudio se le dio una caja con 500 gramos de zanahorias peladas y en una sola pieza el primer día, y la misma cantidad de zanahorias, pero cortadas en cuadritos al día siguiente. Les dieron 10 minutos para comer la cantidad de zanahoria que quisieran. La opción más consumida fue la zanahoria servida en una pieza entera. Consumieron entre un 8-10% más de verdura cuando se les dio entera que en trocitos.

Lo contrario también sirve: si el niño nos pide chocolate con leche y no queremos que coma mucho, es mejor que se lo cortemos en trozos pequeñitos a que se lo demos en una pieza grande.

Resumen para incluir la verdura en el plato:

1. Prueba a añadir verdura en sus platos favoritos

A los niños les suele gustar la pizza, la pasta y el arroz. Prueba a añadir verdura aquí. Añádela como parte de platos que sabes que les gustan. Por ejemplo, si haces *nuggets* de pollo añádeles champiñones, si le gustan las lentejas, añade muchas verduras en el sofrito y luego tritúralo todo.

2. Haz versiones vegetales

Puedes preparar versiones vegetales de croquetas, hamburguesas o lasaña. En el recetario encontrarás los clásicos tacos mexicanos en su versión vegetal, como *lentacos* o tacos *veggie*. Pruébalos, te sorprenderán.

3. Palitos de verduras para untar en vez de pan

Prueba a ofrecer palitos de pepino o zanahoria para untar el paté, hummus o guacamole en vez de usar pan. Con mis hijos esto funciona con los platos de cuchara: en vez de ofrecer pan para acompañar, les corto gajos de cebolla dulce y con ella mojan las lentejas.

4. Prepara presentaciones de verduras divertidas

Derrochemos imaginación y creemos atractivos y originales platos de verduras.

Hay una web con presentaciones muy divertidas para preparar ricos platos de verduras: www.funkylunch.com

5. Menaje de cocina divertido.

Si podemos gastar algo de dinero, venden originales y divertidos platos, vasos, cubiertoss y manteles con decoración de frutas y verduras que pueden animarles a consumirla.

6. Implícalos en la compra y en la cocina. ¡A cocinar!

Puede ser beneficioso involucrar a los hijos en la compra y en la cocina. Si están implicados en todo el proceso de elaboración de las distintas recetas serán más propensos a, como mínimo, probarlas, ya que ellos mismos las habrán preparado y se sentirán muy orgullosos con el resultado.

Si los peques vienen con nosotros a la compra y pueden elegir los vegetales que van a consumir en la comida, ingieren hasta un 80% más de estos alimentos que si sus padres u otros los escogen por ellos, según concluye un estudio de la Universidad de Granada[242]. Por ello, involucrarlos en la compra o selección de verduras que vamos a cocinar es una estrategia que puede ser útil. Yo suelo ir con mis hijos a comprar y ellos van poniendo en el carro de la compra la fruta y la verdura y también suelo preguntarles qué quieren comer ese día antes de ir al cole. Así, cuando llegan a casa ya saben de antemano qué hay para comer y evitamos sorpresas que pudieran no agradarles.

Los niños que ayudan a cocinar a sus padres comen un 76% más verduras que aquellos que no participan en la elaboración de alimentos, según un estudio suizo[243]. En el estudio participaron cuarenta y siete padres acompañados por su hijo o hija de entre seis y diez años, y se les pidió que prepararan una comida que constara de pollo empanado, ensalada y pasta. La mitad de los niños prepararon junto a su padre o madre la comida y se involucraron en lavar la verdura, empanar el pollo o decorar la ensalada, mientras que la otra mitad de niños jugaron con uno de los progenitores mientras que el otro adulto preparaba la comida. Los niños que cocinaron comieron un 76% más de ensalada y un 27% más de pollo. Los niños que habían cocinado, además, se sintieron orgullos de sí mismos, mejoraron su autoestima y manifestaron sentir más emociones positivas que el grupo control de niños.

Aunque a veces puede ser un poco lío que los *peques* entren en la cocina, te aseguro que si tienes paciencia el resultado es muy enriquecedor, tanto para ellos como para nosotros. Un truco que a mí me funciona: cuando quieren cocinar conmigo preparo bien la superficie que vamos a usar y tengo todos los ingredientes a mano, para facilitar así la elaboración y que todo fluya de manera más fácil.

Los niños que se divierten y se involucran en las comidas aprenderán de manera sencilla lo que es más sano para ellos. La experiencia de hacer la compra con nosotros, escoger los alimentos, ayudarnos a preparar la comida... les familiarizará con todos aquellos alimentos que son beneficiosos para la salud.

Los niños que cocinan y ven cocinar en casa tienden a elegir alimentos más saludables.

Según un grupo de científicos de la Universidad Estatal de Pensilvania (EE.UU.), los niños que ven a sus padres cocinar durante más tiempo en casa toman decisiones más saludables a la hora de escoger sus propios alimentos, incluso aunque se encuentren solos, sin la supervisión de sus progenitores[244].

En este estudio analizaron el comportamiento de sesenta y un niños de entre cuatro y seis años, que visitaron una especie de laboratorio de alimentos. Allí, los niños podían elegir para comer entre una amplia variedad de productos, desde *nuggets* de pollo o galletas de chocolate a brócoli y otras frutas o verduras, sin la interferencia de ningún adulto, y comiendo tanto (o tan poco) de cada cosa como desearan.

Mientras tanto, en la habitación de al lado, sus padres rellenaban un cuestionario sobre diversas cuestiones nutricionales, incluido el tiempo que dedicaban a cocinar en casa o el estatus socioeconómico de la familia.

Cuando analizaron la elección del menú de cada uno de los sesenta y un pequeños, los investigadores observaron que aquellos cuyas familias dedicaban más tiempo a la cocina en casa (hasta dieciséis horas a la semana, frente a los que apenas dedicaban sesenta minutos) eran precisamente los que habían escogido comidas menos calóricas, independientemente del nivel socioeconómico de la familia.

Si los niños están en contacto con una variedad de alimentos, con sus sabores y texturas, podrán establecer una relación más saludable con ellos cuando comencemos a introducir los sólidos en su dieta.

Meterlos en la cocina con nosotros, vernos cocinar y participar de la preparación de las comidas desde que son pequeños... Todo ello hará que descubran un mundo de posibilidades culinarias que repercutirá en mejores hábitos alimenticios. Incluso podemos "ayudar a comer de modo sano" a sus amiguitos. Cuando vengan sus amigos a casa podéis hacer galletas saludables, barritas de cereales, zumos, batidos, etc., e ir experimentando. Los cumpleaños, como ya vimos, son otra ocasión para inculcar hábitos saludables.

Para fomentar el consumo de frutas y hortalizas, podemos tener un pequeño huerto o pequeñas plantas aromáticas para que vean de dónde sale la comida.

Podemos jugar con una cocinita y preparar comidas sanas imaginarias, podemos hacer la compra en casa con nuestro dinero imaginario...

Ir a visitar el mercado y que conozcan la frutería o la pescadería es una buena elección. Ir a visitar un huerto y, si es posible, involucrarles en los trabajos del campo.

7. Todos comemos igual

Es muy importante que una vez que nos sentamos a la mesa todos los miembros de la familia coman lo mismo y que no haya excepciones para nadie (salvo si hay alguna alergia, intolerancia o contraindicación). No vale que al niño le pongamos un plato de verduras al vapor y nosotros nos comamos un chuletón con patatas fritas. Podemos ponerles su plato menos especiado o con menos sal, pero básicamente sus platos y los nuestros deben ser iguales.

Los niños imitan a sus compañeros a la hora de comer

El 32% de los niños de educación primaria come en el comedor escolar. Esto supone que la ingesta del 30-35% del aporte energético diario y el aporte de un volumen considerable de nutrientes durante al menos ocho meses al año, a lo largo de toda la vida escolar, la realizan en la escuela. Además, casi el 100% de los escolares come algo a media mañana en el colegio. Tanto la hora de la merienda como la del almuerzo pueden ser oportunidades únicas para comenzar a sembrar hábitos saludables.

¿Sabías que los niños que comen en el colegio tienden a seleccionar y consumir frutas y verduras en función de las elecciones de sus compañeros?[245] Por esta regla de tres, si a todos los niños se les invita a llevar al cole fruta para la merienda, la mayoría consumirá fruta con relativo agrado. Sin embargo, si la elección de la merienda es libre y nosotros como padres concienciados les ponemos en la mochila una pieza de fruta, pero su compañero lleva siempre un pastelito o un zumo, lo más probable es que nuestro hijo prefiera la merienda de su compañero.

Los comedores saludables son una asignatura pendiente

Sería ideal que los colegios contasen con cocina propia, que cocinasen con alimentos ecológicos basando el menú diario en el mundo vegetal, evitando las frituras, las grasas trans y el azúcar, y que a la hora de servir la comida no se usasen recipientes de plástico. ¿Es esta la realidad de la mayoría de niños españoles? No, por desgracia no. La mayoría de escolares comen comida de *catering*, cocinada de manera industrial, condimentada no precisamente con aceite de oliva virgen extra ni compuesta por productos ecológicos. Además, los alimentos suelen estar envasados en bandejas de plástico.

8. La importancia de comer todos juntos

El ritmo de vida actual no siempre lo permite, pero el hecho de comer en familia es muy importante. Sirve para disfrutar de una comida saludable, educarles indirectamente con nuestro ejemplo, fomentar la comunicación con nuestros hijos y disfrutar de un rato en familia. Se ha comprobado que cuando comemos en familia, la dieta de los niños es de mejor calidad y estos tienden a elegir alimentos más sanos[246].

Alrededor de la mesa, además, se aprenden hábitos como el lavado de manos, los buenos modales, la tranquilidad mientras se come... La televisión es un enemigo de la comunicación a la hora de comer, así que mejor que esté apagada, y los móviles y las tabletas fuera de la mesa.

Sentarse a comer en familia con los pequeños de la casa o con los adolescentes que aún están desarrollando su conducta alimentaria puede ser de mucha ayuda para inculcar buenos hábitos.

Comer juntos en familia, aunque solo sea una o dos veces por semana, aumenta el consumo diario de frutas y verduras en los niños a cerca de las cinco raciones recomendadas al día (400 gramos, según un estudio realizado por investigadores de la Universidad de Leeds, Reino Unido[247]. El estudio sugiere que si los padres consumen frutas y verduras y ofrecen trozos de estos alimentos a los hijos, estos se sienten motivados para probar y consumir estos alimentos. El 63% de los niños del estudio no consumían la cantidad recomendada por la Organización Mundial de la Salud (OMS) de cinco piezas diarias.

Los niños que comían a diario con sus padres consumían de media 125 gramos más de frutas y verduras que aquellos que no compartían mesa con ellos; incluso aquellos que solo comían dos veces por semana con sus padres consumían 95 gramos más de estos alimentos que aquellos que no comían nunca con ellos.

En las familias donde los padres comían frutas y verduras todos los días, los niños tenían un promedio de una porción (80 gramos) más que los niños cuyos padres nunca o rara vez comían frutas y verduras.

En esta misma línea, un estudio publicado en la revista de la American Dietetic Association reveló que los adolescentes que comparten la mesa con su familia tienen una dieta de mejor calidad en la edad adulta, pues consumen más frutas, verduras e ingieren menos refrescos[248].

Comer con nuestros niños también puede ser beneficioso para los adultos. Al intentar predicar con el ejemplo, tendemos a cuidar la calidad y composición de los platos que llevamos a la mesa.

Comer en familia no solo puede ayudarnos a comer de modo más sano a todos, sino que también se ha demostrado que puede ayudarnos a prevenir enfermedades relacionadas con la alimentación, como la anorexia[249] y la bulimia e incluso enfermedades relacionadas con las emociones como la depresión y las fobias[250]. Comer en familia también reduce comportamientos de alto riesgo como violencia y suicidio, según un estudio.

9. Hablemos de nutrición saludable

Es importante que hablemos con nuestros hijos de la importancia de una alimentación saludable para su desarrollo y crecimiento, siempre adaptando la conversación a su edad, por supuesto. Podemos contarles cuentos de superhéroes que comen fruta, o hacer dibujos simpáticos de frutas y hortalizas a las que podemos poner nombres imaginarios y crear historias saludables con ellos. También podemos rebautizar a la verdura con nombres basados en sus dibujos favoritos o con nombres ocurrentes, por ejemplo "súper arbolitos sabrosones" para el brócoli, o "judías verdes locas".

10. Busquemos el cambio

Reclamemos en los colegios y en las instituciones que los menús de los comedores escolares sean más saludables. Podemos proponer que a la hora de la merienda no se permitan zumos, bollería y pastelería. Podemos pedir en los colegios que no se repartan chucherías. En los cumpleaños, podemos sugerir a los padres que los organicen de manera saludable, y para eso lo mejor es dar ejemplo cuando festejemos los de nuestros hijos.

20.
Desayunos infantiles, un tema peliagudo

El tema del desayuno preocupa a la mayoría de padres y maestros. Durante años hemos pensado que el desayuno es la comida más importante del día, y que si el niño no desayunaba no iba a rendir en el colegio. «Tiene que desayunar leche y cereales (industriales) (y fruta)». Esto es algo que nos "inculcan" desde que son bebés. Pues no. No tiene que desayunar leche y cereales de desayuno, es más, esta puede ser la peor opción de desayuno. Ni siquiera es obligatorio que desayune, aunque a media mañana sí deberían comer algo saludable para asegurar un adecuado rendimiento en el colegio.

El desayuno es parte de una dieta y un estilo de vida saludable, y puede tener un impacto positivo en la salud, el rendimiento escolar y el bienestar de nuestros niños si está bien planificado. Debemos proporcionales un desayuno saludable, pero la dificultad estriba en discernir qué es realmente un desayuno saludable. Lo ideal es que desayunen a diario, y que sea variado, eligiendo alimentos especialmente ricos en fibra y vitaminas que podemos obtener idealmente de los cereales integrales y frutas, según apunta una revisión de estudios[251].

Si el niño va a desayunar cualquier cosa poco saludable, más vale que no desayune. A mí me quitó un peso de encima saber que no pasa nada si no desayunan. Desde pequeña me habían inculcado eso de desayunar como algo imprescindible, y yo pensaba que un niño no podía irse al colegio sin desayunar, así que, aunque fuera un vaso de leche con galletas, yo intentaba dárselo a mi hijo mayor por las mañanas. Esto fue antes de que me diagnosticaran cáncer y me sumergiese en el mundo de la alimentación saludable. Desde entonces nunca más he obligado a mi hijo a desayunar y mucho menos a tomar "lo que fuera" con tal de que comiese algo. Algunas mañanas mis hijos no desayunan, lo reconozco, para escándalo de muchos padres y abuelas. Hay mañanas en las que están desganados y no les apetece tomar nada, sobre todo cuando nos levantamos con la hora justa para ir al cole. Esos días les dejo que no desayunen, no sin antes ofrecerles algo saludable, y si lo rechazan se lo preparo para el almuerzo del recreo unas horas más tarde.

El desayuno no es la comida más importante del día, al menos no es tan importante como las otras. Hay niños que por la mañana no tienen hambre, al igual que les pasa a muchos adultos, a veces es por las prisas, porque se levantan tarde... Si no desayunan pueden compensar con el almuerzo del recreo (siempre y cuando no les preparemos un almuerzo insano). Un truco que suele funcionarme para que desayunen es levantarnos temprano, preparar la mesa con varias opciones saludables y sentarnos todos juntos, pero para eso hace falta algo que suele escasear: tiempo.

La industria se ha encargado durante años de imponernos qué debemos desayunar. No hay más que darse una vuelta por el supermercado y buscar el pasillo dedicado al desayuno. ¿Qué encontramos en él? Magdalenas, galletas, *croissants*, bizcochos, palmeras, napolitanas, bollitos de chocolate, pan de molde, mermelada, cremas de chocolate para untar, cacao soluble, zumos, batidos, cereales del desayuno... Pero todo esto no es precisamente saludable.

Ni hay que desayunar obligatoriamente, ni hay que tomar cereales de desayuno con leche.

¿Cereales de desayuno? ¿De qué estamos hablando? ¿Son saludables?

Los llamados **cereales de desayuno**, para aclararnos, son aquellos que vienen empaquetados en cajas rectangulares con llamativos dibujos infantiles. Habitualmente, el protagonista de la caja es un superhéroe muy fuerte o muy molón gracias al hecho de que come esos cereales. En la caja también nos recalcan la cantidad de vitaminas y minerales que contienen ("enriquecidos en hierro"), para que los padres nos quedemos tranquilos sabiendo que toman nutrientes de calidad cuando los consumen. De sanos tienen poco, más bien son insanos ya que de media contienen 35 g de azúcar cada 100 g. Hay opciones de cereales para desayunar que pueden ser más saludables, como los copos de avena, que tienen un alto contenido en fibra y apenas nada de azúcar: 100 g de copos de avena contienen 1,5 g de azúcar. Los cereales que la industria nos vende como saludables y especialmente indicados para quienes quiere guardar la línea, como son los tipo Special K© o All bran©, tampoco son realnente sanos, pues contienen unos 18 g de azúcar y muy poca fibra. Por tanto, estas tampoco son opciones saludables para el desayuno infantil.

Las mejores opciones de cereales para desayunar son: **copos de avena**, **copos de cereales integrales sin azúcares añadidos**, **Oatibix©, Weeetabix©.** Del resto, olvidaos.

¿Qué suelen desayunar nuestros niños?

Según el estudio *enKid* realizado en España, el 96,4% de la población infantil y juvenil española consume usualmente productos de bollería y galletas[252] y, en muchas ocasiones, este es su desayuno habitual.

El alimento más habitual en el desayuno de los niños españoles es la leche (78%), seguido de las galletas (39%), el cacao soluble o similar (33%), los cereales (21%), el pan o las tostadas (20%), la bollería (12,3%), la fruta fresca o en zumo exprimido (8,4%), los huevos (6,4%), el yogur, el queso u otros lácteos (5,1%), los batidos lácteos (3,9%) o zumos envasados (3,6%).

Como vemos, la fruta, que muchos padres saben que debería estar en el desayuno (o el almuerzo de media mañana), solo la consume un 8% de los niños, según el estudio ALADINO[253].

El 93% de los niños españoles desayunan a diario, aunque solo sea un vaso de leche. El 15,5%de los niños de seis a nueve años solo desayuna leche, agua o zumo antes de ir al colegio.

Los niños que no suelen desayunar son los que tienen más sobrepeso y obesidad, probablemente porque al no desayunar toman cualquier cosa a medio día, sobre todo alimentos rápidos de comer y calóricos como donuts, batidos, y demás bollería y también porque si no han comido nada en toda la mañana llegan al almuerzo con un hambre voraz.

¿Cómo debería ser el desayuno infantil ideal?

Esta pregunta es difícil de responder, porque el desayuno ideal tiene que tener dos requisitos: debe ser saludable y debe ser sabroso. Si es saludable pero el niño no se lo come, de poco sirve, ¿no?

Según los estudios actuales, podemos afirmar que la elección que hagamos a la hora del desayuno puede influir en el rendimiento escolar y lo hará de manera positiva o negativa en función de las cualidades de lo elegido. Lo más importante, según lo estudiado hasta ahora, es que los alimentos que conformen el desayuno sean de baja carga glucémica, es decir, que el desayuno esté compuesto por alimentos que no eleven los niveles de azúcar en sangre[254].

La composición del desayuno puede influir en el rendimiento académico en la etapa de primaria, según un interesante estudio realizado en Estados Unidos donde eligieron a un grupo de escolares de primaria de diferentes edades y probaron en ellos el efecto de tres diferentes desayunos sobre el rendimiento escolar[255]. Las opciones a evaluar consistían en:

1. *No desayunar.*

2. *Desayunar cereales azucarados tipo Chocapic©, Chocokrispis©, etc.*

3. *Desayunar copos de avena.*

Una vez a la semana durante tres semanas, los niños consumieron uno de los dos desayunos o no desayunaron, y luego completaron una batería de pruebas cognitivas para evaluar el rendimiento escolar.

Los niños que desayunaban obtenían mejor rendimiento que aquellos que ayunaban hasta la hora de la comida.

Los dos desayunos a base de cereales eran similares en energía, pero diferían, como es de imaginar en la composición de macronutrientes, las características de procesamiento, los efectos sobre la digestión y el metabolismo y la carga glucémica o capacidad para elevar la glucemia.

Los resultados con los niños del rango de nueve a once años confirmaron los hallazgos que ya se habían encontrado previamente en otros estudios, y es que la ingesta de desayuno mejora el rendimiento cognitivo. Los resultados amplían los hallazgos previos al mostrar los efectos diferenciales del tipo de desayuno. Los niños y niñas mostraron una memoria espacial mejorada y las niñas mostraron una mejor memoria a corto plazo después de consumir avena. Los resultados con niños de seis a ocho años de edad también mostraron efectos similares. Los niños más pequeños tenían una mejor memoria espacial y una mejor atención auditiva y las niñas exhibían mejor memoria a corto plazo después de consumir avena. La avena puede proporcionar una fuente de energía más lenta y sostenida y, en consecuencia, mejorar el rendimiento cognitivo en comparación con los cereales para el desayuno cargados de azúcar.

Parece que la carga glucémica del desayuno es clave para el rendimiento[256]. Un estudio investigó cómo la carga glucémica (CG) del cereal del desayuno afecta diferencialmente a la atención y la memoria de los niños. En dos mañanas consecutivas estudiaron a 64 niños de entre seis y once años que recibieron un día un cereal de alto CG y otro día un cereal de bajo IG. Realizaron una serie de pruebas de atención y memoria, una vez antes del desayuno y tres veces después del desayuno a intervalos de una hora. Los resultados indicaron que el rendimiento de los niños disminuye en general a lo largo de la mañana, pero esta disminución puede reducirse significativamente y postergarse cuando se ofrece un cereal con CG baja, en comparación con un cereal con CG alta.

Cuanto menor sea la elevación de la glucemia tras desayunar, parece que el rendimiento escolar es mayor.

¿Qué alimentos elevan la glucemia? ¿Qué alimentos tienen una carga glucémica alta?

Los alimentos de alta carga glucémica precisamente son los que suelen desayunar nuestros niños: galletas, pan blanco y cereales azucarados.

A menor carga glucémica de un alimento, menor aumento de la glucosa en sangre después de comerlo. Por el contrario, a mayor CG, más elevación de los niveles de insulina y glucosa en sangre.

Carga glucémica: **alta >20, media 11-19, baja <10**

ALIMENTO CG ALTA	CG	ALIMENTO CG BAJA	CG
Leche condensada	33	Cebada	9
Pasta de maíz	30	Copos de avena	9
Arroz blanco	30	Patata con piel hervida 15 min	9
Uvas pasas	28	Mango	8
Pan blanco	27	Miel	8
Pasta de trigo blanca hervida 20 min	27	Fresa	7
Patata sin piel horneada	26	Albaricoque seco	7
Patata sin piel hervida	25	Pan integral de trigo	7
Trigo	24	Pan integral de centeno	6
Fanta®	23	Chocolate negro	6
Ñoquis	23	Piña	6
Fideos de arroz blanco	23	Lentejas	5
Mijo	22	Manzana	4
Pasta de trigo blanca hervida 15 min	22	Melón	4
Chocapic®	22	Melocotón	4
Arroz inflado	22	Sandía	4
Patatas fritas	22	Leche entera	4
Bebida de arroz	21	Leche desnatada	4
Cornflakes®	21	Pera	4
Nachos de maíz	21	Muesli integral sin azúcar	4
Zumo de granada	21	Albaricoque	3
Maíz dulce	20	Naranja	3
Cebada perlada	20	Calabaza	3
Special K®	20	Garbanzos	3
Dátiles	20	Anacardos	3
ALIMENTO CG MEDIA		Zanahoria	2
Arroz integral	18	Sirope de agave	1
Trigo sarraceno	15	Estevia	0
Quinoa	13		
Plátano	12		
Zumo de manzana	10		
Zumo de zanahoria	10		

¿Qué desayunos son de alta carga glucémica?

Pan blanco con mermelada, galletas, cereales de desayuno, leche con Cola Cao© o Nesquick©, batidos a base de leche.

¿Qué desayunos son de baja carga glucémica?

Huevos revueltos o huevo cocido o en tortilla, pan integral con aceite de oliva o aguacate, fruta, copos de avena, leche o yogur natural, yogur vegetal sin azúcar, bebida vegetal sin azúcar, frutos secos, fruta, semillas, legumbres (sí, ¡se pueden desayunar legumbres!)...

¿Al rendimiento académico de los adolescentes también le influye el tipo de desayuno?

Un desayuno de alta carga glucémica, es decir, rico en alimentos que aumentan los niveles de azúcar en sangre, predispone al síndrome metabólico, un estado previo a la diabetes, y causa un efecto negativo en el perfil lipídico, aumentando el LDL colesterol (colesterol malo) y disminuyendo el HDL (bueno), según un estudio realizado en adolescentes[257].

Ideas para un desayuno saludable

Para desayunar podríamos comer cualquier alimento, incluso desayunar ensalada, arroz con verduras, potaje... realmente lo que nos apetezca, pero que sea saludable. Mi hijo mayor adora desayunar los restos del potaje de garbanzos del día anterior.

Desayunar pizza sería más saludable que tomar leche con cereales, pues la cantidad de calorías que nos aportaría es similar, pero la pizza contiene menos azúcar y más proteína, lo que nos ayuda a llevar mejor la mañana.

Lo habitual en España es que asociemos el desayuno con algo dulce, y somos el único país europeo donde se desayunan postres, porque así nos lo ha vendido la industria alimentaria. Sin embargo, en otros países el desayuno es muy diferente, no tenemos más que echar un vistazo al buffet para extranjeros en los «todo incluido»: huevos revueltos, bacón, judías con tomate, huevo frito...

Cada país tiene sus costumbres a la hora del desayuno, y algunas son muy saludables.

Cuando visité Tailandia me sorprendió ver lo diferente que es su desayuno al nuestro. Los desayunos eran muy variados y cualquiera de los platos que tomaban para almorzar eran válidos para desayunar. Un desayuno bastante frecuente era sopa de arroz con verduras y carne de cerdo, nada de tostadas ni de *croissant*. Otro desayuno habitual era arroz envuelto en hojas de plátano en versión dulce (elaborada con mango y leche de coco) o salada.

Os voy a presentar algunas ideas de desayuno que también podéis aprovechar para la merienda o para el almuerzo de media mañana, y que podéis ir variando, porque eso sí, es importante no desayunar siempre lo mismo, de igual manera que no almorzamos

o cenamos todos los días lo mismo. Adaptemos nuestro desayuno a los alimentos de temporada. Recuerda que para el desayuno puedes reciclar la comida o cena del día anterior, o si tienes tiempo, preparar cualquier plato saludable que te guste.

Desayunos saludables:

- Tostada integral de masa madre con:

  - AOVE + tomate

  - Plátano + tahín + sirope de agave + semillas de sésamo

  - Aguacate con huevo poché

  - Hummus (receta en la página 434)

  - Queso crema para untar + arándanos + semillas de chía

  - Crema de cacahuete + semillas de sésamo

  - Crema de cacao y avellanas casera (receta en la página 286)

- *Banana pancakes*. Receta en la página 300

- Tortilla de shiitake. Receta en la página 316

- Yogur natural o kéfir (mejor de cabra) con fresas, nueces y semillas. Si queremos endulzar, añadir xilitol, estevia o azúcar de coco

- *Fruta bowl*: frutas troceadas con coco rallado, canela, almendras (en trocitos o en forma de mantequilla, según la edad del niño), semillas de lino y chips de cacao con zumo de naranja recién exprimido, bebida vegetal o yogur

- Gachas de avena. Receta en la página 304

- Queso fresco con puré de fresas maduras, coco rallado y nueces

- Pan de plátano con calabaza y mantequilla de frutos secos (receta en la pagina 302)

- Batido de chocolate casero (receta en la página 312)

- Yogur vegetal o de cabra con copos de avena, anacardos, arándanos y coco rallado

- Bizcocho integral como el *carrot cake* de la página 306

- Granola sin gluten (receta en la página 310)

- Lassi de mango y cúrcuma, mira la receta en la página 430

- Gofres de calabaza y avena (receta en la página 440)

- Muesli sin azúcar (receta en la página 308)

- Pudin de chía y mermelada instantánea de frutos rojos. Esta receta es para los adolescentes y adultos de la casa, la encuentras en la página 314

- *Crêpes* de trigo sarraceno con aguacate y tomate (receta en la página 320)

21.
El reto de la merienda saludable

Las meriendas nos suelen suponer un quebradero de cabeza. ¿Qué le preparamos? ¿Será saludable lo que hemos preparado? ¿Le gustará? ¿Se quedarán con hambre?

En algunos colegios, nada más empezar el curso les entregan a los padres una hoja con una pauta para la merienda semanal. La idea es que intentemos ceñirnos a ella y que todos los niños coman más o menos igual, pero lo cierto es que esta propuesta no suele ser muy saludable a menos que sepamos adaptarla.

Lo habitual es que nos propongan un día fruta, otro bocadillo, otro lácteos, otro bollería o galletas y el viernes libre.

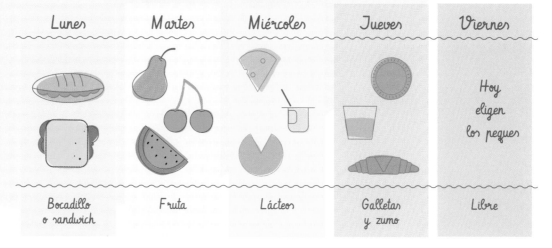

Lunes	Martes	Miércoles	Jueves	Viernes
Bocadillo o sandwich	Fruta	Lácteos	Galletas y zumo	Libre

Propuesta escolar habitual

Si seguimos esta recomendación, probablemente acabemos haciendo el bocadillo de embutido el lunes y muchas veces también el día libre (porque a los niños suele gustarles), y ya sabéis que los embutidos no deberían formar parte del menú habitual de los niños (son considerados carcinógenos por la IARC y OMS); el resto de la semana abusaremos del azúcar, porque los lácteos, las galletas y los zumos suelen venir cargados de ella.

Soy muy machacona con el azúcar, y vuelvo a recordaros que según la OMS, nuestros hijos no deberían consumir al día más de 17 g de azúcar (25 g los adultos), que equivale a cuatro terrones. Mirad algunos ejemplos de las meriendas habituales y veréis cómo estos límites diarios se sobrepasan con facilidad en una sola comida.

Cuatro galletas Oreo© bañadas en chocolate blanco (82 g) tienen 40 g de azúcar, equivalente a diez terrones.

Una bolsita de 100 g de cereales listos para tomar, por ejemplo, 100 g de Flakes Nocilla© contienen 34 g de azúcar, equivalente a 8,5 terrones.

Una chocolatina de 60 g puede contener 36 g.

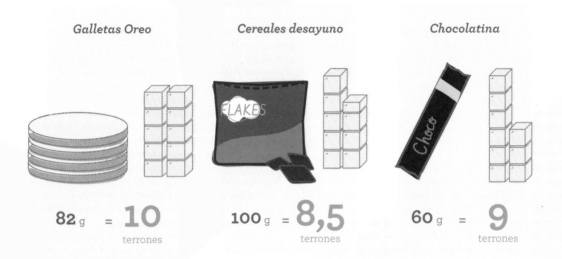

| Galletas Oreo | Cereales desayuno | Chocolatina |

82 g = 10 terrones   100 g = 8,5 terrones   60 g = 9 terrones

Yogures, flanes, natillas, galletas, zumos, chuches... todos contienen azúcar, y el alto consumo de azúcar se relaciona con más riesgo de caries, obesidad, diabetes y cáncer, como ya hemos visto.

Y entonces, ¿qué hacemos? ¿Qué les preparamos para la merienda? Propuestas saludables para la merienda

Ahí va mi propuesta que, puedes fotocopiar y llevar al colegio para que, entre todos, intentemos cambiar la alimentación de nuestros niños hacia una alimentación más saludable.

Lunes

BOCADILLO:

Cambiamos el bocadillo tradicional de pan blanco con embutido por un bocadillo de pan integral (integral de verdad, a ser posible con masa madre) con:

- Aceite de oliva virgen extra (esta era la merienda que me daba mi abuela).

- Chocolate negro (metéis dos onzas de chocolate en el pan y lo calentáis treinta segundos en el microondas o unos minutos en el horno, y el resultado parecerá un Bollicao©.

- Queso de cabra u oveja, que puede acompañarse de aceite o quizás salmón marinado, caballa en conserva...

- Mantequilla de frutos secos, o crema de cacahuete. *Receta de crema de frutos secos* en la página 284.

- *Crema de cacao para untar casera* (página 286).

- Tahín con miel o sirope de agave o arce.

- Aguacate. Aguacate + tomate en rodajas y queso fresco es un bocata top en casa.

- Tortilla, sola o con queso, con guisantes, espinacas, setas, berenjena, brócoli...

- Paté vegetal como **hummus** (receta en la página 434), sobrasada vegana a base de tomate seco (página 438), paté de setas.... ¿Qué tal un *paté de zanahoria al curry* (receta en la página 432). ¿Has probado la muhammara, un delicioso *paté de pimientos*? Tienes la receta en la página 436.

Martes

FRUTA:

Elige fruta fresca y de temporada. A ser posible, que sea ecológica. El plátano es una de las frutas que más fácil se suele comer, pero cuidado, guárdalo en un recipiente donde se eviten los golpes. ¿Conoces los *banana box*?

- Evita la fruta en almíbar, preparados de fruta para beber y zumos de frutas, ¡contienen mucho azúcar!

- Puedes preparar batidos de frutas. Usa plátanos maduros o dátiles para aportar el sabor dulce. En la página 282 te enseño a preparar *pasta de dátiles* para endulzar. Si añades yogur natural o kéfir será un batido muy completo. También puedes añadir cacao o vainilla.

- Una clásica macedonia de frutas con zumo de naranja es delicioso, pero si quieres sorprenderles prueba el *tartar de frutos rojos* de la página 442.

- También puedes añadir a la merienda palitos de zanahoria, pepino, pimiento, tomatitos, apio, trocitos de brócoli.... A los niños suele costarles incorporarlos, pero añádelo como un extra para que vayan probando sabores nuevos.

Miércoles

LÁCTEOS:

- Yogur natural. Puedes guardar el yogur en un recipiente de plástico con tapa y endulzarlo tú en casa, añadirle fruta batida, semillas, frutos secos molidos o en forma de mantequilla...

- Queso fresco, tierno o semicurado de cabra u oveja. Puedes acompañar con uvas o frutos secos o fruta seca.

- Batido de frutas y yogur.
  Propuesta: *lassi de mango*, receta en página 430.

- Batido de chocolate con leche o bebida vegetal más cacao, y para endulzar, plátano, xilitol o dátiles.

Jueves

GALLETAS Y ZUMO:

Cambia las galletas, bollería y repostería industrial cargada de azúcar y grasas poco saludables como la de palma por...

- Galletas de avena caseras. En casa aprovechamos los domingos por la tarde para hornear galletas en familia, ya que en nuestro colegio el lunes es el día en que toca galleta o bizcocho. Prueba las *galletas de avena y chocolate* de la página 444 o las *galletas de plátano* de la página 348.

- Bizcocho o magdalenas caseras elaboradas con harina integral, aceite de oliva y xilitol, azúcar integral o panela. Aquí tienes algunas ideas: *Carrot cake* (página 306)*, Banana bread* (página 302)*, bizcocho a la taza sin gluten* (página 450)...

- *Gofres de avena y calabaza* (receta en la página 440).

Viernes

DÍA LIBRE

Yo optaría por fruta... a secas... Y puedes acompañarla con frutos secos, tortitas o unas onzas de chocolate negro.

Si quieres prepararles un caprichito, ¿qué tal unas *piruletas de chocolate y frambuesa* (receta en la página 458) o unas *palomitas especiadas* (receta en la página 454).

Y ¿PARA BEBER?

Olvídate de los zumos, batidos o refrescos. La mejor bebida es el AGUA. Te presento algunas opciones de bebidas saludables que puedes preparar en casa.

- *Bebida de almendras sin azúcar* (página 278).

- *Mojito sin alcohol* (página 456).

- *Pink limonade* (página 456).

- *Limonada de romero* (página 456).

ENVASES

Respecto a los envases, lo ideal es no usar plásticos. Como el vidrio o cristal no se permiten en general en los colegios, opta por envases de acero inoxidable o silicona, o en su defecto plástico del número 5, y no pongas alimentos calientes en ellos.

¿Qué podemos hacer los padres para promover la alimentación saludable en los colegios?

Padres y madres podemos colaborar con el centro escolar en numerosas actividades para promover la alimentación saludable entre la población infantil y juvenil, ya sea a través del AMPA o a título personal.

- **Día de la merienda saludable**. Ese día pedimos al cole que no lleven merienda y organizamos una merienda saludable para toda la clase, o mejor aún, para todo el colegio. Y aprovechamos para hacer la propuesta de meriendas saludables para toda la semana.

- **Concursos de recetas saludables con degustación**, pero sin ser competitivo, que todos ganen. Recuerda: ni premios ni castigos con la comida.

- **Talleres de cocina creativa para niños.** Yo he organizado varios en la clase de mis hijos y os aseguro que los *peques* participan con entusiasmo y se comen todo lo que preparan.

- **Concursos de fotografía** con la fruta o la verdura como tema principal.

- **Visitas a mercados**, granjas, huertos o queserías locales, etc. para que vean en vivo los alimentos frescos.

- **Cursos y talleres de nutrición saludable** para padres, madres y menores. He participado en varios como docente y los padres suelen agradecerlo.

- Colaborar en **encuestas de hábitos alimenticios** familiares realizadas por niños y niñas.

- **Cata de frutas o verduras** por medio del tacto y el olfato.

22.
Alimentación infantil en situaciones especiales

22.1. Alimentación durante los episodios de gastroenteritis aguda (gea) o diarrea

Hay una patología que suscita muchas dudas en cuanto a cómo debemos alimentar a nuestros niños cuando la padecen: la diarrea.

La diarrea o gastroenteritis es frecuente en los niños y su tratamiento muchas veces nos genera dudas. Las recomendaciones han ido cambiando a lo largo del tiempo: que si ayunar, que si dieta blanda, que si dieta astringente... Os voy a contar qué es la gastroenteritis y cuáles son las recomendaciones de tratamiento actuales pautadas por la ESPGHAN (European Society for Paediatric Gastroenterology, Hepatology, and Nutrition).

La GEA consiste en una disminución de la consistencia de las heces, que se vuelven blandas o líquidas y/o un incremento de la frecuencia de las mismas (más de tres veces en veinticuatro horas), que puede asociarse a fiebre, vómitos y malestar. La duración suele ser menor de siete días y nunca superior a catorce días. Ojo, esto no sirve para bebés lactantes, que hacen caca con mucha frecuencia y se considera normal.

En Europa, los menores de tres años tienen de promedio un episodio de diarrea al año. En la mayoría de los casos encontramos su causa en el rotavirus, o las bacterias *campylobacter* y *salmonella*. En ocasiones, la causa de la diarrea puede ser el uso de antibióticos.

¿Cuál es el tratamiento recomendado?

Vamos a dar unas claves sencillas pero eficaces para manejar la diarrea de nuestros peques:

1. Rehidratación durante las primeras seis horas con suero de rehidratación oral, *salvo en caso de deshidratación severa o vómitos persistentes que lo impidan. Le iremos dando suero poco a poco, cucharada a cucharada[258]. Se le debe dar de 60 a 120 ml de suero. El suero no suele tener un sabor agradable, pero mejora un poco si lo tenemos en la nevera, bien fresquito. No debe usarse agua ni refrescos tipo Aquarius ni limonada.*

2. Reintroducir la alimentación habitual *tras administrar durante seis horas suero oral. La reintroducción temprana de la alimentación va a favorecer la re-*

cuperación de la mucosa intestinal, va a acortar la duración y gravedad de la diarrea y va a minimizar la pérdida de peso. Se recomienda introducir sólidos y líquidos de fácil digestión evitando frituras, alimentos muy grasos y azucarados[259].

3. En los niños alimentados exclusivamente con lactancia materna se recomienda continuar con **LM a demanda**: ellos no necesitan suero.

4. En los niños alimentados con leche de fórmula se recomienda continuar con la misma pauta que venía tomando, no hace falta **diluir la fórmula ni optar por leche sin lactosa**[260].

5. **No deben ofrecerse bebidas con alto contenido en azúcar** como refrescos, bebidas para deportistas o zumos porque agravan la diarrea. Las bebidas con azúcar, entre ellas Aquarius y similares, lo único que hacen es acelerar la pérdida de agua, generando una diarrea osmótica.

6. Está indicado administrar un **suplemento de probióticos** de las especies lactobacillus, streptococcus thermophilus, bifidobacterium o de la levadura sacchamoryces boulardi, pues ayudan a reducir la duración de la diarrea[261].

7. Los **antieméticos**, o medicamentos para frenar los vómitos, **no están indicados** de manera rutinaria, deben ser pautados por el médico. Los antieméticos pueden agravar o empeorar la diarrea y además poseen muchos efectos secundarios.

22.2. Alimentación para prevenir y tratar la alergia

Hoy hablamos de alergia, una de las enfermedades más "incómodas" y cuya frecuencia está aumentando en los últimos años, debido en parte a nuestra mala alimentación.

Vamos a revisar la relación entre la alimentación y las alergias, especialmente en la primera infancia[262] y luego veremos qué alimentos incorporar para mejorar los síntomas de la alergia.

¿Qué es la alergia?

La alergia es una reacción de nuestro organismo frente a sustancias externas que se conocen como alérgenos; generalmente no es hereditaria, pero la tendencia a desarrollar alergias sí se puede transmitir de padres a hijos. El sistema inmunitario de una persona alérgica percibe como algo extraño lo que para otra persona es normal, y para defenderse de ese alérgeno su respuesta es producir unos anticuerpos denominados inmunoglobulinas E (IgE) en su sangre. Estos, a su vez, hacen que unas células denominadas mastocitos y basófilos liberen ciertas sustancias químicas, incluyendo la histamina, en el torrente sanguíneo para defenderse del alérgeno "invasor". Esta liberación de sustancias es la responsable del picor y salida de líquidos de los vasos sanguíneos a las mucosas provocando inflamación, rinitis, lagrimeo, tos...

El 10% de los niños sin antecedentes familiares de alergia son alérgicos, y entre el 20-30% de los que tienen antecedentes familiares presentan enfermedades alérgicas en la infancia como **asma, rinoconjuntivitis, eczema o alergia**. Cada vez hay más casos de enfermedades alérgicas.

Entre el 5-10% de los niños en edad preescolar presenta alergia alimentaria.

¿Qué factores influyen en la aparición de la alergia?

1. Factores genéticos. *Si los padres o hermanos tienen algún tipo de alergia es más probable que el niño la tenga.*

2. Factores ambientales. *contaminación ambiental, agricultura convencional.*

3. Factores nutricionales. *La nutrición puede afectar en la aparición de las alergias desde el desarrollo intrauterino, durante la lactancia y mientras se introduce la alimentación complementaria.*

La alimentación puede ser una herramienta para la prevención de alergias alimentarias y para su tratamiento.

Alergias, alimentación de la embarazada y nutrición en los dos primeros años de vida

Los primeros 1.000 días de vida son cruciales para el crecimiento y desarrollo de los bebés. Se ha comprobado que cuando la dieta de la madre es rica en grasas omega 3, en especial en pescado azul, probióticos y prebióticos (plátano, ajo, cebolla), esto tiene un efecto protector en la aparición de alergias. La ingesta de suplementos de ácido fólico puede estar relacionada con mayor riesgo de alergia, así que ojo, no tomes más suplementos que el prescrito por tu médico durante el embarazo.

Los niños amamantados con leche materna tienen menos riesgo de desarrollar alergia.

Los niños con alergia o intolerancia a la leche de vaca deben ser alimentados con fórmulas hidrolizadas para prevenir reacciones alérgicas.

Microbiota y alergia en los primeros años de vida

La microbiota intestinal también juega un papel importante en el riesgo de alergia. Cuando la dieta de los niños es rica en oligosacáridos no digeribles, presentes en la leche materna, cuando su alimentación es rica en fibra (legumbres, cereales integrales, frutas y verduras) e ingieren alimentos probióticos (yogur, kéfir, verduras fermentadas, vinagre de manzana...), el riesgo de eczema disminuye de manera considerable.

Alimentación y alergia

Cuando la dieta es rica en verduras, fruta y ácidos grasos saludables como omega 3 y 9, la incidencia de alergias es baja. Cuando la dieta es rica en alimentos ultraprocesados, el riesgo de alergia aumenta. Cada vez comemos más comida basura y esto puede explicar el aumento del número de casos de alergia.

En cuanto a la edad a la que se deben introducir los alimentos para disminuir el riesgo de alergias, los estudios indican que la alimentacion complementaria, como ya vimos, debe hacerse a partir de los seis meses, y no hay que esperar especialmente a introducir ningún alimento (salvo algas y pescado azul grande), por el riesgo de desarrollar alergias.

Tengo alergia, ¿qué puedo hacer?

Hay alimentos con efecto antihistamínico, como también existen alimentos con un alto contenido en histaminas que empeoran los síntomas de las alergias. Si nos anticipamos a la estación de las alergias y empezamos a aumentar la dosis de los alimentos antihistamínicos y eliminamos completamente los liberadores de histamina, podemos prevenir o mejorar los síntomas.

Hasta hace poco, la alergia se limitaba casi en exclusividad a los meses de mayo y junio, coincidiendo con la polinización de las gramíneas y el olivo. Sin embargo, cada vez hay más alergias a distintas plantas y los síntomas empiezan antes.

En 2007, un estudio elaborado tras realizar un seguimiento de la dieta de 460 niños neoyorquinos mostró que el consumo de frutas, vegetales y pescado podría influir en la aparición de alergias[263]. Aunque no se lograron conocer las causas, los autores del estudio confirmaron la existencia de una relación estadística entre el consumo de frutas, verduras y pescado y una menor ratio de alergias, algo que no ocurrió con otro tipo de alimentos incluidos en el estudio como el pollo, la ternera, los lácteos o el pan.

Los alimentos que van peor para la alergia

Hay alimentos que empeoran los síntomas de alergias:

- Alimentos que provocan liberación de histaminas: huevos, alcohol y mostaza.
- Alimentos ricos en histamina: quesos curados, embutidos, espinacas, tomate.
- Alimentos ricos en tiraminas: quesos, pescado ahumado, salchichas, chocolate.

Los alimentos beneficiosos para la alergia

Alimentos ricos en vitamina C

La vitamina C tiene una fuerte acción antihistamínica. Tomar cada día, especialmente en el desayuno y en la cena, alimentos ricos en vitamina C te ayudará a librarte de la alergia: los alimentos más ricos en vitamina C son los cítricos, fresas, perejil, soja, hortalizas de hoja verde, coles, brócoli, berza...

Alimentos ricos en vitamina E

Tienen efectos antioxidantes y antiinflamatorios. Aceite de oliva virgen extra, aguacate, espárragos, espinacas, nueces, etc.

Probióticos

Yogures: los yogures naturales y las leches fermentadas sin azúcar (kéfir) son una fuente de bacterias vivas tipo *Lactobacillus* y *Acidophillus*, todas ellas ayudan a mantener la flora intestinal y el sistema inmunitario fuerte y son muy útiles para mantener a raya a las inmunoglobulinas IgE y reducir los síntomas de alergia.

También son probióticos los encurtidos, las aceitunas aliñadas, el miso, el *tempeh*, la salsa de soja, el chucrut, el vinagre de manzana...

Alimentos ricos en omega 3

Fortalecen al sistema inmune, son antiinflamatorios. Pescado azul, algas, semillas de lino y chía, leche materna. Evitar el pescado en lata, pues puede contener aminas relacionadas con las alergias.

Ajo y cebolla

El ajo y la cebolla son muy ricos en quercetina, un flavonol presente en muchas verduras y frutas (la que más tiene es la manzana) con propiedades antiinflamatorias y antioxidantes. Si queremos aprovechar sus propiedades, dado lo indigesto de ambos vegetales en crudo, lo mejor es que nos acostumbremos a añadirlos a todos nuestros guisos.

Recetas

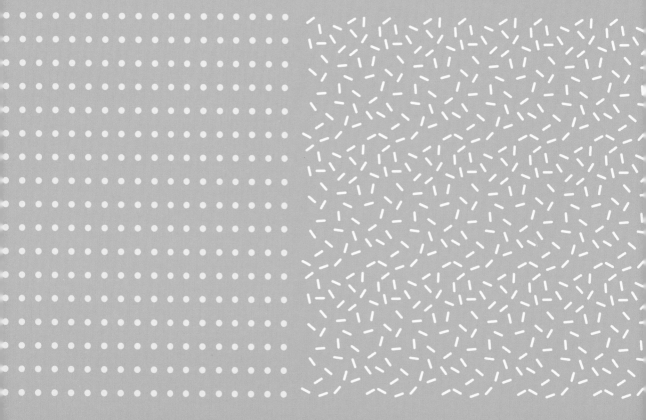

Básicos

Leche de almendra

Ingredientes

- 1 taza de almendras crudas ecológicas (podemos utilizar otros frutos secos o cereales)
- ½ litro de agua
- Una tela quesera, puede ser una gasa doble

Elaboración:

Ponemos en remojo las almendras, entre 12 y 24 horas, cambiando el agua cada 8 horas. Pasado este tiempo las escurrimos y las pelamos. Después del remojo la piel sale con facilidad; basta con ir apretando cada almendra entre dos dedos para que salga de la piel.

Una vez peladas, las ponemos en la batidora o procesador de alimentos y añadimos un litro de agua. Batimos durante un par de minutos, hasta que veamos que las almendras se han convertido en un granillo pequeño.

En un bol grande ponemos un colador y sobre este colocamos la tela quesera. Vertemos el batido de agua y almendra, recogemos el paño sobre sí mismo y colocamos un poco de peso encima. Dejamos que escurra un ratito o bien presionamos con las manos para sacarle toda la humedad que podamos a la almendra.

La bebida resultante, la que hemos recogido en el bol, es la leche de almendra. Si queremos endulzarla podemos añadir un par de cucharadas de sirope de agave y ½ cucharadita de canela para aromatizar. La guardaremos en la nevera para consumirla en los 3 o 4 días siguientes.

El residuo que queda en la tela es la okara de almendra, y podemos utilizarla como harina de almendra en nuestros bizcochos, galletas o croquetas.

Queso de almendra
(aprovechamiento de okara de bebida vegetal)

Ingredientes

- 1 y ½ tazas de okara de almendra, el residuo de hacer la bebida de almendra (receta en la página 278)
- 1 cucharadita de cebolla deshidratada y 1 de ajo en polvo
- ½ cucharadita de sal marina o del Himalaya
- 2 cucharada de levadura nutricional
- 2 cucharadas de AOVE
- 1 cucharada de zumo de lima o limón
- Una pizca de pimienta y un pellizco de pimentón picante
- Bebida de almendra. La cantidad dependerá de la textura que quieras conseguir: comenzaremos con ½ taza
- Tela quesera

Elaboración:

Ponemos todos los ingredientes en la batidora y trituramos un par de minutos para mezclar bien. Variaremos la cantidad de leche (o bebida) vegetal según veamos la humedad de la mezcla. Podemos añadir un poco de más para ayudar a la batidora y luego escurrir el líquido sobrante con ayuda de la tela quesera. Una vez lo tengamos bien mezclado lo ponemos a escurrir un poco si hace falta, y si no, lo ponemos en un tarro de cristal y lo guardamos en la nevera hasta que lo vayamos a consumir.

Idea de presentación (finger food): pelamos y cortamos con la mandolina al mínimo una remolacha, cocemos las lonchas 1 ó 2 minutos y ponemos en agua fría para cortar la cocción. Ponemos una cucharada de la pasta de almendra dentro de cada loncha de remolacha, doblamos por la mitad y servimos con unos germinados de cebolla por encima.

Sirope de dátil

Es una alternativa al azúcar como endulzante

Ingredientes

- 1 taza de dátiles de medjool
- ½ taza de agua

Elaboración:

Colocamos los dátiles y el agua en el vaso de la batidora o en la picadora y trituramos hasta que quede una crema homogénea. Guardamos en la nevera.

Mantequilla de cacahuete

Ingredientes

- 1 taza de cacahuetes sin sal

Elaboración:

Si compramos los cacahuetes crudos lo primero será pelarlos y tostarlos unos minutos en una sartén sin aceite. Los ponemos en la picadora y los trituramos un par de minutos. Paramos, bajamos de las paredes la pasta que se haya pegado y mezclamos con cuidado. Es mejor desenchufar la picadora si esta no tiene sistema de seguridad con la tapa abierta. Volvemos a triturar otro minuto, paramos, miramos y removemos. Si la mezcla todavía no está lista trituramos un poco más. Una vez la tengamos lista, la sacamos de la picadora, la ponemos en un bol y añadimos un par de cucharadas de cacahuetes picados, como granillo, para dar una textura crujiente a la mantequilla, y también una pizca de sal. Removemos bien.

Podemos hacer mantequilla de cualquier fruto seco, pero en ese caso yo no añadiría el granillo. Es mejor dejarlas con la textura de mantequilla. Si tu picadora no es muy potente es recomendable romper previamente los frutos secos con el cuchillo, especialmente en el caso de frutos secos duros como la avellana. Y recuerda que siempre que puedas es mejor comprar frutos secos crudos y tostarlos en casa.

Sugerencia de presentación: lavamos un boniato, lo cortamos en lonchas lo más finas que podamos con el cuchillo. Tostamos las lonchas en la tostadora de pan hasta que estén cocinadas, con cuidado de no quemarlas. Las untamos con un poco de mantequilla de cacahuete crujiente y las servimos acompañadas de unas moras u otra fruta, según temporada.

Crema de cacao y avellanas

Ingredientes

- 2 tazas de avellanas tostadas (si encontráis avellanas crudas y las tostáis vosotros el resultado será más que espectacular)
- ¼ taza de cacao en polvo
- 3 o 4 cucharadas miel o sirope de agave
- ¼ cucharadita de vainilla en polvo
- Una pizca de sal
- ½ taza de bebida vegetal sin azúcar

Elaboración:

Tritura las avellanas hasta convertirlas en harina, añade el resto de ingredientes, tritura y ya está listo para untar. Ojo, porque no podrás parar y ¡terminarás rebañando hasta la cuchara!

Pan integral de remolacha

Ingredientes

- 250 g de harina integral ecológica
- 1/2 pastilla de levadura fresca (12 g)
- 225 g de puré de remolacha (una remolacha grande y el líquido de cocción)
- 1 cucharadita de sal (6 g)
- 1 cucharadita de sirope de agave
- 1 cucharada de AOVE

Elaboración:

Mezclamos todos los ingredientes en un bol de cristal grande y removemos para mezclarlos con la rasqueta de panadero (o una cuchara de madera). Es una masa pegajosa. Cuando veamos que todo está bien mezclado lo dejamos descansar 5 minutos. Pasado ese pequeño tiempo de reposo amasamos un poco. Dentro del mismo bol vamos girando y vamos mezclando la masa, durante un minuto, y luego la dejamos reposar otros 5. Volvemos a amasar, ahora ya con las manos, y amasamos dentro del bol otro minuto. Tapamos con film de cocina para que no pierda humedad y dejamos que leve hasta que doble el tamaño, durante un par de horas al menos.

Cuando haya doblado el volumen desgasificamos la masa, es decir, le quitamos el aire. Para ello solo tenemos que estirar la masa como si fuera un pañuelo, desde sus cuatro esquinas imaginarias hacia el centro. Luego le damos la vuelta y boleamos, es decir, le damos forma de bola remetiendo hacia abajo mientras giramos un poco la masa, dándole tensión. Colocamos la masa en un molde o fuente de horno alargado y la adaptamos dándole forma alargada. No hay que manipularla mucho, ella se encargará de ocupar la fuente al volver a levar. Dejamos que repose de nuevo, tapada, hasta que doble su volumen.

Cuando veamos que el pan va levando, antes de terminar, encendemos el horno al máximo, y cuando la masa esté lista le hacemos unos cortes en la superficie para que rompa por ahí al cocerse. Ponemos la fuente en el horno y echamos ½ vaso de agua en la segunda bandeja del horno, que habremos colocado en la posición más baja, mientras que habremos puesto el pan en la intermedia. Así daremos vapor al horno.

Coceremos nuestro pan durante 35 o 40 minutos. Sabremos que está listo cuando al golpear la base suene a hueco. Tendremos una corteza bien crujiente.

Si quieres que el pan quede rosa como el de la foto de la crema de cacao, tendrás que usar harina de fuerza (de panadería) en lugar de harina integral.

Crema de anacardos o nata vegetal

Ingredientes

~~~
~~~

- 1 taza de anacardos crudos
- 1 taza de agua

~~~
~~~

Elaboración:

Ponemos los anacardos en remojo durante la noche. Por la mañana, desechamos el agua de remojo y ponemos los anacardos en el vaso de la batidora o picadora, añadimos el agua y trituramos hasta que quede cremoso. Guardamos en la nevera.

Esta crema de anacardos la podemos utilizar para sustituir la nata convencional en diferentes recetas. Si la necesitamos más diluida le añadiremos agua.

*Si necesitamos sustituir la nata de un postre, por ejemplo, de unas fresas con nata, añadiremos un par de cucharadas de aceite de coco virgen **ecológico**, las semillas de la vaina de una **vainilla** y un poco de sirope de agave o xilitol, y batiremos todo junto. Cuanto más fríos estén los ingredientes más consistente quedará la mezcla.*

Labneh de soja o queso crema vegetal

Ingredientes

- 6 yogures de soja naturales sin azucarar. Siempre que puedas compra soja ecológica
- Un pellizco de sal y pimienta molida
- Tomates secos y albahaca fresca (al gusto)
- 100 g de granillo de almendra

Elaboración:

Ponemos la tela quesera, que puede ser también una tela de algodón finita, sobre un colador grande y este sobre un bol. Tendremos cuidado de que el fondo del colador no toque el bol para que escurra bien. Estiramos la tela y ponemos los yogures sobre ella, echamos la pizca de sal y pimienta y cerramos la tela como un hatillo, sobre sí misma. Ponemos peso encima, por ejemplo, un bote de la cocina. Dejamos que escurra el suero de los yogures. El tiempo dependerá del uso que queramos dar a la crema resultante: si la vamos a usar como si fuera queso crema bastará con dejarla reposar toda la noche, pero si queremos darle forma y que aguante mejor la dejaremos desuerar durante 24/72 horas, comprobando el punto para dejar el queso a nuestro gusto.

Una vez esté listo vamos a darle un poco de sabor, porque este tipo de queso por sí solo no tiene mucha gracia. Picamos tomate seco y albahaca fresca y lo mezclamos con el "queso" vegetal, así ya lo podemos usar como un untable más. Lo estiramos en un plato y regamos con una cucharada de AOVE. Si lo quisiéramos usar como queso crema, dentro de otra receta, entonces lo dejaríamos sin aromatizar. Ahora vamos a darle forma: llenamos un bol con agua, nos mojamos las manos y vamos haciendo bolas de "queso". Nos vamos humedeciendo las manos de vez en cuando, y una vez las tengamos listas las bolas las vamos poniendo de una en una en un bol redondo con un poco de granillo de almendra dentro. Movemos el bol para que las bolas giren y se les forme una cobertura de almendra, y así hasta terminar.

Podemos usar estas bolas para sustituir el queso en alguna de las recetas del libro, como la ensalada de sandía, por ejemplo. Si no vamos a usarlas todas de una vez es mejor que dejemos las que no vayamos a usar sin la cobertura de almendra y que las sumerjamos en un bote con AOVE, que aromatizaremos con un poco de albahaca, una diente de ajo y un poco de tomate seco, para así reforzar el sabor interior.

Calabaza asada

Ingredientes

- 1 calabaza

Elaboración:

Precalentamos el horno a 150 °C. Partimos la calabaza por la mitad, la colocamos sobre la bandeja de horno con la cáscara para arriba y el corte que hemos hecho hacia abajo. Horneamos durante 90 minutos a 150 °C. Cuando se haya templado, sacamos la pulpa con una cuchara y la guardamos en la nevera, o en el congelador si no la vamos a usar en unos días.

La calabaza asada nos servirá para dar suavidad a las cremas de verduras, incluso a nuestros bizcochos caseros, que quedarán más jugosos con ella.

Salsa de tomate casera. Método de conservación

Ingredientes

- 2 kg de tomates (maduros) ecológicos

- 1 cucharada colmada de postre de azúcar integral de caña

- Albahaca fresca, tomillo y orégano secos

- 4 cucharadas de aceite de oliva virgen extra

- Sal y pimienta

- Una cacerola grande

- 3 o 4 botes (depende del tamaño)

- Un paño de cocina

Para hacer esta receta más saludable podemos añadirle 1 cucharadita de cúrcuma y una pizca de pimienta negra al añadir los tomates a la cocción.

Elaboración:

Comenzamos esterilizando los botes. Para ello solo debemos ponerlos dentro de la cacerola (botes y tapas, sin cerrar) y cubrirlos de agua. Tienen que estar 20 minutos hirviendo una vez que el agua alcance el punto de ebullición.

Mientras tanto, lavamos los tomates, les quitamos el tallo y el corazón y los cortamos en trozos grandes. Cuando estén listos los botes los sacamos con la ayuda de una pinza de cocina, para no quemarnos, y los dejamos escurrir sobre un poco de papel de cocina hasta que los vayamos a utilizar.

En la misma cacerola ponemos 3 cucharadas de aceite de oliva, que cubran el fondo para que no se pegue el tomate. Ponemos los tomates, el azúcar y salpimentamos. Ahora solo hay que dejar que se vayan cocinando hasta que se evapore toda el agua que contiene el tomate. El tiempo variará según el tipo de tomate que usemos, pero cuanto más tiempo dejemos que se cocine, más intenso será el sabor de la salsa. Al principio no necesita nuestra atención, pero cuando empieza a faltar agua es necesario que vayamos removiendo para que no se pegue en el fondo. En ese momento es cuando yo añado las hierbas para que den sabor a la salsa. Cuando casi está lista la probamos por si hay que ajustar de sal o pimienta y añadimos la cucharada de aceite que no pusimos al principio. Es posible que necesites más de una cucharada. Una vez que la hayas probado lo sabrás: ajusta a tu gusto. Cuando la salsa está bien espesa y con su sabor concentrado apaga el fuego. Pasa la salsa por el pasapuré para eliminar todas las pieles y semillas. Si queremos que quede más fina podemos, además, triturar con la batidora, aunque esto cambiará su color.

En caliente, rellenamos los botes que teníamos preparados, los cerramos y los devolvemos a la cacerola (previamente aclarada). En el fondo de esta ponemos un paño (puede ser papel de cocina) para evitar que los botes se rompan mientras cuecen. Ya solo queda dejar que hiervan durante media hora. Una vez que finalice el tiempo de cocción dejamos que se enfríen dentro de la cacerola. A medida que vaya bajando la temperatura oiremos el *plof* del vacío, y si os fijáis veréis que si hacéis presión sobre la tapa, esta no cede. Esto también se puede apreciar en las fotos: si miras las tapas verás que están hacia dentro.

Ya solo tienes que guardarlas en la despensa hasta que te hagan falta. Cuando abras un bote asegúrate de que oyes el sonido característico de cualquier conserva al vacío al abrirse. Si no es así deséchala. Una vez abierto el bote hay que conservarlo en el frigorífico.

Desayunos

Banana pancakes

Ingredientes

* 2 plátanos maduros
* 2 huevos ecológicos
* 6 cucharadas de copos de avena
* 6 cucharadas de bebida de almendra sin azúcar (u otra bebida vegetal o leche)
* Una pizca de levadura química

Acompañamiento:

* Fresas
* Nata vegetal de anacardos (receta en la página 290)

Elaboración:

Ponemos todos los ingredientes de los *pancakes* en el vaso de batidora y batimos hasta obtener una masa líquida homogénea. Dejamos reposar mientras preparamos la nata de anacardos y limpiamos la fruta.

Una vez haya reposado, ponemos una sartén al fuego con una cucharada de AOVE. Cuando esté caliente vamos vertiendo la masa con la ayuda de un cucharón. Así tendremos una referencia para que nos queden más o menos del mismo tamaño. Con esta receta salen unos 8 *pancakes*.

Colocamos dos *pancakes* en cada plato, y sobre estos una cucharada de la salsa dulce de anacardos más unas cuantas fresas cortadas en cuartos.

Banana bread con calabaza

Ingredientes

• 3 plátanos maduros

• 1 y ½ tazas de harina integral de espelta

• 2 cucharaditas de levadura

• ½ taza de azúcar de coco

• 1 huevo

• 1 taza de puré de calabaza asada (receta en la página 294)

• 6 cucharadas de AOVE

• Un trocito de vaina y semillas de vainilla

• Una pizca de sal

Elaboración:

Precalentamos el horno a 180 °C.

Trituramos los plátanos con el huevo, la vainilla y el aceite de oliva. Mezclamos los ingredientes secos (harina, levadura, azúcar y una pizca de sal) en un bol, añadimos los ingredientes húmedos (el plátano triturado y el puré de calabaza) y mezclamos bien.

Pincelamos un molde rectangular con un poco de aceite de oliva y rellenamos con la masa. Horneamos durante 35 minutos a 180 °C. Bajamos la temperatura a 160 y horneamos 20 minutos más. Pinchamos con una brocheta de madera y, si sale limpia, apagamos el horno. Dejamos reposar fuera unos 20 minutos y ya está listo para comer.

Gachas de avena

Ingredientes

- 2 tazas de copos de avena
- 3 tazas de leche de almendra, coco o avena sin azúcar, preferiblemente casera
- 1 cucharadita de semillas de chía, lino, sésamo o nibs de cacao
- Fruta fresca: arándanos, frambuesas, fresas, mango, plátano...
- Un chorrito de sirope de agave, miel o sirope de coco

Elaboración:

En cada bote pondremos ½ taza de copos de avena y una cucharadita de semillas a elegir entre chía, lino, sésamo o unos nibs de cacao para dar sabor. Pondremos un chorrito de sirope de agave: con ½ cucharadita es suficiente. Luego, mojaremos la mezcla con la bebida de almendras o de otro fruto seco que nos guste. Dejaremos los botes cerrados en la nevera y por la mañana los copos estarán listos, a falta de completar con un poco de fruta fresca.

Carrot cake

Ingredientes

- 2 huevos ecológicos
- 2 tazas de harina integral de espelta
- 3 zanahorias grandes
- ½ taza de aceite de oliva virgen extra
- ½ taza de sirope de agave (o miel de acacia o miel pura o sirope de coco)
- ½ taza de bebida vegetal sin azúcar
- 2 cucharaditas de levadura química
- 1 cucharadita de canela, una punta de anís estrellado, una pizca de jengibre molido y un pellizco de sal

Elaboración:

Pelamos las zanahorias, las cortamos en trozos no muy grandes y las ponemos en el vaso de la batidora junto a los huevos, la leche de almendra y el sirope. Batimos hasta que quede todo triturado, que se note la zanahoria pero que no haya trozos grandes. Añadimos el aceite, la harina, la levadura y las especias. Trituramos un poco más para que se mezclen. Dejamos el vaso de la batidora en la nevera mientras se precalienta el horno a 180 °C.

Mientras, aceitamos un molde para horno con aceite de oliva o bien lo forramos con papel de horno. Ponemos la mezcla en el molde y horneamos durante 20 minutos. El tiempo es aproximado, pues si vuestro molde es más alto necesitará más tiempo. Para saber si está listo pinchamos el bizcocho con un palito de brocheta, y si sale limpio es que ya está listo. Si te habitúas a preparar bizcochos caseros sabrás cuándo están listo por el tono que adquiere y por el olor.

Nota: La variedad de aceituna más suave para repostería es la arbequina.

Muesli sin azúcar

Ingredientes

- 500 g de copos de avena integral (si quieres evitar el gluten busca avena sin gluten)
- 2 tazas de frutos secos crudos (almendras, avellanas y nueces)
- 2 cucharadas de aceite de coco virgen extra
- ½ taza de sirope de arce (o miel de acacia o miel pura o agave)
- 1 cucharadita de canela, un trocito de jengibre fresco y la ralladura de una naranja
- 2/3 taza de fresas deshidratadas (puedes utilizar otra fruta a tu gusto)
- 1/3 taza de nibs de chocolate (cacao sin tratar)

Elaboración:

En un bol mezclamos todos los ingredientes menos las fresas y los nibs. El aceite de coco debes fundirlo un poco para que se mezcle bien. Ponemos una hoja de papel sulfurizado en una bandeja de horno y estiramos la mezcla sobre él. Horneamos a 180 °C (con horno precalentado) durante 5 minutos, sacamos la bandeja, removemos el muesli y volvemos a meter al horno durante 5 minutos más. Verás que la avena comienza a dorarse.

Transcurrido este tiempo la sacamos del horno y añadimos las fresas deshidratadas (cortadas a cachitos) y los nibs. Dejamos enfriar y guardamos en tarros.

Granola sin gluten

Ingredientes

- 1 taza de frutos secos: almendras, nueces, pistachos y avellanas cortados a trozos grandes con un cuchillo
- ½ taza de semillas: girasol, calabaza y sésamo
- ¼ taza de copos de coco sin endulzar
- ¼ taza de arándanos deshidratados
- ¼ taza de aceite de oliva virgen extra
- ¼ taza de sirope de agave (o miel de acacia o miel pura)
- Un pellizco de sal

Elaboración:

Precalentamos el horno a 180 °C. Ponemos papel de horno sobre la bandeja del horno. Mezclamos en un bol todos los ingredientes menos los arándanos. Esparcimos la mezcla sobre la bandeja y horneamos durante 10 minutos, sacamos la bandeja, incorporamos los arándanos, removemos y la devolvemos al horno durante 5 minutos más o hasta que veamos que nuestra granola toma un color tostado. Cuando esté dorada sacamos de nuevo la bandeja, separamos un poco la granola formando pequeños montoncitos (se quedarán pegados) y dejamos enfriar bien antes de ponerla en un bote.

Nos serviremos un yogur de cabra sin azúcar, una pieza de fruta troceada y dos o tres cucharadas de granola para desayunar.

Para los más pequeños podemos triturar con la batidora y preparar un rico batido.

Batido de chocolate

Ingredientes

- 250 ml de bebida vegetal sin azúcar
- 1 onza de chocolate negro 70%
- Azafrán, 1 trozo de vaina de vainilla o una cucharadita de crema de avellana y cacao casera (receta en la página 286)

Elaboración:

Si estamos en invierno calentamos la "leche" vegetal e incorporamos la especia con la que vayamos a aromatizarla y la onza de chocolate troceada previamente con el cuchillo.

Si es verano, para tener un batido fresco pondremos nuestro sabor favorito, una onza de chocolate con una pizca de azafrán o una cucharadita de nutella casera y batimos con la batidora.

Pudin de chía con mermelada instantánea de frutos rojos

Ingredientes

- 1/2 litro de leche vegetal sin azúcar (almendra)
- Ralladura de limón y canela en polvo
- Endulzante (poco)
- 6 cucharadas de chía
- 6 fresones grandes
- 10 frambuesas
- 3 dátiles

Elaboración:

Mezclamos la leche con la ralladura de limón, la canela y la chía, removemos durante unos minutos y dejamos reposar en la nevera, al menos 20 minutos, aunque puedes dejarlo toda la noche y tenerlo listo en el desayuno.

Para la mermelada instantánea ponemos en el vaso de la batidora los fresones, las frambuesas y los dátiles, trituramos y servimos sobre el pudin de chía. Ponemos un poco de granola como *topping*, y para los más pequeños espolvorearemos unos frutos secos picados menudos.

Tortilla de shiitake

Ingredientes

- 1 huevo ecológico por persona
- 1 bol de setas shiitake frescas (puedes sustituir por otra seta)
- 1 cebolla tierna
- AOVE y pimienta
- Cilantro fresco

Elaboración:

Picamos la cebolla y la salteamos hasta que quede transparente, añadimos las shiitakes cortadas en tiras y un poquito de pimienta. Salteamos ligeramente. Reservamos.

Batimos el huevo con una pizca de pimienta y unas hojitas de cilantro (o perejil) picado. Hacemos la tortilla en una sartén, intentamos que quede fina y redonda.

Ponemos la tortilla en el plato, colocamos la cebolla con las setas encima y doblamos por la mitad.

Tosta integral con aguacate y huevo poché

Ingredientes

- 1 rebanada de pan integral de centeno o espelta
- 1 huevo ecológico
- ½ aguacate maduro
- 1 tomate

Elaboración:

Mientras preparamos el huevo vamos tostando el pan y cortando el tomate. Para preparar el huevo, ponemos un poco de film de cocina en un bol (hay que asegurarse de que el film sea apto para cocinar), añadimos un poquitín de AOVE y cascamos el huevo encima, ponemos un poco de pimienta molida y cerramos el film haciendo un paquetito. Lo ponemos en un cazo con agua hirviendo durante 4-5 minutos hasta que cuaje la clara, pero la yema siga blandita.

Repartimos el aguacate sobre la tostada aplastándolo con un tenedor, colocamos encima el tomate picado o rallado y unas hojitas de alguna aromática a nuestro gusto; el cilantro le va muy bien. Puedes poner unas gotitas de limón y de AOVE por encima y un poco de pimienta picada. Servimos el huevo encima.

Crêpes de trigo sarraceno con aguacate y tomate

Ingredientes

- 1 taza de trigo sarraceno (en grano o en harina)
- 2 tazas de agua
- 1 cucharada de semillas de lino
- Una pizca de sal y pimienta
- Unas hebras de azafrán (opcional)

Acompañamiento:

- 1 aguacate
- ½ cebolla roja
- 12 tomates cherry
- Limón y cilantro fresco
- Mezcla de semillas
- AOVE

Elaboración:

Ponemos el trigo sarraceno, el agua, las semillas de lino, el azafrán, un pellizco de sal y un poco de pimienta recién molida en el vaso de la batidora, trituramos hasta que los trocitos de lino y trigo sarraceno sean muy pequeños. Dejamos reposar ½ hora, mientras preparamos el acompañamiento.

Cortamos el aguacate por la mitad, eliminamos el hueso, cortamos cada mitad en cuartos y lo pelamos. Lo cortamos en lonchas o dados. Cortamos la cebolla en tiras finas, regamos con un poco de zumo de limón, la cebolla y el aguacate y lo dejamos macerar. Lavamos y cortamos en cuartos los cherry. Picamos el cilantro fresco.

Una vez completado el tiempo de reposo, ponemos una sartén en el fuego, vertemos 1 cucharadita de aceite y retiramos el exceso con un poco de papel de cocina. Vamos poniendo un poco de la masa en la sartén y la estiramos con una cuchara para que quede lo más fina posible. Cocinamos hasta que veamos que se va secando y que se levantan los bordes. Le damos la vuelta y la cocinamos por el otro lado. Continuamos hasta que acabemos con toda la masa. Es normal que la primera no quede bien, pues la sartén no suele tener la temperatura adecuada. La desechamos y seguimos con el resto, que seguro que irán quedando cada vez mejor.

Servimos una o dos crêpes con un poco de aguacate, cebolla, tomate y una cucharada de semillas variadas. Lo aliñamos con un poco de cilantro fresco y un poco de AOVE.

Huevos revueltos con verduras

Ingredientes

- 4 huevos
- 150 g de champiñones
- 16/20 espárragos trigueros
- 8 zanahorias baby
- Pimienta en grano, comino en grano y semillas de cilantro
- Cilantro fresco y limón (ralladura)
- AOVE

Elaboración:

En un mortero para especias o en un molinillo ponemos unos granos de pimienta negra, unos granos de comino y unas semillas de cilantro, las majamos o molemos. Limpiamos de tierra los champiñones con un poco de papel y los cortamos en trozos. Dependiendo del grosor de los espárragos, los cortamos por la mitad a lo largo o los dejamos tal cual. Cortamos en cuartos las zanahorias baby. Si no tienes utiliza zanahoria normal, saca tiras con el pelador de verduras. En una sartén ponemos un par de cucharadas de AOVE, echamos las especias y las doramos unos segundos. Incorporamos los champiñones, las zanahorias y los espárragos, doramos unos minutos a fuego medio. Retiramos la verdura de la sartén y ponemos los huevos en ese mismo aceite, con todo el sabor. Los cocinamos un minuto, rompiéndolos, y los retiramos del fuego. No hay que dejar que se reseque el huevo, mejor que quede un poco jugoso. Servimos un par de cucharadas de huevo en la base del plato, repartimos las verduras por encima, espolvoreamos un poco de cilantro fresco picado y rallamos un poco de piel de limón por encima. Podemos al punto de sal si hiciera falta.

Finger foods

Palitos de pescado

Nuggets de pollo

Hamburguesas de quinoa y coliflor

Pastelitos de garbanzos

Mini pizzas

Croquetas de boniato y maitake

Palitos de pescado

Ingredientes

~~~~~~~~~~~~~~~~~~~~~~~~~~

- 4 lomos de merluza sin piel
- 1 huevo
- Harina de arroz integral u otra harina integral
- Pan rallado, si hay intolerancia al gluten se puede sustituir por maíz molido
- Pimienta y orégano seco
- AOVE

~~~~~~~~~~~~~~~~~~~~~~~~~~

Elaboración:

Cortamos la merluza en bastones, batimos el huevo con un poco de pimienta molida, mezclamos el pan rallado (o maíz molido) con una cucharada de orégano seco. Pasamos los palitos de merluza por la harina, el huevo y el pan rallado, en ese orden.

Ponemos un par de cucharadas de AOVE en una sartén y las cocinamos dando la vuelta para que se hagan por los cuatro lados.

Servimos con una rodajita de lima o limón, unos cherry y unas hojas verdes.

Nugget de pollo o pavo

Ingredientes

- ½ kilo de pechugas de pollo
- 125 g de champiñones
- ½ cucharadita de jengibre molido
- ½ cucharadita de cúrcuma
- ½ cucharadita de nuez moscada
- 1 huevo
- Pimienta
- Pan integral rallado

Elaboración:

Troceamos las pechugas en tacos de unos 2 cm. Picamos con una picadora. Añadimos a la pechuga la pimienta, el jengibre, la cúrcuma, la nuez moscada y los champiñones. Trituramos hasta que quede una masa pegajosa. Hacemos bolas con las manos, redondeamos y aplanamos, y pasamos primero por huevo y después por el pan rallado. Podemos hornear a 200 °C 15 minutos o freír en aceite de oliva virgen.

Hamburguesas de quinoa y coliflor

Ingredientes

- 1/2 coliflor cortada en ramilletes
- Aceite de oliva virgen extra, sal, pimienta y comino
- 1 taza de quinoa, 2 tazas de agua y salsa de soja
- 2 dientes de ajo
- 4 cucharadas de harina de garbanzo y zumo de limón
- Salsa de tomate casera (receta en la página 296)

Elaboración:

Disponemos la coliflor sobre una fuente de horno, espolvoreamos un poco de pimienta y comino, rociamos un poco de aceite de oliva por encima. Horneamos a 180 °C durante media hora. Mientras, limpiamos la quinoa poniéndola en un colador grande bajo el chorro del agua. Ponemos dos tazas de agua en un cazo con un chorrito de salsa de soja, y cuando rompa a hervir añadimos la quinoa y la dejamos cocer durante 15 minutos a fuego bajo y tapada. Retiramos del fuego y dejamos que se atempere.

Ponemos la coliflor con un par de dientes de ajo en la picadora y trituramos. Que quede más o menos del tamaño de la quinoa. En un bol mezclamos la coliflor picada, la quinoa escurrida, 4 cucharadas de harina de garbanzo y un chorro generoso de zumo de limón (para esconder un poco el sabor de la harina de garbanzo). Mezclamos bien y dejamos reposar un ratito.

Tomamos como medida una cuchara de sopa y vamos tomando porciones de la masa, les damos forma de pequeñas hamburguesas y doramos por los dos lados en la sartén con un poco de aceite de oliva.

Servimos con salsa de tomate.

De manera opcional, puedes añadir un poco de queso rallado a la masa.

Pastelitos de garbanzos

Ingredientes

- 1 bote de garbanzos ecológicos cocidos
- 200 g de shiitake
- 2 zanahorias glaseadas (receta en la página 388)
- 1 cebolla tierna
- 2 dientes de ajo
- Cilantro fresco
- Pimienta y aceite de oliva
- Harina de garbanzo para rebozar
- Sal (opcional)

Crema de tahín ligera:

- 2 cucharadas de tahín
- 2 cucharadas de zumo de lima (o limón en su defecto)
- Pimienta y una pizca de pimentón de La Vera
- Mezclar todos los ingredientes y añadimos agua hasta conseguir la textura deseada

Elaboración:

Picamos en cuadrados pequeños la cebolla, el ajo y las setas, y lo doramos todo en una sartén. Mientras aclaramos los garbanzos, los picamos en la picadora (o robot de cocina) con el cilantro fresco y las zanahorias. Si no tenemos zanahorias preparadas las doramos junto a las setas y no las pondríamos en este paso. Añadimos un par de cucharadas de agua para ayudar a la picadora.

Mezclamos los garbanzos molidos con las setas salteadas. Formamos pastelitos y los pasamos por harina de garbanzo. Esto nos ayudara a hacerlos más manejables. Los doramos por los dos lados para que queden crujientes por fuera y tiernos por dentro.

Servimos con una crema de tahín ligera.

Mini pizzas

Ingredientes

- 1 calabacín
- 1 boniato
- Salsa de tomate casera (receta en la página 296)
- Queso sin lactosa o queso de cabra rallado
- Orégano
- Opcional: germinados

Elaboración:

Cortamos rodajas de un dedo de grosor de calabacín, la mitad de grosor para las de boniato, horneamos a 180 grados durante 15 o 20 minutos. Ponemos el tomate, el queso y el orégano y gratinamos un par de minutos. Servimos con unos germinados por encima.

Croquetas de boniato y maitake

Ingredientes

- 500 g de boniato
- 3 zanahorias
- 1 cebolla tierna
- 1 taza de maitake deshidratada (puedes sustituirla por shiitake)
- 1 cucharada de chía y 8 de agua
- Sal y pimienta
- Semillas de sésamo para rebozar

Elaboración:

Ponemos en remojo las setas para que se rehidraten durante una hora. En un vaso ponemos las semillas de chía con el agua.

Mientras tanto, hornearemos los boniatos, las zanahorias y la cebolla, todo sin pelar, a 180 °C durante algo menos de 1 hora. Pincharemos la verdura de vez en cuando para ver cuándo está tierno su centro. Si las zanahorias y la cebolla están listas antes, las sacamos. Cuando se hayan hidratado las setas las escurrimos y las salteamos con una cucharada de aceite de oliva y otra de salsa soja.

Una vez esté listos los boniatos los chafamos con un tenedor. En la picadora ponemos las zanahorias y la cebolla junto a las setas y picamos toscamente: no queremos que sean un puré, solo un picadillo.

Mezclamos con el boniato, y con la ayuda de dos cucharas damos forma a las croquetas, que rebozaremos en un plato con semillas de sésamo. Doramos en una sartén con poco aceite, apenas un par de minutos para tostar el sésamo.

Para los más peques

5 Superpurés sanos para empezar

La base de un puré saludable son las hortalizas o las fruta, el AOVE, las aromáticas y las especias.

Puedes añadir agua, leche materna o de fórmula, lo que prefieras.

Puré de boniato y tomillo

Ingredientes

- 1 boniato
- 1 cucharada de AOVE
- ½ cucharadita de tomillo
- Agua

Elaboración:

Cocina al vapor el boniato durante unos 15 minutos hasta que se ablande.

En un procesador de alimentos añade el boniato, el AOVE, el tomillo y un poco de líquido, pero poquito para que quede muy espeso.

Puré de guisantes y menta

Ingredientes

- 100 g de guisantes
- 1 cucharada de AOVE
- Unas ramitas de menta
- Agua, leche materna o de fórmula

Elaboración:

Cocina al vapor los guisantes durante 3 minutos.

En un procesador de alimentos o batidora añade los guisantes, la menta, el AOVE y un poco de líquido, aunque poquito, para que quede muy espeso.

Puré de manzana, clavo y nuez moscada

Ingredientes

- 2 manzanas
- 2 cucharadas de copos de avena
- ¼ cucharadita de clavo y nuez moscada
- Agua

Elaboración:

Cuece en agua la manzana troceada junto a los copos de avena unos 10 minutos.

Cuela parcialmente, dejando solo un poco de caldo. Pasa a un procesador de alimentos y tritura.

Puré de mango y hierbabuena

Ingredientes

- 1 mango
- 2 hojas de hierbabuena
- Agua, leche materna o leche de fórmula

Elaboración:

Cuece el mango con un poco de agua durante unos minutos. Cuela parte del líquido.

Bate el mango cocido, un poco de agua y la hierbabuena.

Puré de calabacín y jengibre

Ingredientes

- 1 calabacín
- 1 rodaja de jengibre de 2 cm
- 1 cucharada de AOVE
- Agua, leche materna o de fórmula

Elaboración:

Cocina al vapor el calabacín durante 5 minutos.

En un procesador de alimentos o vaso de batidora, añade el calabacín, el jengibre rallado, el aceite y un poco de líquido para espesar.

Papilla de cereales

Ingredientes

- 1 taza de cereal integral en grano: arroz, quinoa, trigo sarraceno, cebada... o una mezcla de varios de ellos
- Agua

Elaboración:

Remojar los cereales durante 8 horas Colar y lavar muy bien.

Cocer el cereal tapado a fuego medio en abundante agua durante 2 horas hasta que se ablande y quede muy pasado.

Pasar por el pasapuré. No usar batidora ni *thermomix*.

Nos va a sobrar puré, que podemos guardar en la nevera distribuido en cuencos. El cereal va a absorber todo el liquido, así que antes de servir podemos añadir un poco de agua, leche de fórmula o leche materna.

Antes de servir, añadir ½ cucharadita de semillas de sésamo y lino molidas para aportar calcio, hierro y omega 3.

De los seis a los siete meses usaremos una proporción de cereal-puré de 1:10. Conforme el bebé vaya creciendo, iremos disminuyendo la cantidad de agua para que quede un puré muy espeso que él mismo pueda comer con cuchara.

Bolas de arroz

El arroz es un cereal muy versátil, pero hasta los nueve meses, cuando empiezan a hacer la pinza con el dedo índice y pulgar, suele ser un alimento muy frustrante para ellos, pues les cuesta coger los granos con sus manitas. Para facilitarles la tarea podemos preparar bolas de arroz que pueden acompañarse de verduras como calabacín, calabaza, boniato, zanahoria, berenjena, etc.

Ingredientes

- 1 puñado de arroz integral remojado 8 horas y lavado
- ½ zanahoria

Elaboración:

Hervimos el arroz en abundante agua hasta que esté pasado. Colamos y lavamos bien. Escurrimos bien para que no quede humedad.

Preparamos al vapor la zanahoria cortada en trocitos. La dejamos cocer durante unos 5 minutos.

Mezclamos el arroz con la zanahoria..

Cogemos trocitos de la mezcla con las manos y apretamos bien para que suelte el líquido y compacte.

Galletas de plátano y avena

Ingredientes

- 1 plátano maduro
- 1 taza de café de copos de avena

Elaboración:

Precalentamos el horno a 180 °C.

Cortamos el plátano en trocitos y lo chafamos bien con un tenedor hasta que se convierta en puré.

Mezclamos el plátano con los copos de avena.

En una bandeja con papel de horno o lámina de silicona, añadimos con una cuchara una pequeña cantidad de la masa y la aplastamos para que resulte una forma redonda y plana, pero sin apretar demasiado. Repetimos hasta completar la bandeja. Dejamos un espacio de 1 centímetro entre galletas.

Horneamos durante 10-12 minutos.

Cremas y sopas frías

Crema de calabaza, boniato y salvia

Ingredientes

- 1 cebolla tierna
- 1 puerro
- 450 g de calabaza
- 1 boniato pequeño
- Salvia y romero
- Sal (opcional)

Elaboración:

Picamos la cebolla y el puerro, los ponemos a pochar en un poco de aceite de oliva y añadimos si queremos un pellizco de sal para que suelte el agua. Dejamos que se cocinen 5 minutos mientras pelamos y cortamos en dados la calabaza y el boniato. Incorporamos a la cazuela donde estábamos dorando la cebolla y el puerro, damos un par de vueltas y cubrimos con agua. Llevamos a ebullición, añadimos unas hojas de salvia y una ramita pequeña de romero y dejamos cocer durante 20 minutos o hasta que estén un poco tiernas (pueden estar un poco al dente). Retiramos la rama de romero porque el tallo es muy leñoso.

Apartamos un poco de verdura (sin caldo) para hacer el puré del bebé si lo hubiera...

Ponemos al punto de sal y pimienta para el resto de la familia y trituramos. Servimos con una cucharada de yogur o kéfir de cabra y espolvoreamos unas semillas de calabaza que habremos dorado un par de minutos previamente.

Crema de coliflor asada

Ingredientes

- ½ coliflor cortada en ramilletes
- 1 manzana
- 1 cucharadita de zatar (puedes poner pimienta y comino si lo prefieres)
- Aceite de oliva virgen extra
- Bebida vegetal sin azúcar, por ejemplo, almendra
- Sal (opcional)

Elaboración:

Precalentamos el horno a 180 °C. Mientras se calienta preparamos la coliflor. La cortamos en ramilletes, pelamos la manzana y la cortamos en dados. Ponemos la coliflor y la manzana en una fuente de horno y espolvoreamos con la mezcla de especias que hayamos elegido y un chorro de aceite de oliva. Horneamos durante media hora. Una vez que veamos dorada la coliflor la sacamos y añadimos leche de almendra: la cantidad dependerá de lo espesa que desees que quede. Ponemos al punto de sal y trituramos. Doramos unas almendras fileteadas con un poquito de aceite y las ponemos por encima de la crema (granillos de almendra para los más peques), regamos con un chorrito de aceite de oliva virgen extra.

Si hubiera un bebé en casa apartaríamos su ración antes de poner al punto de sal.

Nota: el zatar o zathar es una mezcla de especias de Oriente Medio, lleva principalmente tomillo, sésamo y sumac, pero puede llevar más especias. Combina muy bien con las verduras.

Crema de zanahoria, lentejas y naranja

Ingredientes

- 1/2 kg de zanahorias
- 2 naranjas de zumo y ralladura
- 1 taza de lentejas naranjas (u otro tipo si no encontramos)
- 1 cebolla tierna
- Una pizca de guindilla, cúrcuma y sal
- Copos de coco y leche de coco (opcional)

Elaboración:

Picamos la cebolla y la ponemos a dorar en un poco de aceite de oliva. Podemos añadir un pellizco de sal para que la cebolla suelte el agua y se poche. Pelamos las zanahorias, las cortamos en rodajas y las incorporamos. Doramos durante un minuto, echamos las lentejas y regamos con un litro de agua. Ponemos una pizca de chile o guindilla, según nuestro gusto y las edades de nuestros niños, media cucharadita de cúrcuma, unos copos de coco (sin endulzar) y un chorrito de leche de coco. El coco es un potenciador del sabor de la zanahoria. Llevamos a ebullición y dejamos cocer durante 20 minutos. Ponemos al punto de sal y pimienta, después de haber apartado la ración del bebé, y trituramos.

Servimos con unos copos y un chorrito de leche de coco.

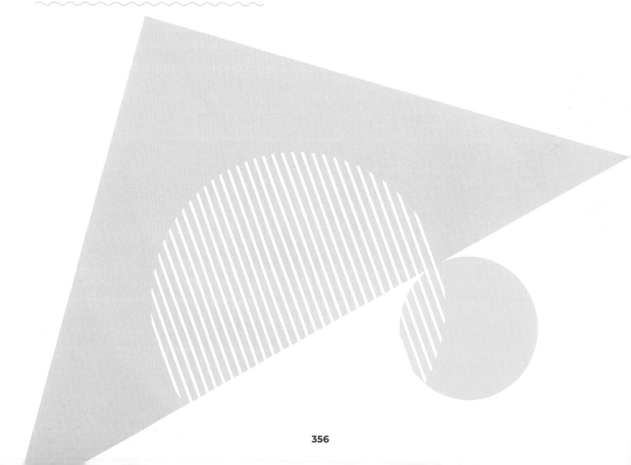

Vichyssoise de manzana

Ingredientes

- 4 puerros medianos
- 2 zanahorias pequeñas o una grande
- Un trozo de jengibre fresco
- 1 cebolla tierna
- 3 manzanas
- 1 taza de leche de almendra (receta en la página 278)
- 1 litro de agua
- Sal y pimienta

Elaboración:

Lavamos los puerros y pelamos las zanahorias y el jengibre. En una cacerola ponemos a hervir la parte verde de los puerros y de la cebolla tierna, las zanahorias troceadas y el trozo de jengibre. Cubrimos de agua y dejamos hervir durante 20 minutos.

Mientras hierve picamos la parte blanca de los puerros y la cebolla tierna, ponemos un par de cucharadas de aceite en otra cacerola y cocinamos a fuego lento. Pelamos y troceamos las manzanas, las incorporamos al puerro, doramos y cubrimos con el caldo (sin las verduras), y cocemos durante 10 minutos. Apagamos el fuego e incorporamos la leche de almendra. Separamos la ración del peque y ponemos al punto de sal y pimienta mientras todavía esté caliente. Trituramos bien.

Servimos con unas semillas de sésamo y unos germinados de girasol. Si no tenemos (son muy fáciles de germinar en casa) los sustituiremos por unas semillas de girasol tostadas al momento.

Crema de tomate

Ingredientes

- 1 cebolla tierna
- 1 o 2 zanahorias (según tamaño)
- 2 dientes de ajo
- Un puñado de anacardos crudos (remojados)
- 1 bote de tomate pelado o triturado ecológico (unos 700 g)
- 2 o 3 ramas de tomillo y albahaca frescos, orégano seco
- ½ litro de agua o caldo de verduras
- 250 g de judías blancas cocidas ecológicas
- Germinados de cebolla (opcional)

Elaboración:

Ponemos en remojo los anacardos mientras picamos las verduras. Picamos la cebolla y la ponemos a pochar en la cacerola con un poco de AOVE. Ponemos el fuego medio/bajo para que se vaya cocinando poco a poco. Pelamos y cortamos en rodajas finas la zanahoria y reservamos una parte para añadir al final. Incorporamos la zanahoria a la cacerola con la cebolla. Pelamos los ajos y los añadimos, pochamos todo hasta que la cebolla esté transparente.

Incorporamos los anacardos escurridos, el tomate y las hojitas del tomillo (sin la rama), la albahaca y un pellizco de orégano seco. Cocinamos durante 5 minutos, añadimos el agua o caldo y las judías y dejamos otros 10 minutos.

Apartamos la ración del más peque y ponemos al punto de sal y pimienta. Trituramos bien. En una sartén con una cucharada de aceite pochamos las rodajitas de zanahoria que habíamos apartado, añadimos unas judías cocidas y las doramos con la zanahoria.

Servimos la crema de tomate en 4 boles, colocamos por encima la zanahoria y las judías doradas, ponemos unos germinados de cebolla y unas hojitas frescas de tomillo y albahaca.

Salmorejo sin gluten

Ingredientes

- 600 g de tomates pera ecológicos
- 1 diente de ajo
- 1 manzana roja
- 1 aguacate
- 1 cucharada de vinagre de manzana
- 60 g de AOVE
- Una pizca de sal

Elaboración:

Lavamos los tomates, les quitamos el pedúnculo y los ponemos en el vaso de la batidora. La ponemos en marcha y vamos añadiendo el diente de ajo, la manzana y el aguacate pelados. Lo trituramos todo hasta que quede una sopa fina. Añadimos el vinagre, una pizca de sal y el AOVE, batimos un poco más hasta que emulsione. Guardamos en la nevera hasta el momento de servir.

Gazpacho de sandía

Ingredientes

- 1 kg de tomates pera
- 1/2 kg de sandía
- 1 diente de ajo pequeño
- 4 cucharadas de AOVE
- 2 cucharadas de vinagre de manzana
- Sal y pimienta

Topping

- Pan de centeno, sandía y tomate
- Boquerones en vinagre
- Hojas de albahaca fresca

Elaboración:

Lavamos y quitamos el pedúnculo a los tomates y los ponemos en el vaso de la batidora junto al diente de ajo. La ponemos en marcha y vamos añadiendo la sandía, una pizca de sal y pimienta y el vinagre. Trituramos bien. Añadimos el AOVE y continuamos un minuto más con la batidora para que emulsione.

Servimos en platos y colocamos en el centro una tostada de pan de centeno (cortada muy fina) a modo de base (prescindir de ella en caso de intolerancia), sobre esta pondremos unos dados de tomate, sandía y 3 o 4 boquerones por ración. Por último, decoramos con un poco de albahaca fresca. Servir bien frío.

Gazpacho de mango

Ingredientes

- 1 kg de tomates pera
- 1 mango maduro
- 1 cebolla tierna, el tallo
- 1 diente de ajo
- 4 cucharadas soperas de vinagre de manzana
- 4 cucharadas soperas de AOVE
- Sal y pimienta
- Germinados de berros

Elaboración:

Lavamos y quitamos los pedúnculos a los tomates, los cortamos en 4 y los ponemos en el vaso de la batidora. La ponemos en marcha y vamos incorporando los ingredientes: el mango pelado y troceado, el diente de ajo, la cebolla (solo el tallo), que puede ser cebollino fresco. Cuando esté todo bien triturado añadimos el vinagre, el AOVE y lo ponemos al punto de sal y pimienta. Trituramos un poco más para que emulsione.

Lo guardamos en la nevera para que se asienten los sabores y esté bien frio.

Nota: si queremos evitar encontrarnos con alguna piel del tomate podemos pasarlo por el chino o el pasapuré después de triturar.

Gazpacho enriquecido

Ingredientes

- 1 kg de tomates pera
- 1/2 cebolla tierna
- 1 diente de ajo pequeño
- 1 zanahoria
- 1/2 taza de almendra fileteada
- 1 cucharada de shiro miso
- 1 cucharada de semillas de chía
- 1 cucharada de pesto de cáñamo
- Un chorrito de vinagre de manzana
- Una cucharada de salsa de soja
- 1/2 taza de aceite de oliva virgen extra

Elaboración:

Lavamos y cortamos en trozos grandes los tomates, los ponemos en la batidora de vaso, y, con la batidora en marcha, vamos añadiendo el resto de ingredientes para que se vayan triturando con más facilidad. Una vez esté todo bien triturado y emulsionado, gracias al AOVE, guardamos en la nevera para disfrutar de él bien fresco.

Pesto vegano de cáñamo: mezclamos un puñado generoso de albahaca fresca, un par de cucharadas de semillas de cáñamo, un diente de ajo y media taza de aceite de oliva virgen extra, lo trituramos y listo.

Ensaladas

Coliflor asada en ensalada

Taboulé de coliflor

Ensalada de kale y calabaza asada

Ensalada de sandía y mozzarella

Ensalada de quinoa y calabacín

Ensalada de tomate, queso fresco
y boquerones

Ensalada de pollo, aguacate y
garbanzos

Coliflor asada en ensalada

Ingredientes

- ½ coliflor
- 1 manzana
- 1 trozo de pan integral (sustituimos por almendras crudas en caso de intolerancia al gluten)
- Aceite de oliva y pimienta
- Aceitunas
- Sal (opcional)

Elaboración:

Ponemos la coliflor cortada en ramilletes en la bandeja del horno, troceamos el pan y los distribuimos por la bandeja (sustituimos el pan por almendras crudas si fuera necesario), pelamos y cortamos en dados la manzana y también la añadimos. Regamos con un chorro de aceite de oliva y las especias. Asamos media hora a 180 °C.

Distribuimos en los platos, añadimos unas aceitunas y un chorro de aceite de oliva virgen. Servimos.

Taboulé de coliflor

Ingredientes

- 1 o 2 coliflores baby
- 1 cebolla morada
- 1 docena de tomates cherry
- 1 pimiento verde, 1 rojo y 1 amarillo
- Hojas frescas de menta y perejil
- Sal, pimienta, AOVE y limón

Elaboración:

Picamos la coliflor en la picadora (si no tenemos lo haremos con un rallador grueso). Picamos la cebolla y los pimientos en dados finos, cortamos los tomatitos en cuartos. Colocamos la verdura en el plato.

Picamos las aromáticas y las incorporamos, salpimentamos ligeramente, regamos con un chorro de zumo de limón y otro de AOVE. Dejamos macerar en la nevera.

Ensalada de kale y calabaza asada

Ingredientes

- Un manojo de kale
- 1 lima o limón
- Sriracha
  (u otro tipo de picante a tu gusto)
- Sal
- 1 taza de calabaza asada
  (receta en la página 294)
- 1 yogur natural o griego
  (sin azucarar)
- Pipas de calabaza
- AOVE, un diente de ajo y cilantro
  fresco

Elaboración:

Lavamos la col y le quitamos los tallos con las manos. Dejamos solo la parte verde, la rompemos en trozos cómodos para comer, la ponemos en un bol y espolvoreamos con un pellizco de sal, unas gotas de sriracha (chile fermentado) y el zumo de la lima o limón. Masajeamos con las manos para romper un poco las fibras de la col y dejamos reposar al menos una hora.

Mientras, preparamos el aceite de cilantro. Para ello solo hay que mezclar un diente de ajo pequeño, 3 o 4 ramitas de cilantro fresco (las hojas) y un chorro generoso de AOVE (la cantidad dependerá de lo intenso que queramos que sea) en el vaso de la batidora. Lo trituramos hasta que emulsione ligeramente, y listo.

Cuando vayamos a comer colocamos una base de kale en cada plato, repartimos la calabaza asada por encima y con una cucharita, vamos distribuyendo el yogur por encima. Por último, regamos con un poco del aceite que hemos preparado. Servimos.

Ensalada de sandía y mozzarella

Ingredientes

- ½ sandía
- 1 paquete de mozzarella mini
- Albahaca fresca
- AOVE

Elaboración:

Con la ayuda de un sacabolas vamos haciendo pequeñas bolas de sandía y las disponemos en una ensaladera. Limpiamos y descartamos los tallos de albahaca. Ponemos las hojas y la mozzarella en la ensaladera junto a la sandía. Aliñamos con un pellizco de sal y pimienta y un chorro generoso de AOVE. Dejamos reposar en la nevera hasta el momento de comer.

Ensalada de quinoa y calabacín

Ingredientes

- 1 taza de quinoa
- 1 calabacín ecológico
- Hojas verdes y germinados
- Semillas de girasol y calabaza
- AOVE, sal y limón

Para la salsa:

- 1 taza de crema de anacardos (receta en la página 290)
- 1 cucharada de levadura nutricional
- 1 cucharada de zumo de limón
- ½ cucharadita de cebolla en polvo
- ½ cucharadita de ajo en polvo

Elaboración:

Dejamos la quinoa en remojo durante unos minutos. Lavamos el calabacín y lo cortamos en rodajas finas. Si tenemos una mandolina nos ayudaremos con ella. Ponemos el calabacín sobre un colador y espolvoreamos con un pellizco de sal y un buen chorretón de limón. Lo dejamos escurriendo mientras preparamos la quinoa.

Desechamos el agua de remojo de la quinoa, la lavamos bien bajo el chorro de agua fría, la colamos y la tostamos ligeramente en la cacerola donde la vamos a cocer, le añadimos agua y la cocemos durante 15 minutos. No hay de dejar que se pase, si vemos que está lista antes la sacamos. Escurrimos.

Mientras se cuece preparamos el aliño de anacardos, y para ello solo tenemos que mezclar la crema de anacardos, si ya la tenemos preparada en la nevera, con el resto de ingredientes. Si no la teníamos de antes ponemos una taza de anacardos remojados durante la noche con una taza de agua y el resto de ingredientes, y trituramos bien hasta que la mezcla quede homogénea y cremosa.

Para emplatar, hacemos una cama de hojas verdes variadas, sobre estas colocamos la quinoa cocida (fría o templada) y colocamos alrededor el calabacín marinado. Espolvoreamos por encima unas semillas de girasol y calabaza, colocamos algunos germinados o microgreens por encima (lo que tengamos en la nevera, yo he utilizado brotes de cebolla y microgreens de rabanito). Aliñamos con un poco de AOVE y un chorrito de limón y, por último, colocamos un par de cucharadas de la salsa de anacardos.

Ensalada de tomate, queso fresco y boquerones

Ingredientes

- Tomates cherry variados
- Tomate raf o similar
- Queso fresco de cabra
- Boquerones en vinagre (receta en la página 416)
- Orégano fresco, AOVE
- Sal en escamas (opcional)

Elaboración:

Lavamos y cortamos los tomates. Con la ayuda de un sacabocados le damos forma al queso de cabra. Si no tenemos lo cortamos en cubos. Disponemos los tomates y el queso en el plato, distribuimos los boquerones por encima, salpicamos con unas hojitas de orégano fresco (o albahaca), unas escamas de sal (opcional) y regamos con una cucharada de AOVE.

Ensalada de pollo, aguacate y garbanzos

Ingredientes

- 400 g de pollo (pechuga o solomillo)
- 2 aguacates
- 1 cebolla roja
- Tomates cherry
- ½ limón
- AOVE
- 400 g de garbanzos cocidos
- Semillas de chía y cilantro fresco

Sazonador de tacos casero:

- 1 cucharadita de cada una de las siguientes especias: comino molido, ajo en polvo, cebolla en polvo, orégano seco, pimentón dulce
- ½ cucharadita de sal, pimienta negra
- 1 pellizco de hojuelas de chile

Elaboración:

En un bote mezclamos las especias para el sazonador, cogemos una cucharada generosa de la mezcla y la ponemos en un bol. Añadimos aceite de oliva para hacer una marinada para el pollo. Cortamos el pollo en dados y los ponemos a marinar durante ½ hora.

En un recipiente apto para el horno ponemos los garbanzos cocidos, los aliñamos con el sazonador que hemos preparado y regamos con un chorrito de AOVE. Precalentamos el horno en modo gratinador. Colocamos el pollo marinado en una bandeja para horno junto al caldo. Ponemos a su lado el bol de los garbanzos y lo colocamos dentro del horno. Vamos vigilando el pollo, le damos la vuelta cuando esté dorado por arriba y lo cocinamos unos minutos más para que se dore también por el otro lado. Enseguida lo tendremos listo, no te separes mucho del horno.

Mientras el pollo se dora vamos picando la cebolla, los tomatitos y el aguacate.

Una vez esté listo el pollo sacamos la bandeja del horno. Para emplatar, colocamos una base de garbanzos (si los queremos más tostados los podemos poner dentro del horno antes que el pollo, tardan un poquito más), sobre estos colocamos el aguacate, la cebolla y los tomatitos. Ponemos encima el pollo asado y regamos la ensalada con un poco del caldo del pollo y un chorro de zumo de limón. Por último, espolvoreamos por encima una semillas de chía y unas hojitas de cilantro fresco.

Platos principales vegetales

Zanahorias glaseadas con vinagreta de sésamo y arroz integral

Pasta de guisante con shiitake y pesto vegano

Curry de lentejas

Boloñesa vegetal

Tacos veggie

Lentacos

Panaché de verduras con quinoa

Lentejas de arroz y verduras

Arroz alicantino con verduras

Ramen vegetal

Potaje mediterráneo de judías verdes y alubias

Boniato al horno con aromáticas

Zanahorias glaseadas con vinagreta de sésamo y arroz integral

Ingredientes

- Un manojo de zanahorias pequeñas
- AOVE, sal y pimienta (puedes añadir las especies que más te gusten)

Para la salsa:

- 1 cucharada de tahín
- ¼ taza de AOVE
- 2 cucharadas de vinagre de manzana
- 2 cucharadas de zumo de limón
- 1 diente de ajo pequeño
- Un trocito de jengibre
- Semillas de sésamo

Para servir:

- Arroz integral
- Hojas verdes

Elaboración:

Pelamos las zanahorias, si son pequeñas las dejamos tal cual, si son grandes las cortamos a lo largo en 4 partes para que queden finas. Mezclamos el aceite y las especias a nuestro gusto y pincelamos las zanahorias con la mezcla. Horneamos durante media hora a 180 °C.

Mientras las zanahorias se asan preparamos la vinagreta, sacamos el jugo al trozo de jengibre con ayuda del prensador de ajos y mezclamos con el resto de los ingredientes de la salsa. Batimos con la batidora hasta que emulsione.

Servimos las zanahorias sobre una cama de arroz integral, acompañamos con una mezcla de hojas verdes y regamos todo con la salsa de sésamo.

Pasta de guisantes con shiitake y pesto vegano

Ingredientes

- 200 g de pasta de guisantes (sin gluten)
- 200 g de shiitake
- 700 g guisantes frescos (con vaina) o una taza de guisantes sin vaina
- Menta o hierbabuena fresca
- 2 dientes de ajo
- 1 cucharada de semillas de girasol
- Aceite de oliva virgen extra

Elaboración:

Pelamos los guisantes si los vamos a usar frescos. Si es temporada su sabor es incomparable. Escaldamos los guisantes un par de minutos. En otro cazo vamos poniendo la pasta a cocer hasta que esté al dente. Mientras tanto ponemos en la procesadora o batidora medio ajo, la mitad de los guisantes que hemos cocido, un par de ramitas de menta o hierbabuena (sin el tallo, solo las hojas) y medio vaso de AOVE. Trituramos.

Doramos un ajo y medio, añadimos las shiitake cortadas en tiras durante 5 minutos. Añadimos la mitad de los guisantes, cocinamos unos minutos más e incorporamos la pasta cocida. Mezclamos bien y servimos junto al pesto.

Curry de lentejas

Ingredientes

- 1 taza de lentejas negras (puedes utilizar otro tipo)
- ½ taza de salsa de tomate con cúrcuma (receta en la página 296)
- Jengibre rallado
- 1 cucharada de aceite de coco o aceite de oliva virgen extra
- ½ taza de copos de coco deshidratados sin azucarar
- ½ vaso de agua de coco (1 taza de leche de coco en su lugar)
- Broccolini o bimi y ajetes tiernos
- 2 cucharadas de almendras fileteadas

Elaboración:

Lavamos las lentejas y las ponemos a cocer en agua fría durante 25 minutos. Podemos acortar el tiempo de cocción si las dejamos previamente en remojo. Mientras las lentejas se cuecen prepararemos el tomate. Si no lo tienes preparado previamente, mira la receta en los básicos.

Una vez tengamos el tomate, lo ponemos en la batidora junto al aceite, el jengibre, los copos y el agua de coco. Podemos sustituir los copos por leche de coco directamente. Trituramos todo hasta que quede homogéneo y lo ponemos en un cazo para calentarlo justo antes de servir.

En una sartén con un poquitín de aceite salteamos los broccolini y los ajetes tiernos. Podemos poner al final una cucharadita de nuestra salsa de tomate para que tomen mejor el sabor.

Escurrimos las lentejas, las servimos en el plato y ponemos encima las verduras recién salteadas, unas almendras recién tostadas y un par de cucharadas de salsa de tomate, cúrcuma y coco.

Nota: El broccolini es una verdura mezcla de brócoli y espárragos, se comen los ramilletes y los tallos. Podemos sustituirlos por unos ramilletes de brócoli, de coliflor y unos espárragos verdes si no los encontramos en el mercado.

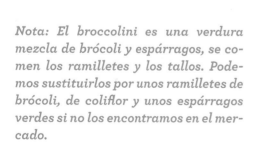

Boloñesa vegetal

Ingredientes

- 1 cebolla tierna
- 2 zanahorias
- 1 diente de ajo
- 250 g de setas shiitake
- 1 bote de tomate triturado ecológico
- Tomillo y orégano seco
- Albahaca fresca
- AOVE, sal y pimienta
- Espaguetis integrales de espelta
- Queso de cabra semicurado (opcional)
- Patatas de guarnición

Elaboración:

Picamos el ajo, la cebolla y la zanahoria en dados pequeños. Si no tenemos mucha maña con el cuchillo podemos picarlos en la picadora. En ese caso tendremos cuidado de no triturar demasiado: queremos que se vean. Ponemos un poco de AOVE en la cazuela y ponemos las hortalizas a pocharse con un pellizco de sal para que suelten humedad. Ponemos el fuego medio o bajo para que la cebolla se ponga transparente y no se queme el ajo. Mientras, vamos picando las setas en dados pequeños. Cuando la cebolla esté transparente las incorporamos en la sartén y las pochamos también durante 5 minutos. Añadimos el tomate triturado, una pizca de pimienta, tomillo y orégano y una ramita de albahaca fresca. Dejamos cocinar a fuego medio/bajo hasta que el tomate pierda el agua: cuanto más tiempo lo tengamos más se concentrarán los sabores.

Mientras se hace el tomate vamos cociendo los espaguetis.

Si hay pequeños en casa podemos cocer unas patatas de guarnición en el microondas, pinchando previamente la piel para que no se rompan. Se hacen enseguida, normalmente en 5 minutos están listas. Una vez estén hechas las pelamos, vaciamos el interior con una cucharita y las rellenamos con la boloñesa. De esta manera convertiríamos el plato en un *finger food*.

Finalmente rallamos un poco de queso sobre los espaguetis o las patatas rellenas.

Tacos veggie

Ingredientes

- 8 tortitas de maíz (2 por persona)
- 1 lombarda baby
- 1 cebolla roja
- 1 zanahoria grande
- Cilantro fresco
- Sriracha u otro tipo chile (es opcional, ajustar el picante al gusto de vuestra casa)
- 1 lima y una pizca de sal
- 2 rodajas de piña fresca
- 8 ramilletes de brocolini o arbolitos de brócoli si no encontramos bimi
- 2 cucharadas de harina de arroz integral y especias al gusto
- Agua con gas fría
- AOVE

Elaboración:

Comenzaremos marinando la lombarda, la cebolla y la zanahoria. Para ello las cortaremos en juliana fina. Si tenemos mandolina la utilizaremos; si no, usaremos el cuchillo. Ponemos las verduras picadas en un bol junto con el cilantro picado, unas gotas de sriracha (chile fermentado) o unas escamas de chile, una pizca de sal y el zumo de la lima, masajeamos un poco y dejamos reposar para que se vayan suavizando.

Pondremos abundante aceite de oliva en un cazo. Mientras se calienta prepararemos la mezcla para tempura. Para hacerla, simplemente ponemos la harina de arroz (con unas especias, por ejemplo zathar) y vamos incorporando agua con gas muy fría hasta que tenga una textura de papilla ligera. Bañamos las flores de brocolini o brócoli y las ponemos en el aceite caliente. Enseguida estará dorada la masa. Las sacamos y escurrimos el exceso de aceite en un poco de papel de cocina.

Doramos la piña en una sartén y la troceamos. En la misma sartén podemos ir calentando las tortillas de maíz. Si queremos darles un poco de forma, a medida que las vayamos sacando de la sartén las doblamos por la mitad. Enseguida tomarán forma de tacos.

Para rellenar los tacos, colocamos primero las verduras marinadas, y sobre ellas ponemos unos trocitos de piña salteada, y por último, un brocolini en tempura.

Lentacos

Ingredientes

- 8 tortillas de maíz para tacos
- 2 tazas de lentejas cocidas ecológicas

Salsa de tomate para tacos:

- 4 tomates, 2 cucharadas de concentrado de tomate, sal, pimienta, AOVE
- 1 cebolla tierna, una pizca de guindilla, una cucharadita de vinagre, ajo, comino, cilantro, cayena y orégano

Ensalada caramelizada con salsa de queso cabra:

- 100 g de queso de cabra fresco
- 100 g de nata de coco o nata vegetal
- 12 tomates cherry
- 1 rodaja de piña fresca
- ½ cucharada de sirope de agave y ½ de AOVE
- Pizca de sal y pimienta
- Hojas verdes variadas
- Germinados de cebolla

Elaboración:

Preparamos la salsa de tomate, comenzamos pochando la cebolla picada fina a fuego lento, mientras rallamos el tomate, cuando esté lista la cebolla incorporamos el resto de ingredientes y cocinamos hasta que se evapore el agua de los tomates.

Mientras se cocina la salsa vamos preparando la salsa de queso. batimos el queso de cabra con la nata de coco y reservamos. Lavamos los cherry y cortamos la piña en trocitos de un tamaño similar al de los tomatitos. En una sartén ponemos el AOVE, incorporamos los tomatitos y la piña y cocinamos un par de minutos. Añadimos el agave y lo cocinamos todo durante 2 minutos más. Añadimos una pizca de sal y pimienta y apagamos el fuego.

Para montar los tacos mezclamos las lentejas con la salsa de tomate, ponemos un par de cucharadas de la mezcla en los tacos, unos brotes tiernos de ensalada encima, los tomatitos, la piña y unos germinados. Por último, salseamos con la salsa de queso.

Panaché de verduras con quinoa

Ingredientes

- ¼ de coliflor
- ¼ de brócoli
- 2 puerros
- 20 espárragos trigueros
- 20 judías redondas
- 2 zanahorias
- 4 patatas guarnición
- 4 cebollas tiernas
- 2 dientes de ajo
- Aceite de oliva, vinagre y sal
- Una taza de quinoa

Elaboración:

Comenzaremos lavando y cortando en cuartos la cebolla tierna y las patatas sin pelar. Las ponemos en una fuente de horno y las rociamos con un chorrito de aceite de oliva, un pellizco de sal y una pizca de pimienta. Las asamos a 180 °C hasta que estén tiernas, unos 20 minutos, según el tamaño. También podemos asarlas enteras y cortarlas cuando estén listas, pero en ese caso tendremos que hornearlas durante más tiempo.

Mientras, separamos la coliflor y el brócoli en ramilletes. Limpiamos el puerro y lo cortamos en trozos de un tamaño similar al de los ramilletes. Limpiamos las judías verdes y cortamos los extremos. Cortamos la parte leñosa de los espárragos trigueros y los cortamos por la mitad, a lo largo, si son muy gruesos. Pelamos las zanahorias y hacemos bastones con ellas.

Lavamos la quinoa y la ponemos a cocer en agua hirviendo con un chorrito de salsa de soja hasta que esté tierna. Escurrimos el exceso de agua y reservamos. Mientras preparamos la quinoa vamos cociendo las verduras. Ponemos agua en la base de la vaporera y colocamos en el cesto las zanahorias, las judías, los espárragos, la coliflor y los puerros. Cocemos durante 5 minutos. Destapamos, incorporamos el brócoli y dejamos 5 minutos más. Enfriamos con agua fría para mantener la clorofila de las verduras y cortar así la cocción.

Pelamos y laminamos los ajos y los doramos en una sartén con un poco de aceite de oliva. En un bol ponemos una base de quinoa cocida. Sobre esta colocaremos las verduras y, por último, aliñamos con un poco de vinagre y el aceite aromatizado con el ajo. Probamos y ponemos al punto de sal y pimienta.

Lentejas con arroz y verduras

Ingredientes

- 1 taza de lentejas naranjas
- ½ taza de arroz integral
- ½ taza de salsa tomate casera
- 1 cucharadita de pimentón (mitad dulce mitad picante)
- 1 boniato
- 1 calabacín
- 1 cebolla tierna, el tallo
- 1 cucharada de piñones
- Sal, pimienta, comino
- AOVE

Elaboración:

Dejamos el arroz en remojo la víspera. Por la mañana lo escurrimos y aclaramos, lo ponemos en un cazo con 3 tazas de agua (el agua tiene que estar hirviendo antes de poner el arroz). Tenemos que cocerlo por separado porque necesita más tiempo que las lentejas. Lo cocinaremos hasta que esté tierno.

Mientras se cocina el arroz vamos preparando el resto de ingredientes. Comenzamos poniendo en remojo las lentejas, que como van peladas (esta variedad) no necesitan remojo, pero de esta manera las limpiamos. Pelamos y cortamos en dados pequeños el boniato. Si el calabacín es ecológico lo lavamos y hacemos dados con él conservando la piel. Si no es ecológico lo pelamos antes de cortarlo. La cebolla tierna la cortamos en anillas.

Ponemos 3 tazas de agua en una cacerola y cuando rompa a hervir ponemos el boniato. 5 minutos después incorporamos las lentejas (coladas) y dejamos que se cocinen hasta que estén tiernas, unos 20 minutos aproximadamente. Cuando casi estén listas añadimos una cucharadita de pimentón y la salsa de tomate casera, lo probamos y añadimos un pellizco de sal y pimienta si no hay bebés en casa. Cocinamos 5 minutos más y apagamos el fuego. Añadimos el arroz a la cazuela y mezclamos.

Por otra parte ponemos una cucharada de AOVE en una sartén, y cuando haya tomado temperatura incorporamos el calabacín a dados y la cebolla, sazonamos con un pellizco de sal, un poco de pimienta negra y comino y lo cocinamos hasta que el calabacín esté casi hecho. Poco antes de sacar la verdura de la sartén añadimos los piñones para que se doren.

Podemos poner el sofrito de calabacín dentro de la cacerola para dar sabor a las lentejas o bien servir las lentejas con el sofrito por encima.

Arroz alicantino de verduras

Ingredientes

- 1 taza de arroz bomba
- 2 ñoras
- 2 dientes de ajo
- 4 cucharadas de salsa de tomate
- 1 cebolla tierna
- 1 pimiento entreverado (o ½ rojo y ½ verde)
- Unas hebras de azafrán
- Un puñado de tirabeques
- ¼ de brécol
- ½ calabacín
- AOVE y sal

Elaboración:

Comenzaremos poniendo en remojo las ñoras en agua caliente durante al menos media hora. A continuación nos ponemos a preparar un caldo de verduras, si no tenemos. Para ello pondremos en un cazo las partes que no utilicemos de la verdura: la parte verde de la cebolla, el centro del calabacín, el tallo del brócoli, algún tirabeque, una ramita de perejil y una de apio. Cocemos durante 20 minutos.

Cuando el caldo lleve cociendo 10 minutos nos ponemos a preparar nuestro arroz. En una paellera o tartera ponemos un poco de aceite de oliva, echamos los dientes de ajo fileteados, la cebolla cortada en gajos y el pimiento en trozos grandes. Ponemos un pellizco de sal y pochamos. Después de unos 5 minutos añadimos la carne de la ñora (solo hay que raspar la pulpa con una cuchara), damos una vuelta e incorporamos el tomate para evitar que se queme la ñora. Cocinamos todo junto durante un minuto y luego ponemos el arroz para que se nacare. Enseguida estará listo y ya podremos echar el caldo. Comenzaremos añadiendo 2 tazas del caldo de verduras. Hay que mantenerlo a fuego bajo para que cuando lo incorporemos al arroz esté siempre a punto de hervir. Removemos con una cuchara de madera, si hiciera falta, y echamos unas hebras de azafrán. Ponemos al punto de sal, porque si esperamos al final el arroz ya no cogerá sabor. Cocinamos a fuego fuerte durante 5 minutos, bajamos el fuego al mínimo y ponemos el calabacín cortado en dados y los tirabeques enteros. Cocinamos 10 minutos más y añadimos el brócoli en ramilletes pequeños. Dejamos que se termine de hacer el arroz durante 5 minutos más. Los últimos 2 minutos lo tapamos para que las verduras se hagan con el vapor. Si nos quedamos sin caldo añadimos más, pero debemos recordar que este debe estar siempre caliente para no romper la cocción del arroz.

Apagamos el fuego, dejamos reposar unos minutos tapado con un paño y servimos.

Ramen vegetal

Ingredientes

Para el caldo verduras:

- 1 puerro, 1 cebolla, 1 zanahoria y un tomate
- Perejil, tomillo fresco y alga kombu
- Un par de cucharadas de salsa de soja
- 1,5 l de agua

- 1 cebolla tierna, 2 dientes de ajo y un trozo de jengibre
- Setas deshidratadas, shiitake o maitake
- 1 cucharada de miso
- 1 bloque de tofu
- 1 cucharada de mantequilla cacahuete
- El zumo de 1 lima o limón
- 2 cucharadas de salsa de soja
- 1 diente de ajo y un trozo de jengibre
- Una pizca de chile en aros o molido (opcional)
- 200 g de fideos soba (de soja, arroz o trigo sarraceno)
- ¼ brócoli en ramilletes
- Espinacas baby

Elaboración:

Mezclamos la mantequilla de cacahuete con la soja, la lima, el ajo y el jengibre picados o majados y una pizca de chile. Escurrimos el tofu y secamos, cortamos en dados y ponemos a marinar en la mezcla que acabamos de hacer. Dejamos marinando, cuanto más tiempo esté más sabor tomará.

Comenzaremos preparando el caldo de verduras. Si ya tienes en la nevera puedes saltarte este paso. Ponemos un litro y medio de agua en una cazuela, añadimos el tomate cortado por la mitad, la zanahoria en rodajas, la cebolla a cuartos y el puerro en trozos. Añadimos las hierbas y un par de trozos de alga kombu, más un chorrito de salsa de soja, y llevamos a ebullición. Una vez hierva el caldo lo dejaremos cocer 20 minutos. Iremos desespumando si hiciera falta. Cuando lo tengamos listo colamos el caldo con una estameña (colador de tela) para filtrar las impurezas. Reservamos la zanahoria y el puerro para utilizarlos después.

En una cacerola ponemos un par de cucharadas de aceite y pochamos la cebolla cortada en juliana (reservamos el tallo verde), el ajo y el jengibre sin cortar. Añadimos un pellizco de sal y doramos a fuego medio durante un par de minutos. Añadimos una taza de setas deshidratadas y el caldo de verduras, cocinamos 15 minutos y apagamos el fuego. Sacamos un cacito de caldo y disolvemos el miso en él, lo incorporamos de nuevo a la cazuela y removemos bien. Hay que evitar que el miso hierva porque dejaría de ser un probiótico. Añadimos la zanahoria y el puerro que habíamos reservado del caldo inicial y unas gotitas de sriracha para potenciar los sabores.

En un cazo hervimos los fideos y el brócoli, 3 o 4 minutos serán suficientes. Mientras, manchamos ligeramente con aceite una sartén y cocinamos el tofu marinado.

Servimos la sopa como base, distribuimos los fideos, el tofu y el brócoli en las sopas, las decoramos con unas hojas de espinacas baby más la parte verde de la cebolla picada en anillas. Acabamos espolvoreando unas semillas de sésamo negro o dorado por encima. Si queremos un toque fresco podemos poner un poco de ralladura de limón y un poco de cilantro fresco picado.

Potaje mediterráneo de judías verdes y alubias

Ingredientes

- 1 puerro
- 2 zanahorias
- 1 tallo de apio
- 100 g de judías verdes
- 1 trozo de calabaza
- 2 cucharadas de AOVE
- 1 litro de agua con sal o caldo de verduras
- 1 cucharadita de cúrcuma
- 1 pizca de pimienta negra molida
- 200 g de alubias
- 1 trozo de 2-3 cm de alga kombu
- 1 hoja de laurel
- 1 nabo

Elaboración:

Pon a remojar las legumbres durante 12 horas. En una olla con abundante agua o caldo de verduras añade las legumbres, el laurel y el alga, y cocínalo todo durante 1 hora y 30 minutos aproximadamente. Comprueba que están tiernas antes de continuar.

Añade el puerro, las zanahorias, las judías, el nabo, el apio y la calabaza lavados y troceados. Añade la cúrcuma y la pimienta. Mira si necesita más agua. Cocina 15 minutos a fuego medio.

Añade el AOVE y la sal (opcional). Mezcla bien y cocina 5 minutos más. Deja reposar y listo para servir.

Boniato al horno con aromáticas

Ingredientes

- 500 g de boniatos
- 2 cucharadas de aceite de oliva virgen extra
- 1 cucharadita de albahaca
- 1 cucharadita de orégano
- 1 cucharadita de pimentón dulce
- 1 cucharadita de cúrcuma
- 1 pizca de pimienta negra
- 1 cucharadita de tomillo
- Sal y pimienta negra al gusto

Elaboración:

Pelamos los boniatos, los lavamos y los cortamos en tiritas como si fueran patatas fritas.

Los echamos en un bol y reservamos. Mezclamos el aceite con las especias en un bol y esparcimos sobre los boniatos. Colocamos los boniatos sobre un papel de cocina en una bandeja de rejilla y, con el horno precalentado, metemos la bandeja a media altura y horneamos a 220 °C durante 20 minutos si os gustan blanditos o 25 si os gustan muy crujientes.

Platos principales de pescado y carne blanca

Albóndigas de jurel o caballa

Ingredientes

- 3 caballas o jureles
- 1 diente de ajo
- Un ramillete de perejil
- 1 huevo
- 1 rebanada de pan empapado en bebida vegetal o leche
- ½ taza de pan rallado
- Harina
- 1 bote de tomate triturado (550 g)
- 1 cebolla morada
- Una pizca de tomillo, orégano y romero seco
- Sal, pimienta y AOVE

Elaboración:

Le pedimos al pescadero que nos prepare el jurel o la caballa en filetes con la piel. En casa, sacamos lascas de pescado con una cuchara, yendo desde la raspa hacia fuera. Así nos queda el pescado desmigado y nos aseguramos de que no haya ninguna espina. Mezclamos el pescado en un bol con el diente de ajo picado, un puñado de perejil fresco picado, un huevo y una rebanada de pan empapada en bebida vegetal. Mezclamos bien y formamos las albóndigas, las pasamos por harina y las doramos en una sartén con un par de cucharadas de AOVE.

En la misma sartén, retiramos las albóndigas y añadimos un poco de AOVE si hiciese falta. Cocinamos la cebolla con un pellizco de sal hasta que esté transparente, incorporamos el tomate, las aromáticas y una pizca de pimienta. Pochamos durante 10 minutos, añadimos las albóndigas a la salsa de tomate y cocinamos 5 minutos más.

Boquerones en vinagre

Ingredientes

- ½ kg de boquerones
- 400 ml de vinagre de vino blanco o manzana de calidad
- 100 ml de agua
- 2 dientes de ajo picados finos
- Perejil fresco
- Aceite de oliva virgen extra

Elaboración:

Quitamos la espina y la cabeza de los boquerones y separamos los lomos (pídeselo a tu pescadero siempre que no tenga la tienda llena). Los lavamos y los dejamos 15 minutos en agua y hielo. Escurrimos y aclaramos.

Colocamos los lomos con la piel hacia abajo en un recipiente de cristal grande, lo más juntos que podamos. Si no caben los pondremos por capas, poniendo un poco de sal entre las capas. Báñalos con el vinagre rebajado mezclado con el agua (la proporción será de un 80% de vinagre por un 20% de agua). Deben quedar cubiertos. Déjalos marinar 8 horas, puede ser un poco más dependiendo del tamaño de los boquerones. Si queremos acortar el tiempo de marinado lo haremos con el vinagre puro, sin rebajar con agua.

Cuando estén listos y se hayan puesto blancos, aunque sin quedarse demasiado duros, los ponemos en otra fuente con la piel hacia abajo de nuevo. Espolvoreamos por encima el ajo y el perejil picado y los rociamos con aceite de oliva virgen extra. Los congelaremos durante 48 horas para evitar el riesgo de anisakis.

Marmitako

Ingredientes

- 500 g de patatas
- 500 g de lomo de bonito
- 1 cebolla
- 2 pimientos verdes
- 2 zanahorias
- 2 dientes de ajo
- 2 cucharadas de salsa de tomate casera (receta en la página 296)
- 1 cucharada de puré de pimiento choricero
- ½ vasito de vino blanco
- 2 ramitas de perejil fresco
- AOVE

Elaboración:

Calentamos un fondo de AOVE en una cazuela, ponemos la cebolla, el ajo y los pimientos, todo limpio y cortado, sofreímos hasta que la cebolla esté transparente. Agregamos la salsa de tomate, el puré de pimiento choricero, una guindilla pequeña y el vino blanco. Removemos bien todo y dejamos que dé un hervor para que se evapore el alcohol. Pelamos las patatas y las cortamos en trozos desiguales, sin dejar que el cuchillo haga todo el corte. Esto nos ayudará a engordar el caldo. Las ponemos en la cacerola junto con un par de ramitas de perejil fresco. Incorporamos un litro de agua o caldo de pescado casero (mejor esto último) y cocemos hasta que la patata esté tierna, una media hora. Añadimos el bonito cortado a trozos a la cazuela, la tapamos y apagamos el fuego. Dejamos que se haga con el calor residual. Servimos al cabo de unos minutos o bien lo dejamos reposar y lo volvemos a calentar con cuidado de no sobrecocinar el pescado.

Sardinas confitadas en escabeche

Ingredientes

- 800 g de sardinas
- 1 cebolla
- 5 ajos
- 1 hoja de laurel
- 1 ramita de tomillo
- Pimienta negra en grano
- 4 cucharaditas de pimentón dulce
- 120 ml de aceite de oliva virgen extra
- 80 ml de vinagre suave
- 40 ml de agua fría
- Sal

Elaboración:

Limpiamos las sardinas, retirando las cabezas y las tripas (se lo podemos pedir al pescadero). Las lavamos con agua fría, las desescamamos, las secamos y reservamos.

Picamos el ajo y la cebolla y los echamos a la cazuela. Ponemos encima las sardinas limpias, añadimos el aceite, el vinagre, el agua y el resto de ingredientes del escabeche y lo ponemos al fuego. Cuando rompa a hervir, bajamos el fuego y lo cocemos durante unos 25 minutos, es importante que cuezan a fuego muy lento para evitar que se rompan. Se tienen que cocinar a baja temperatura.

Una vez estén listas las pasamos a una fuente de cristal tapada y las dejamos reposar en la nevera durante 24 horas.

Sugerencia de presentación: Podemos hacer una ensalada de judías cocidas con unos dados de tomate. Pondremos encima unas sardinitas y aliñamos con el líquido del escabeche. Por último, espolvoreamos un poco de perejil picado.

Quiche de salmón y brócoli

Ingredientes

- 1 patata grande
- 200 g de salmón fresco
- ¼ de brócoli
- 50 g de queso fresco de cabra
- 2 huevos
- 200 ml de nata de coco
- Eneldo picado fresco o seco
- Sal, pimienta negra y AOVE

Elaboración:

Pelamos la patata y la cortamos en rodajas finas, a lo mínimo que nos permita nuestra mandolina (o cortador de verduras). Dejamos las patatas en agua mientras preparamos el resto de ingredientes.

Cortamos el salmón en dados pequeños. Hacemos arbolitos pequeños con el brócoli, con el mínimo de tallo porque no van cocidos previamente. Hacemos tacos con el queso, cuidando que los tres ingredientes tengan un tamaño proporcional.

Precalentamos el horno a 180 °C. Batimos los huevos con la nata vegetal, un pellizco de sal (mínimo) y un poco de pimienta recién molida y espolvoreamos un poco de eneldo picado.

Untamos con AOVE el molde (o moldes individuales) que vayamos a utilizar y colocamos la patata como base, tapando también los bordes. Vamos montando una rodaja sobre otra hasta que no se vea el molde. Untamos con un pincel con AOVE y un pellizco de pimienta. Lo ponemos en el horno durante 10 minutos.

Lo sacamos del horno y distribuimos por encima el salmón, el brócoli y el queso. Con un cucharón vamos añadiendo los huevos con la nata. Lo volvemos a poner en el horno y cocinamos durante 20 minutos más, los últimos 2 ó 3 minutos en opción gratinador.

Espaguetis de calabacín con pavo y gambas

- 1 calabacín grande
- 20 gambas crudas
- 1 solomillo de pavo
- 1 diente de ajo
- 12 tomates cherry
- 1 aguacate
- Sal, pimienta, AOVE y perejil fresco

Elaboración:

Lavamos el calabacín y hacemos con él los espaguetis con ayuda de un espiralizador. Es un accesorio de cocina sencillo de encontrar, y los hay con precios muy ajustados. Reservamos.

Cortamos el pavo en dados pequeños. Pelamos las gambas, reservamos las cáscaras y las cabezas. Pelamos y cortamos el ajo en láminas. Cortamos los cherry en cuartos y el aguacate en dados pequeños. Regamos el aguacate con un poco de zumo de limón.

Ponemos 4 cucharadas de AOVE en una sartén y echamos las cáscaras y las cabezas de las gambas para aromatizar el plato (el sabor está concentrado en lo que desechamos). Cocinamos durante 2 minutos, escurrimos el aceite en un colador y tiramos las cáscaras. Volvemos a poner el aceite aromatizado en la sartén y doramos el ajo junto a los dados de pavo. Cocinamos durante unos minutos, removiendo para que se hagan por todas partes, y cuando casi estén listos añadimos las gambas. Cocinamos 2 minutos más e incorporamos 2 cucharadas de agua para recuperar los jugos de la sartén. Apagamos el fuego, añadimos los cherry y los espaguetis de calabacín y removemos para que se impregnen de sabor. Dejamos que se ablanden con el calor residual, ponemos a punto de sal y pimienta y añadimos los dados de aguacate y un poco de perejil picado. Servimos.

Hamburguesas de pollo, tomate y avena

Ingredientes

- 300 g de solomillo de pollo
- 150 g copos de avena
- ½ taza tomate concentrado o salsa tomate casera
- ½ cucharadita sal y ½ pimentón dulce
- 1 taza de tomates secos
- Albahaca fresca
- 1 diente de ajo

Elaboración:

Picamos el pollo en la picadora, también podemos pedir que nos lo piquen en la tienda. En un bol ponemos los copos de avena junto al tomate concentrado, un poco de sal (opcional) y el pimentón dulce. Dejamos hidratar.

Picamos en la picadora el tomate seco junto al diente de ajo y la albahaca fresca. También podemos hacerlo a cuchillo y ayudarnos del mortero para hacer un majado. Añadimos la picada al bol con los copos e incorporamos el pollo. Mezclamos bien y dejamos reposar un ratito en la nevera.

Damos forma a nuestras hamburguesas y las doramos en la sartén por los dos lados. Servimos acompañadas de una ración de ensalada de hojas variadas.

Meriendas

Lassi de mango y cúrcuma

Paté de zanahoria al curry

Hummus probiótico

Muhammara o paté de pimientos

Sobrasada vegana

Gofres de avena y calabaza

Tartar de frutos rojos

Galletas de avena y chocolate

Barritas energéticas

Tarta de manzana

Bizcocho a la taza sin gluten

Lassi de mango y cúrcuma

Ingredientes

- 2 tazas de kéfir o yogur de cabra
- 1 mango maduro
- 1 vaina de cardamomo, las semillas
- ½ cucharadita de cúrcuma
- 1 o 2 dátiles (mejor de la variedad medjool)

Elaboración:

Ponemos todo en la batidora y trituramos hasta tener un batido homogéneo. Servimos bien fresquito.

Paté de zanahoria al curry

Ingredientes

- 3 o 4 zanahorias (dependiendo del tamaño) ecológicas
- ½ taza de nueces peladas
- 1 diente de ajo
- 1 cucharada de limón
- ½ cucharadita de cúrcuma en polvo
- ½ cucharadita de curry en polvo
- Sal y pimienta

Elaboración:

Podemos dejar en remojo las nueces durante la noche. Por la mañana las escurrimos y aclaramos. Chafamos el diente de ajo con la parte plana del cuchillo y lo dejamos reposar. Mientras, pelamos las zanahorias, las cortamos en lonchas o tiras para facilitar un poco el trabajo a la picadora si no es muy potente.

Ponemos todos los ingredientes en la picadora y trituramos hasta que quede una pasta lo más lisa posible. Ponemos el paté en un bote de cristal y lo dejamos reposar en la nevera hasta que lo vayamos a usar. Aunque yo siempre lo he preparado para consumir en unos días aguanta bastante tiempo en la nevera. Eso sí, irá fermentando poco a poco.

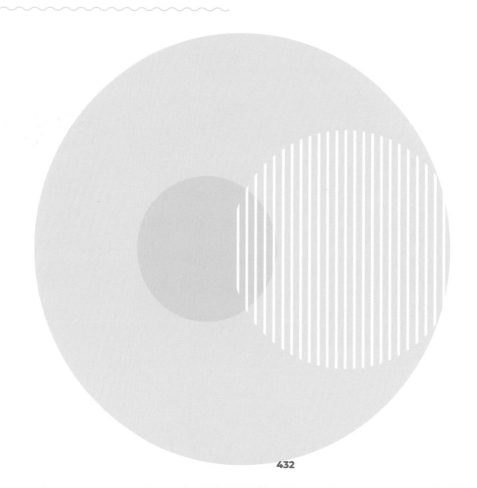

Hummus probiótico

Ingredientes

- 1 y ½ tazas de garbanzos cocidos ecológicos
- ½ taza de judías cocidas eco
- ¼ taza del caldo de los garbanzos
- 1 cucharada de zumo de limón
- 1 diente de ajo
- 1 cucharada de tahín eco
- 1 cucharada de miso blanco o shiro miso
- Sal, pimienta y comino molidos
- Aceite de oliva virgen extra

Elaboración:

Pelamos el ajo y lo aplastamos con el cuchillo para dejar el germen al aire hasta que vayamos a usarlo. Mientras tanto ponemos los garbanzos y las judías en la picadora o batidora de vaso. Puedes poner solo garbanzos o solo judías si lo prefieres. Ponemos la mitad del caldo indicado, el zumo de limón, el tahín, el miso, la pimienta y el comino. Añadimos el diente de ajo y trituramos bien. Si nos gusta más líquido añadimos un poco más de caldo o agua. Cuando lo tengamos un poco triturado añadimos un chorro generoso de AOVE, probamos para ver si hay que añadir un poco de sal (el miso es salado) y trituramos un poco más para que ligue.

Colocamos en un plato y regamos con una cucharada más de AOVE. Doramos unas almendras laminadas, las colocamos sobre el hummus, espolvoreamos unas semillas de sésamo y unos copos de chile o un poco de pimentón dulce si queremos una opción sin picante.

Si queremos hacer un hummus tradicional simplemente suprimiremos la cucharada de miso, aunque es ahí donde se encuentran los probióticos de la receta. Utilizaremos shiro miso o miso blanco porque al tener una fermentación menor tiene un sabor más suave, menos salado, y además no contiene gluten.

Topping opcional: almendras laminadas, sésamo negro y copos de chile.

Muhammara, paté de pimientos

Ingredientes

- 2 pimientos rojos grandes (300 g más o menos)
- 100 g de nueces
- 1 diente de ajo
- 1 dátil
- Un chorrito de limón
- Un chorro generoso de AOVE
- Comino
- Pimentón ahumado
- Sal y pimienta
- 1 granada

Elaboración:

Antes que nada asaremos los pimientos: encendemos el horno en modo gratinador, lavamos los pimientos y, sin secarlos, los frotamos con un poco de aceite de oliva, los colocamos en una fuente de horno y los ponemos dentro. Hay que vigilarlos porque se irá tostando la piel y cuando ocurra esto les daremos un cuarto de vuelta. Así se harán por todas partes de manera homogénea. Cuando veamos que se van ablandando, (lo notaremos al darles la vuelta), podemos apagar el horno. Los tapamos con una tapa para la fuente o con un plato grande, para que "suden" un poco y sea más fácil pelarlos. El tiempo de horneado dependerá del tamaño de los pimientos y de nuestro horno, pero aproximadamente serán unos 30 minutos.

Cuando se hayan atemperado podemos pelar los pimientos. Los pondremos en el vaso de la batidora junto al diente de ajo y el dátil y los trituraremos. Mientras tanto tostamos un par de minutos las nueces, las añadimos al vaso de la batidora y seguimos triturando. Ponemos el resto de ingredientes (menos la granada) y emulsionamos.

Para servir colocaremos el paté en el plato y regaremos con un poco de zumo y unas semillas de la granada.

Nota: Este paté se hace con sirope de granada, caramelizando el zumo con azúcar. En nuestro caso sustituimos es toque dulzón con un dátil y añadimos el zumo al final.

Sobrasada vegana

Ingredientes

- 12 tomates secos (enteros)
- ½ taza de anacardos remojados toda la noche
- 1 diente de ajo
- 1 cucharadita rasa de pimentón dulce y picante (mezclados a tu gusto)
- 1 cucharadita de orégano
- ½ cucharadita de cebolla en polvo
- 2 cucharadas de agua y 2 de aceite de oliva virgen extra

Elaboración:

Ponemos en remojo los tomates secos, mínimo media hora.

Ponemos en el vaso de la batidora todos los ingredientes y batimos bien. Ponemos la mitad del pimentón al principio y cuando ya lo tengamos todo bien batido vamos añadiendo el resto para ajustarlo a nuestro gusto. El agua que utilizaremos será la del remojo de los tomates. Puedes añadir un poco más para aligerar la textura.

El color de la mezcla dependerá de los tomates que usemos: si están muy secos queda más marrón, si los usamos más tiernos toma un color naranja muy parecido al de la sobrasada.

Sugerencia de presentación: La servimos sobre una rebanada de pan de masa madre, en este caso de algarroba. Es un pan en el que se sustituye un 20% de harina de trigo por harina de algarroba.

Gofres de calabaza y avena

Ingredientes

- 150 g de copos de avena suaves
- 1 cucharadita colmada de levadura
- 1 taza de calabaza asada (receta en la página 294)
- 2 huevos ecológicos
- ½ taza de leche o bebida vegetal
- ¼ taza de AOVE
- 1 trozo de vaina de vainilla y una pizca de canela

Elaboración:

Colocamos la calabaza, los huevos, la leche, la vainilla y la canela en el vaso de batidora, mezclamos bien, añadimos los copos de avena y la levadura, trituramos un par de minutos más y, por último, incorporamos el aceite y mezclamos. Dejamos reposar mientras precalentamos el horno a 180 °C.

Para conseguir la forma de gofre utilizo unos moldes de silicona, son fáciles de encontrar y de precio bastante ajustado. Además, ocupan menos sitio en la cocina que una gofrera. Los aceitamos un poco para que no se pegue la masa y los rellenamos (no crecen mucho, por lo que podemos rellenar bastante los moldes, sin desbordarlos pero casi hasta el borde). Los ponemos a hornear durante 20 minutos, les damos la vuelta (sacándolos del molde) y los gratinamos un par de minutos más para que cojan color.

Tartar de frutos rojos

Ingredientes

- 250 g de fresas
- 100 g de frambuesas
- 1 limón
- 1 o 2 cucharada de sirope de dátil (básicos)
- Menta fresca
- Virutas de chocolate o restos de bizcocho de choco

Elaboración:

Picamos las fresas en trocitos pequeños (es un tartar) y las frambuesas en cuartos, las ponemos en un bol. Ponemos el sirope, la menta fresca picada y el zumo del limón. Removemos con cuidado para mezclar sin romper la fruta. Dejamos macerando hasta que vayamos a comerlo.

Para emplatar, podemos utilizar restos de algún bizcocho de chocolate que tengamos en casa (puedes prepararlo, por ejemplo, con la receta del *banana bread* sustituyendo la calabaza por media tableta de chocolate negro sin azúcar). Desmigaremos un poco del bizcocho en la base y sobre este pondremos una ración de tartar.

Si no tenemos bizcocho, colocaremos una ración de fruta en un bol pequeño y espolvoreamos por encima unas virutas de chocolate, simplemente rallando un trocito de chocolate negro con el rallador grueso.

Galletas de avena y chocolate

Ingredientes

- 1 taza de copos de avena
- 1 taza de harina de avena
- ½ taza de azúcar de coco o xilitol
- 3 cucharadas de mantequilla cacahuete
- 1 huevo o 1 cucharada de semillas de lino molidas y 3 cucharadas de agua
- 1 cucharadita de impulsor
- 50 g chocolate negro
- ½ haba tonka rallada en el momento o un trozo vainilla
- Un pellizco sal mínimo, para potenciar
- ¼ de taza o menos de bebida vegetal

Elaboración:

Precalentamos horno a 200 °C. Picamos el chocolate con un cuchillo. Mezclamos todo, rallamos la especia elegida y añadimos la bebida vegetal poco a poco, hasta que tenga la consistencia suficiente para manejar la masa. Damos forma a las galletas (si nos mojamos las manos será más sencillo).

Colocamos las galletas en la bandeja del horno, la introducimos, bajamos la temperatura a 180 °C y las horneamos hasta que estén doradas, unos 15 minutos.

Barritas energéticas

Ingredientes

- 1 taza de avellanas tostadas
- 1 taza de nueces
- 1 taza de dátiles de medjool
- 2 cucharadas de cacao
- 1 trozo de vaina de vainilla

Elaboración:

Ponemos todos los ingredientes en el procesador de alimentos (o en la picadora) y trituramos sin llegar a calentarlo: trituramos, paramos; trituramos, paramos. Así, los frutos secos no liberarán sus aceites naturales por efecto de la fricción. No es mantequilla la textura que buscamos, sino que necesitamos que sea un poco más pequeño que granillo.

Ponemos en un *tupper* de cristal, prensamos con las manos y dejamos en la nevera durante un par de horas. Cuanto más tiempo de reposo, mejor. Lo sacamos del *tupper* y cortamos en porciones. Al no estar cocinado, veremos que se desmorona con facilidad. Preparamos unos paquetitos con papel de horno para guardar las porciones y ya están listas para llevar al campo, al cole o al gimnasio.

Tarta de manzana

Ingredientes

- Base de la tarta: ingredientes de las barritas energéticas de la página 446
- 6 manzanas
- 1 cucharada de canela molida
- Sirope de agave

Elaboración:

Mezclamos los ingredientes de la base y la dejamos reposar en la nevera al menos media hora. Pasado el tiempo de reposo, metemos la mezcla en medio de una hoja de papel de horno doblada por la mitad y la estiramos lo más fina posible con un rodillo: ya tenemos la base. La ponemos en la bandeja donde vayamos a cocinar la tarta.

Pelamos y trituramos 3 manzanas junto con una cucharada de sirope de agave y ½ de canela. Si necesitásemos un poco de humedad para triturar podemos poner un poquito de bebida de almendra, pero poca, porque queremos un puré de manzana espeso. Lo untamos sobre la base de frutos secos.

Pelamos las tres manzanas restantes, eliminamos el corazón y cortamos en gajos finos. Rociamos un poco de zumo de limón por encima para que no se oxide y vamos colocando los gajos sobre la tarta.

Horneamos durante media hora a 180 °C en el horno previamente precalentado. Miramos cómo va la manzana, y si está muy cruda, lo dejamos 10 minutos más. Si le falta poco bastará con 5 minutos, o puede que ya esté lista: dependerá del grosor de los gajos de manzana.

Dejamos que se enfríe la tarta dentro del horno y la pincelamos con un poco de sirope de agave. Por último, espolvoreamos con la otra media cucharada de canela con ayuda de un colador, que nos facilitará la distribución de la especia por la tarta.

Servimos raciones pequeñas: ten en cuenta que es una tarta muy energética. De hecho, podemos utilizarla como las barritas, para ir al campo, antes de hacer deporte o una pequeña porción para el recreo.

Bizcocho a la taza sin gluten

Ingredientes

- 2 huevos
- 1 plátano maduro
- 1 yogur sin azúcar
- 1 medida de yogur de frambuesas maduras
- 2 dátiles de medjool
- 3 cucharadas soperas de cacao mezclado con azúcar de coco, eritritol o xilitol
- 3 medidas de yogur de copos avena
- 1 cucharadita de impulsor vegano o levadura
- 1 cucharadita de bicarbonato
- El zumo de una naranja

Elaboración:

Mezclamos todos los ingredientes con la batidora, lo repartimos en 3 tazas de desayuno o 4 de café. Ponemos las tazas en el horno precalentado a 180 °C en función aire y cocemos durante 30 minutos.

Dulces saludabes

Palomitas especiadas

Refrescos saludables:

   Mojito sin alcohol

   Pink lemonade

   Limonada de romero

Piruletas de chocolate negro

Gominolas de fruta

Polos veganos de cereza

Tarta de cumpleaños

Palomitas especiadas

Ingredientes

- Maíz para palomitas ecológicos
- AOVE
- Curry, cúrcuma
- Sal y pimienta

Elaboración:

Siempre que podamos consumiremos alimentos ecológicos, pero en el caso del maíz hacerlo es casi obligado, ya que se trata de uno de los cultivos transgénicos más extendidos. Aunque lo encontremos ecológico para microondas es mejor hacerlo en la sartén, porque se tarda lo mismo, es facilísimo y así nos ahorramos el consumo del aceite de palma con el que se cocinan las palomitas preparadas para el microondas.

Solo necesitamos una sartén o una cacerola y un paño de algodón limpio. Ponemos un poco de aceite de oliva en la sartén o cacerola, lo ponemos a calentar y echamos el maíz,; cubriremos la base con los granos de maíz. Los removemos un poco para que se impregnen del aceite y ponemos el paño por encima, esto permitirá que salga el vapor que se va generando sin que salgan disparadas las palomitas. Dejaremos que se cocinen, agitando de vez en cuando la sartén para que los granos que no estén listos caigan hacia abajo y se hagan. Apagaremos el fuego cuando se vayan distanciando los estallidos de las palomitas. Añadiremos la sal, la pimienta y el curry o la cúrcuma cuando todavía estén calientes para que se impregnen de sabor.

Refrescos saludables

Mojito sin alcohol

Ingredientes

- 1 lima
- 1 o 2 ramitas de menta fresca
- 1 cucharadita de sirope de dátil (básicos)
- ½ vaso de agua con gas
- Hielo picado

Elaboración:

Lavamos y cortamos la lima en trozos y los ponemos en la base del vaso. Ponemos encima las hojas de menta y aplastamos ligeramente con una mano de madera para que suelten un poco de jugo. Añadimos el sirope y el agua, mezclamos y rellenamos el vaso con hielo picado.

Pink lemonade

Ingredientes

- ½ limón
- 5 frambuesas
- 1 vaso de agua con gas

Elaboración:

Exprimimos el limón en el vaso, añadimos las frambuesas y bañamos con el agua con gas. Si nos resulta muy ácido podemos añadir un poco de sirope, pero el agua con gas hace que resulte menos ácido que si utilizamos agua sin gas.

Limonada de romero

Ingredientes

- ½ limón
- Flores de romero o 1 ramita
- 1 vaso de agua con gas

Elaboración:

Exprimimos el zumo del limón, añadimos las flores o la ramita de romero y regamos con el agua.

Piruletas de chocolate y frambuesa

Ingredientes

- Una tableta de chocolate negro 70% sin azúcar
- Frambuesas liofilizadas u otro fruto rojo deshidratado
- Palitos de brochetas de madera partidos por la mitad

Elaboración:

Cortamos el chocolate en trozos no muy grandes, los ponemos en un bol de cristal y los fundimos en el microondas. Comenzamos programando un minuto a máxima potencia. Paramos, removemos y volvemos a darle otro minuto. Dejamos reposar unos segundos (seguirá fundiéndose poco a poco) y removemos. Si no está bien fundido, le damos 30 segundos más.

Aceitamos los moldes (si utilizamos moldes) ligeramente y espolvoreamos un poco de fruta deshidratada picada, rellenamos con el chocolate y colocamos los palitos.

Si no tenemos moldes para piruletas simplemente ponemos un par de cucharadas de chocolate fundido sobre un papel de horno, colocamos los palitos de madera y espolvoreamos las frambuesas troceadas por encima. Solo hay que esperar a que se enfríe el chocolate y ya están listas.

Gominolas de fruta

Ingredientes

- 250 g de fruta (fresas y frambuesas, por ejemplo)
- 3 cucharadas de sirope de agave oscuro
- 1 vaso de agua
- 4/5 g de agar agar (gelatina vegetal)
- Un poco de nata vegetal de anacardos (receta en la página 290) (opcional)

Elaboración:

Lavamos y ponemos en el vaso de la batidora las fresas y las frambuesas, añadimos el sirope y trituramos hasta obtener un puré homogéneo. El sirope de agave oscuro tiene un sabor parecido al caramelo. La cantidad a utilizar dependerá del tipo de fruta que escojamos, en este caso es fruta ácida y le va muy bien. Quizás con frutas más dulces necesites menos cantidad, prueba y ajusta.

Disolvemos el agar agar en el vaso de agua y lo ponemos a hervir en un cazo moviendo con una varilla manual para que se reparta por todo el líquido. Con 4 g quedará una gelatina que se deshace en la boca, perfecta para los mayores. Si hay niños muy pequeños entonces pondremos un poco más, 5 g, para que las gominolas queden más gomosas y no las aplasten con las manos. Mezclamos el agua gelatinizada con el puré de fruta y distribuimos en moldes de hielo o de bombones. Para que se desmolden mejor pincela antes con un poquitín de AOVE. Si no tienes moldes puedes dejarla cuajar en un *tupper* de cristal y cuando esté lista cortarla en cuadraditos o usar algún corta pastas bonito.

Ponemos nuestras gominolas en la nevera para que se cuajen. Cuando estén listas las sacamos de los moldes y podemos poner una gotita de nata vegetal por encima.

Polos veganos de cereza

Ingredientes

- 250 g de cerezas
- 200 ml de leche de coco ecológica
- 3 cucharadas de sirope de agave o miel
- Un chorrito de zumo de limón
- Una pizca de sal

Elaboración:

Lavamos y deshuesamos las cerezas. Las ponemos en un cazo con el zumo de limón y el sirope de agave para crear una mermelada ligera, cocemos unos 10 minutos. Añadimos la leche de coco y la pizca de sal, cocemos juntos durante 1 minuto más, lo justo para que se integren los sabores, y retiramos del fuego.

Repartimos en 4 vasitos y los ponemos en el congelador. Al cabo de una hora ponemos los palitos, que nos ayudarán a comerlos, y los dejamos en el congelador durante 2 horas más. Para desmoldar bastará con dar un poco de calor a los vasos, poner nuestras manos alrededor será suficiente. ¡A disfrutar!

Tarta de cumpleaños

Ingredientes

Para el bizcocho:

- 2 cucharadas de semillas de lino + 6 cucharadas de agua* o 1 huevo
- 1 taza de harina de garbanzo (100 g)
- 1 taza de harina de avena o de copos de avena (100 g)
- ½ taza de cacao en polvo sin azúcar (50 g)
- ½ taza de azúcar de coco (100 g)
- 1 cucharadita de bicarbonato
- 1 cucharadita de levadura
- ½ taza de sirope de agave
- 1 taza de zumo de naranja (250 ml)
- ¼ de taza de aceite de oliva virgen extra (50 g)
- 1 plátano

Para el frosting:

- ½ taza de agua (125 ml)
- 200 g de dátiles
- 2 cucharadas de cacao en polvo sin azúcar
- 4 cucharadas de zumo de naranja
- 1 chorreón de leche de avena

Para decorar:

- 1 plátano

Elaboración:

Para el bizcocho:

Precalentamos el horno a 180 °C.

En una batidora o robot de cocina echamos las 2 cucharadas de semillas de lino y las 6 cucharadas de agua y reservamos la mezcla.

En un bol ponemos todos los ingredientes secos (la harina de garbanzo, la harina de avena o copos de avena triturados, el cacao, el azúcar de coco, el bicarbonato y la levadura) y los mezclamos. En otro bol añadimos los ingredientes húmedos (la mezcla de lino y agua, el sirope de agave, el zumo de naranja, el aceite y el plátano), los mezclamos y añadimos los ingredientes secos. Mezclamos con ayuda de unas varillas o de una espátula hasta que se hayan integrado completamente.

Echamos la mezcla en un molde engrasado con un poco de aceite.

Metemos el molde en el horno en la altura central del mismo sobre una rejilla y dejamos que se haga durante unos 35 o 40 minutos. Lo sacamos, dejamos enfriar y desmoldamos.

Para el frosting:

Añadimos todos los ingredientes del frosting en una batidora o robot de cocina y batimos hasta que estén bien integrados.

Cuando el bizcocho esté totalmente frío podemos echar el frosting por encima con ayuda de una cuchara o de una espátula.

Decoramos con trocitos de plátano y ¡listo para soplar las velas!

Recetas para embarazadas

Smoothie para embarazadas

Infusión de jengibre

Smoothie para embarazadas

Ingredientes

- 1 taza de yogur natural de cabra, oveja o soja sin azúcar
- ½ taza de fresas
- ½ taza de zumo de naranja
- 1 plátano maduro

Elaboración:

Triturar todos los ingredientes y servir frío o con hielo.

Infusión de jengibre

Ingredientes

- 1 trozo de jengibre fresco de unos 5 cm rallado
- 1 palito de canela
- 1 trozo de manzana no ácida
- 2 l de agua mineral o filtrada

Elaboración:

Calentamos el agua sin dejarla hervir, añadimos los ingredientes y dejamos infusionar 15 minutos. Podemos endulzar con un endulzante natural.

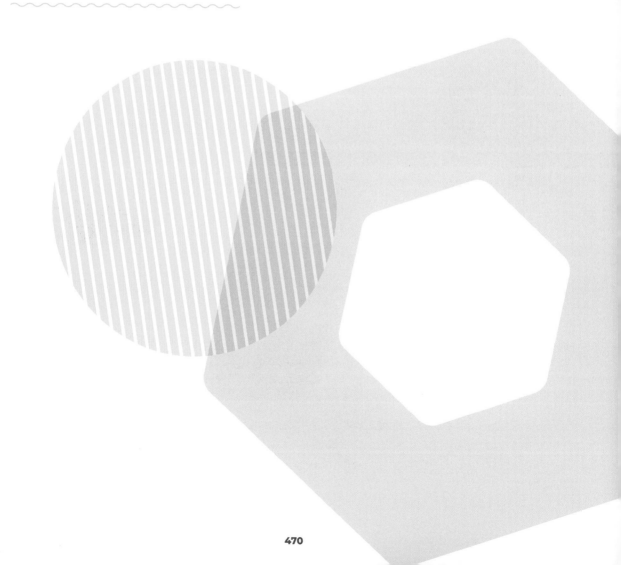

Bibliografía

1 Bhutta ZA, Ahmed T, Black RE, Cousens S, Dewey K, Giugliani E, et al. What works? Interventions for maternal and child undernutrition and survival. Lancet. 2008;371:417-40.

2 Pantoja M. Los primeros 1000 días de la vida. Rev Soc Bol Ped. 2015; 54 (2): 60-1.

3 Bhutta ZA, Das JK, Rizvi A, Gaffey MF, Walker N, Horton S, et al. Evidence-based interventions for improvement of maternal and child nutrition: what can be done and at what cost? Lancet. 2013;382:452-77.

4 Higuera J. Nutrición, crecimiento y desarrollo a partir del primer año de vida. México. 2011 p. 1-14.

5 Ramirez Velez, R. In Utero Fetal Programming and Its Impact on Health in Adulthood. Endocrinol Nutr. 2012 Jun-Jul;59(6):383-93.

6 Diet, Nutrition, physical activity and breast cáncer 2017. AICR. WCRF. Disponible en: http: //www.aicr. org/continuous-update-project/reports/breast-cancer-report-2017.pdf.

7 https://thousanddays.org/journey/pregnancy/

8 Wiens D, DeSoto MC. Is High Folic Acid Intake a Risk Factor for Autism?-A Review. Brain Sci. 2017 Nov 10;7(11).

9 Raghavan R, et al. Maternal Multivitamin Intake, Plasma Folate and Vitamin B12 Levels and Autism Spectrum Disorder Risk in Offspring. Paediatr Perinat Epidemiol. 2018 Jan;32(1):100-111.

10 Levine SZ, et al. Association of Maternal Use of Folic Acid and Multivitamin Supplements in the Periods Before and During Pregnancy With the Risk of Autism Spectrum Disorder in Offspring. JAMA Psychiatry. 2018 Feb 1;75(2):176-84.

11 Robinson CJ, Wagner CL et al. Maternal Vitamin D and Fetal Growth in Early-Onset Severe Preeclampsia. Am J Obstet Gynecol. 2011 Jun;204(6):556.e1-4.

12 De-Regil LM, Palacios C, Lombardo LK, Peña-Rosas JP. Vitamin D supplementation for women during pregnancy. Cochrane Database of Systematic Reviews 2016, Issue 1. Art. No.:CD008873.

13 Camargo CA Jr, Rifas-Shimanet SL, et al. Maternal intake of vitamin D during pregnancy and risk of recurrent wheeze in children at 3 y of age. Am J Clin Nutr. 2007 Mar; 85(3): 788–95.

14 Souberbielle JC, Body JJ, et al. Vitamin D and musculoskeletal health, cardiovascular disease, autoimmunity and cancer: Recommendations for clinical practice. Autoimmun Rev. 2010 Sep; 9(11):709-15.

15 Salcedo-Bellido, I. Association between Vitamin Intake during Pregnancy and Risk of Small for Gestational Age. Nutrients. 2017 Dec; 9(12): 1277.

16 Kaushal M, Magon N. Vitamin D in pregnancy: A metabolic outlook. Indian J Endocrinol Metab. 2013 Jan; 17(1):76-82.

17 Merewood A, Mehta SD, Chen TC, Bauchner H, Holick MF. Association between vitamin D deficiency and primary cesarean section. J Clin Endocrinol Metab. 2009 Mar; 94(3):940-5.

18 Mulligan ML, Felton SK, Riek AE, Bernal-Mizrachi C. Implications of vitamin D deficiency in pregnancy and lactation. Am J Obstet Gynecol. 2010;202:429.e1–429.e9.

19 Vitamin D supplementation: Recommendations for Canadian mothers and infants. Paediatr Child Health. 2007 Sep; 12(7):583-98.

20 Wang Y, Walsh SW, Kay HH. Placental tissue levels of non esterified polyunsaturated fatty acids in normal and preeclamptic pregnancies. Hypertens Pregnancy. 2005; 24(3):235-45.

21 Elias SL, Innis SM. Infant plasma trans, n-6, and n-3 fatty acids and conjugated linoleic acids are related to maternal plasma fatty acids, length of gestation, and birth weight and length. Am J Clin Nutr. 2001 Apr; 73(4):807-14.

22 Jacobson JL, Jacobson SW, Muckle G, Kaplan-Estrin M, Ayotte P, Dewailly E. Beneficial effects of a polyunsaturated fatty acid on infant development: evidence from the inuit of arctic Quebec. J Pediatr. 2008 Mar; 152(3):356-64.

23 Dunstan JA, Simmer K, Dixon G, Prescott SL. Cognitive assessment of children at age 2(1/2) years after maternal fish oil supplementation in pregnancy: a randomised controlled trial. Arch Dis Child Fetal Neonatal Ed. 2008 Jan; 93(1):F45-50.

24 Greenberg JA, et al. Omega-3 Fatty Acid Supplementation During Pregnancy. Rev Obstet Gynecol. 2008 Fall; 1(4): 162–9.

25 Elderbos ME, et al. Breastfeeding modulates neonatal innate immune responses: a prospective birth cohort study. Pediatr Allergy and Immunol. 2012; 23(1): 65-74.

26 Carling S, Demment M, Kjolhede C, Olson C. Breastfeeding duration and weight gain trajectory in infancy. Pediatrics. 2015; 135 (1): 112-9.

27 Rzehak P, Sausenthaler S, Koletzko S, Reinhardt D, von Berg A, Krämer U, Berdel D, Bollrath C, Grübl A, Bauer CP, Wichmann HE, Heinrich J; GINI-plus Study Group. Long- term effects of hydrolyzed protein infant formulas on growth--extended follow-up to 10 y of age: results from the German Infant Nutritional Intervention (GINI) study. Am J Clin Nutr. 2011;94(6 Suppl):1803S-1807S.

28 Baird J, et al. Being big or growing fast: systematic review of size and growth in infancy and later obesity. BMJ. 2005;331(7522):929.

29 Rolland-Cachera MF, Deheeger M, Akrout M, Bellisle F. Influence of macronutrients on adiposity development: a follow up study of nutrition and growth from 10 months to 8 years of age. Int J Obes Relat Metab Disord. 1995;19:573-8.

30 Dalmau J, et al. Evaluación de la alimentación y consumo de nutrientes en menores de 3 años. Estudio piloto ALSALMA. An Pediatr (Barc) 2014;81:22-31.

31Danielewicz H, et al. Diet in pregnancy—more than food. Eur J Pediatr. 2017 Dec;176(12):1573-9.

32 Chatzi L Garcia R, Roumeliotaki T, Basterrechea M, Begiristain H, Iñiguez C, Vioque J, Kogevinas M, Sunyer J; INMA study group; RHEA study group. Mediterranean diet adherence during pregnancy and risk of wheeze and eczema in the first year of life: INMA (Spain) and RHEA (Greece) mother-child cohort studies. Br J Nutr. 2013 Dec 14;110(11):2058-68.

33 Ornoy A, Ergaz Z. Alcohol Abuse in Pregnant Women: Effects on the Fetus and Newborn, Mode of Action and Maternal Treatment. Int J Environ Res Public Health. 2010 Feb;7(2):364-79.

34 The Endocrine Society. BPA changes fetal development of the mammary gland can raise breast cancer risk. ScienceDaily. ScienceDaily, 1 April 2016.

35 Weng X, Odouli R, Li DK.Maternal caffeine consumption during pregnancy and the risk of miscarriage: a prospective cohort study. Am J Obstet Gynecol. 2008 Mar;198(3):279.e1-8.

36 Li J, et al. A meta-analysis of risk of pregnancy loss and caffeine and coffee consumption during pregnancy. Int J Gynaecol Obstet. 2015 Aug;130(2):116-22.

37 Cheng J, Su H· Zhu R, Wang X, et al. Maternal coffee consumption during pregnancy and risk of childhood acute leukemia: a metaanalysis. Am J Obstet Gynecol. 2014 Feb;210(2):151.e1-151.e10.

38 Greenop KR, Miller M, Attia J, Ashton LJ, Cohn R, Armstrong BK, Milne E. Maternal consumption of coffee and tea during pregnancy and risk of childhood brain tumors: results from an Australian case-control study. Cancer Causes Control. 2014 Oct;25(10):1321-7.

39 Hollins Martin C. Higher coffee intake in pregnancy linked to prolonged gestation, and higher caffeine intake linked with babies being small for gestational age. Evid Based Nurs. 2014 Oct;17(4):106.

40 Da Silva JB, Nakamura MU, Cordeiro JA, Kulay L Jr, Saidah R. Acupuncture for dyspepsia in pregnancy: a prospective, randomised, controlled study. Acupunct Med. 2009 Jun;27(2):50-3.

41 Lacroix R, Eason E, Melzack R. Nausea and vomiting during pregnancy: A prospective study of its frequency, intensity, and patterns of change.Am J Obstet Gynecol. 2000 Apr; 182(4):931-7.

42 Koren G, Madjunkova S, Maltepe C. The protective effects of nausea and vomiting of pregnancy against adverse fetal outcome - A systematic review. Reproductive Toxicology. Published online June 2 2014.

43 Verberg MF, Gillott DJ, Al-Fardan N, Grudzinskas JG. Hyperemesis gravidarum, a literature review.

Hum Reprod Update. 2005 Sep-Oct; 11(5):527-39.

44 Nulman I, Rovet J, Barrera M, Knittel-Keren D, Feldman BM, Koren G. Long-term Neurodevelopment of Children Exposed to Maternal Nausea and Vomiting of Pregnancy and Diclectin. J Pediatr. 2009 Jul;155(1):45-50,

45 Festin M. Nausea and vomiting in early pregnancy. BMJ Clin Evid. 2014 Mar 19;2014. pii: 1405. Review.

46 Ding M, Leach M, Bradley H. The Effectiveness of Ginger in the Prevention of Nausea and Vomiting during Pregnancy and Chemotherapy. Women Birth. 2013 Mar;26(1):e26-30.

47 Trottier M, Erebara A, Bozzo P. Treating constipation during pregnancy. Can Fam Physician. 2012 Aug; 58(8): 836–8. Treating constipation during pregnancy Magan Trottier, MSc, Aida Erebara, MD, and Pina Bozzo.

48 King V, Hibbert N, Seckl JR et al. The effects of an obesogenic diet during pregnancy on fetal growth and placental gene expression are gestation dependent. Placenta 2013 Nov;34(11):1087-90.

49 Casas M, Chatzi L, Carsin AE, Amiano P, et al. Maternal pre-pregnancy overweight and obesity, and child neuropsychological development: two Southern European birth cohort studies. Int J Epidemiol. 2013 Apr;42(2):506-17.

50 Harper LM, Tita A, Biggio JR. The institute of medicine guidelines for gestational weight gain after a diagnosis of gestational diabetes and pregnancy outcomes. Am J Perinatol. 2015 Feb;32(3):239-46. doi: 10.1055/s-0034-1383846. Epub 2014 Jun 27.

51 Nucci D, Chiavarini M, Duca E, Pieroni L, Salmasi L. Pre-pregnancy body mass index, gestational weight gain and adverse birth outcomes: some evidence from Italy. Ann Ig. 2018 Mar-Apr;30(2):140-152.

52 Asvanarunat E. Outcomes of gestational weight gain outside the Institute of Medicine Guidelines. J Med Assoc Thai. 2014 Nov;97(11):1119-25.

53 Shamshirsaz AA, Haeri S, Ravangard SF, Sangi-Haghpeykar H, Gandhi M, Ozhand A, Spiel M, Trout S, Sadowski A, Hussain N, Campbell WA, Shamshirsaz AA. Perinatal outcomes based on the institute of medicine guidelines for weight gain in twin pregnancies. J Matern Fetal Neonatal Med. 2014 Apr;27(6):552-6.

54 Garcia-Larsen V, Ierodiakonou D, Jarrold K, Cunha S, Chivinge J, Robinson Z, Geoghegan N, Ruparelia A, Devani P, Trivella M, Leonardi-Bee J, Boyle RJ. Diet during pregnancy and infancy and risk of allergic or autoimmune disease: A systematic review and meta-analysis. PLoS Med. 2018 Feb 28;15(2):e1002507.

55 Piccoli GB, Clari R, Vigotti FN, Leone F, Attini R, Cabiddu G, Mauro G, Castelluccia N, Colombi N, Capizzi I, Pani A, Todros T, Avagnina P. Vegan-vegetarian diets in pregnancy: danger or panacea? A systematic narrative review. BJOG. 2015 Apr;122(5):623-3.

56 Melina V, Craig W, Levin S. Position of the Academy of Nutrition and Dietetics: Vegetarian Diets. J Acad Nutr Diet. 2016 Dec;116(12):1970-80.

57 Tofail F, Persson LA, El Arifeen S, Hamadani JD, Mehrin F, Ridout D, et al. Effects of prenatal food and micronutrient supplementation on infant development: a randomized trial from the Maternal and Infant Nutrition Interventions, Matlab (MINIMat) study. Am J Clin Nutr2008;87:704-11.

58 Koebnick C, Hoffmann I, Dagnelie PC, Heins UA, Wickramasinghe SN, Ratnayaka ID, et al. Long-term ovo-lacto vegetarian diet impairs vitamin B-12 status in pregnant women. J Nutr 2004;134:3319-26.

59 Chatzi L, et al. Adherence to the Mediterranean diet during pregnancy and offspring adiposity and cardiometabolic traits in childhood. Pediatr Obes. 2017 Aug;12 Suppl 1:47-56.

60 Chatzi L, Mendez M, Garcia R, Roumeliotaki T, Ibarluzea J, Tardón A, Amiano P, Lertxundi A, Iñiguez C, Vioque J, Kogevinas M, Sunyer J; INMA and RHEA study groups. Mediterranean diet adherence during pregnancy and fetal growth: INMA (Spain) and RHEA (Greece) mother-child cohort studies. Br J Nutr. 2012 Jan;107(1):135-45.

61 Karamanos B et al. MGSD-GDM Study Group. Relation of the Mediterranean diet with the incidence of gestational diabetes. Eur J Clin Nutr. 2014 Jan;68(1):8-13.

62 Toledo E, Lopez-del Burgo C, Ruiz-Zambrana A, Donazar M, Navarro-Blasco I, Martínez-González MA, de Irala J.Dietary patterns and difficulty conceiving: a nested case-control study. Fertil Steril. 2011 Nov;96(5):1149-53.

63 Karayiannis D, Kontogianni MD, Mendorou C, Mastrominas M, Yiannakouris N. Adherence to the Mediterranean diet and IVF success rate among non-obese women attempting fertility. Hum Reprod. 2018 Jan 30.

64 Chatzi L, et al. Mediterranean diet adherence during pregnancy and risk of wheeze and eczema in the first year of life: INMA (Spain) and RHEA (Greece) mother-child cohort studies. Br J Nutr. 2013 Dec 14;110(11):2058-68.

65 Rodríguez-Bernal CL, Ramón R, Quiles J, Murcia M, Navarrete-Muñoz EM, Vioque J, Ballester F, Rebagliato M.Dietary intake in pregnant women in a Spanish Mediterranean area: as good as it is supposed to be? Public Health Nutr. 2013 Aug;16(8):1379-89.

66 Victora CG , et al. Breastfeeding in the 21st century: epidemiology, mechanisms, and lifelong effect. Lancet. 2016 Jan 30;387(10017):475-90.

67 Amitay EL, Keinan-Boker L. Breastfeeding and Childhood Leukemia Incidence: A Meta-analysis and Systematic Review. JAMA Pediatr. 2015;169(6):e151025.

68 Abul-Fadl AA, Fahmy EM, Kolkaliah N, Narouz N. The Psychological Benefits of Continued Breastfeeding into The Second Year for M other and Child. ABA International Breastfeeding Conference; 2001 [cited 2015 Jun 21]. Available from: http://www.escnp.net/issue3/0301.pdf

69 Cable N, Bartley M, McMunn A, Kelly Y. Gender differences in the effect of breastfeeding on adult psychological well-being. Eur J Public Health. 2012 Oct 1;22(5):653–8.

70 Gribble KD. Mental health, attachment and breastfeeding: implications for adopted children and their mothers. Int Breastfeed J. 2006;1(1):5.

71 Gribble KD. Mental health, attachment and breastfeeding: implications for adopted children and their mothers. Int Breastfeed J. 2006;1(1):5.

72 Rollins NC, et al. Lancet Breastfeeding Series Group. Why invest, and what it will take to improve breastfeeding practices? Lancet. 2016 Jan 30;387(10017):491-504.

73 Paricio JM. Lactancia prolongada... ¿Hasta cuándo es normal? Perspectiva histórico-antropológica. Madrid; 2014].

74 Gulick EE. The effects of breast-feeding on toddler health. Pediatr Nurs. 1985;12(1):51–4.

75 Palmer G. Complementary feeding: nutrition, culture and politics. Pinter & Martin Publishers; 2011.

76 World Health Organization, UNICEF. Global strategy for infant and young child feeding. World Health Organization; 2003.

77 https://www.nhs.uk/start4life/first-foods

78 http://www.health.govt.nz/your-health/pregnancy-and-kids/first-year/6-12-months/feeding-your-baby

79 http://enfamilia.aeped.es/vida-sana/alimentacion-complementaria-en-primer-ano-bebe

80 Naylor A, Morrow A. Developmental readiness of normal full term infants to progress from exclusive breastfeeding to the introduction of complementary foods: reviews of the relevant literature concerning infant immunologic, gastrointestinal, oral motor and maternal reproductive and lactational development. Academy for Educational Development: Washington DC, USA, 2001.

81 Moorcroft KE, Marshall JL, McCormick FM Association between timing of introducing solid foods and obesity in infancy and childhood: a systematic review. Matern Child Nutr. 2011 Jan; 7(1):3-26.

82 Gupta S, et al. Investigators of the CF trial. Complementary feeding at 4 versus 6 months of age for preterm infants born at less than 34 weeks of gestation: a randomised, open-label, multicentre trial. Lancet Glob Health. 2017 May;5(5):e501-e511.

83 Brown A, Lee MD. Early influences on child satiety-responsiveness: the role of weaning style.Pediatr Obes. 2015 Feb; 10(1):57-66.

84 Townsend E, Pitchford NJ. Baby knows best? The impact of weaning style on food preferences and body mass index in early childhood in a case-controlled sample.BMJ Open. 2012; 2(1):e000298.

85 Coulthard H, Harris G, Emmett P. Delayed introduction of lumpy foods to children during the complementary feeding period affects child's food acceptance and feeding at 7 years of age. Matern Child Nutr. 2009 Jan;5(1):75-85.

86 Brown A, Lee MD. Early influences on child satiety-responsiveness: the role of weaning style.Pediatr Obes. 2015 Feb; 10(1):57-66.

87 www.naturalwean.com

88 Brown A, Lee MA descriptive study investigating the use and nature of baby-led weaning in a UK sample of mothers. Matern Child Nutr. 2011 Jan; 7(1):34-47.

89 Amir LH, Donath S. A systematic review of maternal obesity and breastfeeding intention, initiation and duration. BMC pregnancy and childbirth. 2007;7(1):1.

90 Shim JE, Kim J, Mathai RA, STRONG Kids Research Team. Associations of infant feeding practices and picky eating behaviors of preschool children. J Am Diet Assoc. 2011 Sep; 111(9):1363-8.

91 Rogers SL, Blissett J. Breastfeeding duration and its relation to weight gain, eating behaviours and positive maternal feeding practices in infancy. Appetite. 2017 Jan 1; 108():399-406.

92 Daniels L, Heath AL, Williams SM, Cameron SL, Fleming EA, Taylor BJ, Wheeler BJ, Gibson RS, Taylor RW. Baby-Led Introduction to SolidS (BLISS) study: a randomised controlled trial of a baby-led approach to complementary feeding.BMC Pediatr. 2015 Nov 12; 15():179.

93 Brown A, Lee MD. Early influences on child satiety-responsiveness: the role of weaning style.Pediatr Obes. 2015 Feb; 10(1):57-66.

94 Cameron SL, Heath AL, Taylor RW. Healthcare professionals' and mothers' knowledge of, attitudes to and experiences with, Baby-Led Weaning: a content analysis study BMJ Open. 2012; 2(6).

95 Brown A, Lee M. An exploration of experiences of mothers following a baby-led weaning style: developmental readiness for complementary foods.Matern Child Nutr. 2013 Apr; 9(2):233-43.

96 Fangupo LJ, Heath AM, Williams SM, Erickson Williams LW, Morison BJ, Fleming EA, Taylor BJ, Wheeler BJ, Taylor RW. A Baby-Led Approach to Eating Solids and Risk of Choking. Pediatrics. 2016 Oct; 138(4).

97 Brown A, Lee M. An exploration of experiences of mothers following a baby-led weaning style: developmental readiness for complementary foods. Matern Child Nutr. 2013 Apr; 9(2):233-43.

98 D'Andrea E, Jenkins K, Mathews M, Roebothan B. Baby-led Weaning: A Preliminary Investigation. Can J Diet Pract Res. 2016 Jun; 77(2):72-7.

99 Michaelsen KF, Larnkjaer A, Lauritzen L, Mølgaard C.cience base of complementary feeding practice in infancy. Curr Opin Clin Nutr Metab Care. 2010 May;13(3):277-83.

100 Stevenson DD, Simon RA, Lumry WR, Mathison DA. Adverse reactions to tartrazine. J Allergy Clin Immunol. 1986 Jul;78(1 Pt 2):182-91.

101 McCann D, Barrett A, Cooper A, Crumpler D, Dalen L, Grimshaw K, Kitchin E, Lok K, Porteous L, Prince E, Sonuga-Barke E, Warner JO, Stevenson J. Food additives and hyperactive behaviour in 3-year-old and 8/9-year-old children in the community: a randomised, double-blinded, placebo-controlled trial. Lancet. 2007 Nov 3;370(9598):1560-7.

102 He K, Du S, Xun P, Sharma S, Wang H, Zhai F, Popkin B.Consumption of monosodium glutamate in relation to incidence of overweight in Chinese adults: China Health and Nutrition Survey (CHNS). Am J Clin Nutr. 2011 Jun;93(6):1328-36.

103 Bellisle F. Experimental Studies of Food Choices and Palatability Responses in European Subjects Exposed to the Umami Taste. Asia Pac J Clin Nutr. 2008;17 Suppl 1:376-9.

104 Cameron SL, Heath AL, Taylor RW. How feasible is Baby-led Weaning as an approach to infant feeding? A review of the evidence. Nutrients. 2012 Nov 2;4(11):1575-609.

105 Daniels L, et al. Baby-Led Introduction to SolidS (BLISS) study: a randomised controlled trial of a baby-ledapproach to complementary feeding. BMC Pediatr. 2015 Nov 12;15:179.

106 http://www.bedca.net

107 Clayton HB, Li R, Perrine CG, Scanlon KS. Prevalence and reasons for introducing infants early to solid foods: variations by milk feeding type. Pediatrics. 2013 Apr;131(4):e1108-14.

108 Macknin ML, Medendorp SV, Maier MC. Infant sleep and bedtime cereal. Am J Dis Child. 1989 Sep;143(9):1066-8.

109 Shelov SP, Hannemann RE, editors. Caring for your baby and young child: Birth to age 5. 4th ed Bantam Books; 2004.

110 Mok E, Vanstone CA, Gallo S, Li P1, Constantin E, Weiler H. Diet diversity, growth and adiposity in healthy breastfed infants fed homemade complementary foods. Int J Obes (Lond). 2017 May;41(5):776-82.

111 Food variety in commercial and homemade complementary meals for infants in Germany. Market survey and dietary practice.

112 EFSA. Scientific Opinion on nutrient requirements and dietary intakes of infants and young children in the European Union. EFSA Journal 2013;11(10):3408.

113 König KG, Navia JM. Nutritional role of sugars in oral health. Am J Clin Nutr. 1995;62(suppl 1):275S–282S; discussion: 282S–283S.

114 Heyman MB, Abrams SA; Section on gastroenterology, hepatology, and nutrition; committee on nutrition. Fruit Juice in Infants, Children, and Adolescents: Current Recommendations Pediatrics. 2017 Jun;139(6).

115 Dennison BA, Rockwell HL, Baker SL. Excess fruit juice consumption by preschool-aged children is associated with short stature and obesity. Pediatrics. 1997;99(1):15–22.

116 Vargas CM, Dye BA et al. Early childhood caries and intake of 100 percent fruit juice: Data from NHANES, 1999-2004. J Am Dent Assoc. 2014 Dec;145(12):1254-61.

117 Boulton J, Hashem KM, Jenner KH, Lloyd-Williams F, Bromley H, Capewell 3. How much sugar is hidden in drinks marketed to children? A survey of fruit juices, juice drinks and smoothies. BMJ Open. 2016 Mar 23;6(3):e010330.

118 He K, Zhao L, Daviglus ML, Dyer AR, Van Horn L, Garside D et al. Association of monosodium glutamate intake with overweight in Chinese adults: the INTERMAP Study. Obesity. 2008 Aug;16(8):1875-80.

119 Penninkilampi R, Eslick GD. Perineal Talc Use and Ovarian Cancer: A Systematic Review and Meta-Analysis. Epidemiology. 2018 Jan;29(1):41-9.

120 Bouvard V, et al. Carcinogenicity of consumption of red and processed meat. Lancet Oncol. 2015 Dec;16(16):1599-600.

121 Domingo JL, Nadal M. Carcinogenicity of consumption of red meat and processed meat: A review of scientific news since the IARC decision. Food Chem Toxicol. 2017 Jul;105:256-61.

122 Zur Hausen H. Red meat consumption and cancer: reasons to suspect involvement of bovine infectious factors in colorectal cancer. Int J Cancer. 2012 Jun 1;130(11):2475-83.

123 Ji et al. Lactose intolerance and risk of lung, breast and ovarian cancers: aetiological clues from a population-based study in Sweden. Br J Cancer 2014; 112: 149-52.

124 Zur Hausen H, de Villiers EM. Dairy cattle serum and milk factors contributing to the risk of colon and breast cancers. Int J Cancer. 2015 Aug 15;137(4):959-67.

125 Norat T, Bingham S, Ferrari P, et al. Meat, fishand colorectal cancer risk: the European prospective investigation into cancer and nutrition. J Natl Cancer Inst 2005;97:906–16.

126 Mandair D, Rossi RE, Pericleous M, et al. Prostate cancer and the influence of dietary factors and supplements: a systematic review. NutrMetab (Lond) 2014;11:30. Review.

127 Nitsche C, Simon P, Weiss FU, et al. Environ-mental risk factors for chronic pancreatitis and pancreatic cancer. Dig Dis 2011;29:235–42. Review.

128 Thomsen C. Consumption of cow's milk andpossible risk of breast cancer. Breast Care (Basel)2010;5:44–8.

129 Liu J, Cui Y, Li L, Wu L, Hanlon A, Pinto-Martin J, Raine A, Hibbeln JR. The mediating role of sleep in the fish consumption – cognitive functioning relationship: a cohort study. Sci Rep. 2017 Dec 21;7(1):17961.

130 Sorum, H, L´Abee-Lund TM. Antibiotic resistance in food-related bacteria. A result of interfering with the global web of bacterial genetics. Int J Food Microbiol. 2002 Sep 15;78(1-2):43-56.

131 Hites RA[1], Foran JA, Carpenter DO, Hamilton MC, Knuth BA, Schwager SJ. Global assessment of organic contaminants in farmed salmon. Science. 2004 Jan 9;303(5655):226-9.

132 Foran JA, Carpenter DO, Hamilton MC, Knuth BA, Schwager SJ. Risk-Based Consumption Advice for Farmed Atlantic and Wild Pacific Salmon Contaminated with Dioxins and Dioxin-like Compounds. Environ Health Perspect. 2005 May;113(5):552-6.

133 Ibrahim MM, et al. Chronic Consumption of Farmed Salmon Containing Persistent Organic Pollutants Causes Insulin Resistance and Obesity in Mice. PLoS One. 2011;6(9):e25170.

134 Scientific Opinion on Dietary Reference Values for iodine. EFSA Journal 2014;12(5):3660.

135 Picco G, de Dios-Romero A, Albanell N, Badia J. Regular intake of seaweed and hyperthyroidism. Med Clin 2006;127:199.

136 MacArtain P, Gill CI, Brooks M, Campbell R, Rowland IR. Nutritional Value of Edible Seaweeds. Nutr Rev. 2007 Dec;65(12 Pt 1):535-43.

137 Nakamura Y, Narukawa T, Yoshinaga J. Cancer risk to Japanese population from the consumption of inorganic arsenic in cooked hijiki.J Agric Food Chem. 2008 Apr 9;56(7):2536-40.

138 Rose M, Lewis J, Langford N, et al. Arsenic in seaweed--forms, concentration and dietary exposure. Food ChemToxicol. 2007 Jul;45(7):1263-7.

139 https://monographs.iarc.fr/wp-content/uploads/2018/06/mono100C-6.pdf

140 Meharg A et al Arsenic and rice. 2012. Springer.

141 Carey M, Jiujin X, Gomes Farias J, Meharg A. Rethinking Rice Preparation for Highly Efficient Removal of Inorganic Arsenic Using Percolating Cooking Water. PLoS One. 2015 Jul 22;10(7):e0131608.

142 Sengupta MK, et al. Arsenic burden of cooked rice: Traditional and modern methods. Food Chem Toxicol. 2006 Nov;44(11):1823-9.

143 Signes A. Mitra F. Burló A, Carbonell-Barrachina A. Effect of two different rice dehusking procedures on total arsenic concentration in rice. Eur Food Res Technol (2008) 226: 561.

144 https://www.livsmedelsverket.se/globalassets/publikationsdatabas/rapporter/2015/a-survey-of-inorganic-arsenic-in-rice-and-rice-products-on-the-swedish-market-2015-part-1.pdf

145 Signes-Pastor AJ, et al. Geographical variation in inorganic arsenic in paddy field samples and commercial rice from the Iberian Peninsula. Food Chem. 2016 Jul 1;202:356-63.

146 https://dietamediterranea.com/

147 Tognon G, et al. Mediterranean diet, overweight and body composition in children from eight European countries: cross-sectional and prospective results from the IDEFICS study. Nutr Metab Cardiovasc Dis. 2014 Feb;24(2):205-13.

148 http://www.aeped.es/sites/default/files/documentos/libro_blanco_de_la_nutricion_infantil.pdf

149 https://dietamediterranea.com/

150 Diaz-Castro J, et al. Changes in Adiposity and Body Composition during Anemia Recovery with Goat or Cow Fermented Milks. J Agric Food Chem. 2017 May 24;65(20):4057-65.

151 López-Aliaga I , et al. Fermented goat milk consumption improves iron status and evokes inflammatory signalling during anemia recovery. Food Funct. 2018 Jun 20;9(6):3195-3201.

152 The nutrition source. www.hsph.harvard.edu/nutritionsource/kids-healthy-eating-plate

153 Hung, HC, et al. Fruit and vegetable intake and risk of major chronic disease. J Natl Cancer Inst, 2004. 96(21): p. 1577-84.

154 He, FJ, et al. Increased consumption of fruit and vegetables is related to a reduced risk of coronary heart disease: meta-analysis of cohort studies. J Hum Hypertens, 2007. 21(9): 717-28.

155 Wiseman, M., The second World Cancer Research Fund/American Institute for Cancer Research expert report. Food, nutrition, physical activity, and the prevention of cancer: a global perspective. Proc Nutr Soc, 2008. 67(3): p. 253-6.

156 Moeller, S.M, et al., Overall adherence to the dietary guidelines for americans is associated with reduced prevalence of early age-related nuclear lens opacities in women. J Nutr, 2004. 134(7): 1812-9.

157 Cho, E, et al., Prospective study of intake of fruits, vegetables, vitamins, and carotenoids and risk of age-related maculopathy. Arch Ophthalmol, 2004. 122(6): p. 883-92.

158 Jacobs DR, Jr., Andersen LF, Blomhoff R. Whole-grain consumption is associated with a reduced risk of noncardiovascular, noncancer death attributed to inflammatory diseases in the Iowa Women's Health Study. Am J Clin Nutr. 2007;85:1606-14.

159 Mellen PB, Walsh TF, Herrington DM. Whole grain intake and cardiovascular disease: a meta-analysis. Nutr Metab Cardiovasc Dis. 2008;18:283-90.

160 Food, Nutrition, Physical Activity, and the Prevention of Cancer: a Global Perspective. 2018, World Cancer Research Fund, American Institute for Cancer Research.: Washington, DC.

161 Song, M., Fung, T.T., Hu, F.B., et al. Association of Animal and Plant Protein Intake With All-Cause and Cause-Specific Mortality. JAMA Intern Med. Published online August 01, 2016.

162 Siri-Tarino, P.W., et al., Saturated fatty acids and risk of coronary heart disease: modulation by replacement nutrients. Curr Atheroscler Rep, 2010. 12(6): 384-90.

163 Bischoff-Ferrari HA, Dawson-Hughes B, Baron JA, et al. Calcium intake and hip fracture risk in men and women: a meta-analysis of prospective cohort studies and randomized controlled trials. Am J Clin Nutr. 2007; 86:1780–90.

164 Feskanich D, Bischoff-Ferrari HA, Frazier AL, Willett WC. Milk consumption during teenage years and risk of hip fractures in older adults. JAMA Pediatr. 2014 Jan;168(1):54-60.

165 Martínez Biarge, M. Niños vegetarianos, ¿niños sanos? En: AEPap (ed.). Curso de Actualización Pediatría 2017. Madrid: Lúa Ediciones 3.0; 2017. p. 253-68.

166 Craig WJ, Mangels AR. American Dietetic Association. Position of the American Dietetic Association: vegetarian diets. J Am Diet Assoc. 2009;109:1266-82.

167 O'Connell JM, Dibley MJ, Sierra J, Wallace B, Marks JS, Yip R. Growth of vegetarian children: the Farm Study. Pediatrics. 1989; 84:475-81.

168 Nathan I, Hackett AF, Kirby S. A longitudinal study of the growth of matched pairs of vegetarian and omnivorous children, aged 7-11 years, in the northwest of England. Eur J Clin Nutr. 1997;51:20-5.

169 Yen CE, Yen CH, Huang MC, Cheng CH, Huang YC. Dietary intake and nutritional status of vegetarian and omnivorous preschool children and their parents in Taiwan. Nutr Res. 2008;28:430-6.

170 Thane CW, Bates CJ. Dietary intakes and nutrient status of vegetarian preschool children from a British national survey. J Hum Nutr Diet. 2000;13:149-62.

171 Gibson RS, Heath AL, Szymlek-Gay EA. Is iron and zinc nutrition a concern for vegetarian infants and young children in industrialized countries? Am J Clin Nutr. 2014;100 Suppl 1:459S-68S.

172 Rodríguez-Dehli AC, Riaño-Galán IR, Fernández Somoano A, Navarrete-Muñoz EM, Espada M, Hipovitaminosis D y factores asociados a los 4 años en el norte de España. An Pediatr (Barc). 2016 Mar 14. Vioque J, Tardón A.

173 US Department of Health & Human Services – National Institutes of Health. Vitamin D. Fact Sheet for Health Professionals. Updated Feb 2016.

174 Zhao Y, Martin BR, Weaver CM. Calcium bioavailability of calcium carbonate fortified soymilk is equivalent to cow's milk in young women. J Nutr.2005;135:2379-82.

175 European Food Safety Authority, 2014. Dietary exposure to inorganic arsenic in the European population. EFSA Journal. 2014;12(3):3597.

176 Tuohy PG. Soy infant formula and phytoestrogens. J Paediatr Child Health. 2003 Aug;39(6):401-5.

177 NCD Risk Factor Collaboration (NCD-RisC). Worldwide trends in body-mass index, underweight, overweight, and obesity from 1975 to 2016: a pooled analysis of 2416 population-based measurement studies in 128·9 million children, adolescents, and adults. Send to Lancet. 2017 Dec 16;390(10113):2627-42.

178 http://www.ncdrisc.org

179 Hunsberger M; IDEFICS Consortium.Early feeding practices and family structure: associations with overweight in children. Proc Nutr Soc. 2014 Feb;73(1):132-6.

180 http://www.who.int/dietphysicalactivity/strategy/eb11344/strategy_spanish_web.pdf

181 http://apps.who.int/iris/bitstream/10665/206450/1/9789243510064_spa.pdf?ua=1

182 Tremblay MS, Gray CE, Akinroye K, Harrington DM, Katzmarzyk PT, Lambert EV, et al. Physical activity of children: a global matrix of grades comparing 15 countries. J Phys Act Health. 2014 May;11 Suppl 1:S113-25.

183 Food, nutrition, physical activity, and the prevention of cancer: a global perspective. Washington, D.C.: World Cancer Research Fund, America Institute of Cancer Research, 2007.

184 Recomendaciones mundiales sobre actividad física para la salud. Ginebra: Organización Mundial de la Salud, 2010.

185 Rasberry CN, Lee SM, Robin L, Laris BA, Russell LA, Coyle KK, et al. The association between school- based physical activity, including physical education, and academic performance: a systematic review of the literature. Prev Med. 2011;52 Suppl 1:S10–20.

186 Tarp J , et a. Effectiveness of a School-Based Physical Activity Intervention on Cognitive Performance in Danish Adolescents: LCoMotion—Learning, Cognition and Motion – A Cluster Randomized Controlled Trial. PLoS One. 2016 Jun 24;11(6):e0158087.

187 Syväoja HJ, Tammelin TH, Ahonen T, Kankaanpää A, Kantomaa MT. The Associations of Objectively Measured Physical Activity and Sedentary Time with Cognitive Functions in School-Aged Children. PLoS One. 2014 Jul 25;9(7):e103559.

188 Ardoy DN, Fernández-Rodríguez JM, Jiménez-Pavón D, Castillo R, Ruiz JR, Ortega FB.A physical education trial improves adolescents' cognitive performance and academic achievement: the EDUFIT study. Scand J Med Sci Sports. 2014 Feb;24(1):e52-61.

189 Yu Z, Han S, Zhu J,Sun X,Ji C,Guo X. Pre-pregnancy body mass index in relation to infant birth weight and offspring overweight/obesity: a systematic review and meta-analysis. PLoS One. 2013;8:e61627.

190 Okubo H, Crozier SR, Harvey NC, Godfrey KM, Inskip HM, Cooper C, et al. Maternal dietary glycemic index and glycemic load in early pregnancy are associated with offspring adiposity in childhood: the Southampton Women's Survey. Am J Clin Nutr. 2014;100:676–83.

191 Oken E, Levitan EB, Gillman MW. Maternal smoking during pregnancy and child overweight: systematic review and meta-analysis. Int J Obes (Lond). 2008;32:201–10.

192 Janesick A, Blumberg B. Endocrine disrupting chemicals and the developmental programming of adipogenesis and obesity. Birth defects research Part C, Embryo today: reviews. 2011;93:34–50.

193 McPherson NO, Fullston T, Aitken RJ, Lane M. Paternal obesity, 14. interventions, and mechanistic pathways to impaired health on offspring. Ann Nutr Metab. 2014;64:231–8.

194 Horta BL, Loret de Mola C, Victora CG. Long-term consequences of breastfeeding on cholesterol, obesity, systolic blood pressure and type 2 diabetes: a systematic review and meta-analysis. Acta Paediatr Suppl. 2015;104:30–7.

195 Mennella JA, Nicklaus S, Jagolino AL, Yourshaw LM. Variety is the spice of life: strategies for promoting fruit and vegetable acceptance during infancy. Physiol Behav. 2008;94:29– 38.

196 Liem DG, Mennella JA. Sweet and sour preferences during childhood: role of early experiences. Developmental psychobiology. 2002;41:388–95.

197 http://www.who.int/childgrowth/standards/weight_for_height/en/

198 http://www.who.int/growthref/who2007_bmi_for_age/en/

199 http://www.who.int/childgrowth/standards/w_f_h_tables_z_boys/en/

200 http://www.who.int/childgrowth/standards/w_f_h_tables_z_girls/en/

201 http://www.who.int/growthref/who2007_bmi_for_age/en/

202 Global status report on noncommunicable diseases 2014. Organización Mundial de la Salud; 2014 (http://apps.who.int/iris/bitstream/10665/148114/1/9789241564854_eng.pdf

203 Global health risks: mortality and burden of disease attributable to selected major risks. Ginebra: Organización Mundial de la Salud; 2009 (http://www.who.int/healthinfo/global burden disease/Global- HealthRisks report full.pdf

204 Organización de las Naciones Unidas para la Alimentación y Agricultura (FAO). www.fao.org

205 Te Morenga L, Mallard S, Mann J. Dietary sugars and body weight: systematic review and meta-analyses of randomised controlled trials and cohort studies. BMJ. 2012 Jan 15;346:e7492.Review.

206 Stevens A, et al. Do sugar-sweetened beverages cause adverse health outcomes in children? A systematic review protocol. Syst Rev. 2014 Sep 4;3:96.

207 http://www.who.int/mediacentre/factsheets/fs311/es/

208 Moore JB, Horti A, Fielding BA. Evaluation of the nutrient content of yogurts: a comprehensive survey of yogurt products in the major UK supermarkets. BMJ Open 2018;8:e021387.

209 Ruiz E, et al. The ANIBES Study on Energy Balance in Spain: design, protocol and methodology. Nutrients. 2015 Feb 4;7(2):970-98.

210 Ruiz E, Varela-Moreiras G. Adequacy of the dietary intake of total and added sugars in the Spanish diet to the recommendations: ANIBES study. Nutr Hosp. 2017 Oct 15;34(Suppl 4):45-52.

211 Pearce A, Li L, Abbas J, Ferguson B, Graham H, Law C; Millennium Cohort Study Child Health Group. Is childcare associated with the risk of overweight and obesity in the early years? Findings from the UK Millennium Cohort Study. Int J Obes (Lond). 2010 Jul;34(7):1160-8.

212 Fattore E, Fanelli R. Palm oil and palmitic acid: a review on cardiovascular effects and carcinogenicity. Int J Food Sci Nutr. 2013 Aug;64(5):648-59.

213 Pascual G, , et al. Targeting metastasis-initiating cells through the fatty acid receptor CD36 Nature. 2017 Jan 5;541(7635):41-5.

214 Mennella JA, Coren P, Jagnow MS, Beauchamp GK. Prenatal and Postnatal Flavor Learning by HumanInfants. Pediatrics. 2001;107(6):88–94.

215 http://www.5aldia.org/

216 Mennella JA, Coren P, Jagnow MS, Beauchamp GK. Prenatal and Postnatal Flavor Learning by Human Infants. Pediatrics. 2001;107(6):88–94.

217 Chaal B, Marlier L, Soussignan R. Human Foetuses Learn Odours from their Pregnant Mother's Diet. Chemical Senses. 2000;25:729–37.

218 Mennella JA, Beauchamp GK. Maternal Diet Alters the Sensory Qualities of Human Milk and Nursling's Behavior. Pediatrics. 1991;88:737–44.

219 5 Mennella JA, Beauchamp GK. The Effects of Repeated Exposure to Garlic-flavored Milk on the Nursling's Behavior. Pediatric Research. 1993;34:805–8.

220 Mennella JA, Jagnow CP, Beauchamp GK. Prenatal and Postnatal Flavor Learning by Human Infants. Pediatrics. 2001;107(6):E88.

221 Fisher JO, Birch LL, Smiciklas-Wright H, Picciano MF. American Journal of the Dietetics Association. 6. Vol. 100. 2000. Breast-Feeding through the First Year Predicts Maternal Control in Feeding and Subsequent Toddler Energy Intakes; pp. 641–6.

222 Fomon SJ, Filer LJ, Thomas LN, Anderson TA, Nelson SE. Influence of Formula Concentration on Caloric Intake and Growth of Normal Infants. Acta Pediatrica Scandinavica. 1975;64:172–81.

223 Fox MK, Devaney B, Reidy K, Razafindrakoto C, Ziegler P. Relationship between Portion Size and Energy Intake among Infants and Toddlers: Evidence of Self Regulation. J Am Diet Assoc. 2006 Jan;106(1 Suppl 1):S77-83.

224 Birch LL. Preschool Children's Preferences and Consumption Patterns. Journal of Nutrition Education. 1979;11:189-92.

225 Beauchamp GK, Cowart BJ, Mennella JA, Marsh RR. Infant Salt Taste: Developmental, Methodological, and Contextual Factors. Developmental Psychobiology. 1994;27(6):353-65.

226 Kern DL, McPhee L, Fisher J, Johnson S, Birch LL. The Post-ingestive Consequences of Fat Condition Preferences for Flavors Associated with High Dietary Fat. Physiology and Behavior. 1993;54(1):71-6.

227 Cowart BJ. Development of Taste Perception in Humans: Sensitivity and Preference throughout the Life Span. Psychological Bulletin. 1981;90(1):43-73.

228 Sullivan SA, Birch LL. Pass the Sugar, Pass the Salt: Experience Dictates Preference. Developmental Psychology. 1990;26:546-51.

229 Carruth BR, Ziegler P, Gordon A, Barr SI. Prevalence of Picky Eaters among Infants and Toddlers and their Caregiver's Decisions about Offering a Food. Journal of the American Dietetic Association. 2004;104:S57-S64.

230 Cullen KW, Baranowski T, Owens E, Marsh T, Rittenberry L, de Moor C. Availability, Accessibility, and Preferences for Fruit, 100% Fruit Juice, and Vegetables Influence Children's Dietary Behavior. Health Education and Behavior. 2003;30(5):615-26.

231 Hearn M, Baranowski T, Baranowski J, Doyle C, Smith M, Lin LS, Resnicow K. Environmental Influences on Dietary Behavior among Children: Availability and Accessibility of Fruits and Vegetables Enable Consumption. Journal of Health Education. 1998;29(1):26-32.

232 Diliberti N, Bordi PL, Conklin MT, Roe LS, Rolls BJ. Increased Portion Size Leads to Increased Energy Intake in a Restaurant Meal. Obesity Research. 2004;12:562-8.

233 Rolls BJ, Roe LS, Kral TV, Meengs JS, Wall DE. Increasing the Portion Size of a Packaged Snack Increases Energy Intake in Men and Women. Appetite. 2004;42:63-9.

234 Ek A, et al. Associations between Parental Concerns about Preschoolers' Weight and Eating and Parental Feeding Practices: Results from Analyses of the Child Eating Behavior Questionnaire, the ChildFeeding Questionnaire, and the Lifestyle Behavior Checklist. PLoS One. 2016 Jan 22;11(1):e0147257.

235 Faith MS, Scanlon KS, Birch LL, Francis LA, Sherry B. Parent-Child Feeding Strategies and their Relationships to Child Eating and Weight Status. Obesity Research. 2004;12(11):1711-22.

236 Mischel W, Shoda Y, Rodriguez MI. Delay of Gratification in Children. Science. 1989;244(4907):933-8.

237 Fisher JO, Birch LL. Restricting Access to a Palatable Food Affects Children's Behavioral Response, Food Selection and Intake. American Journal of Clinical Nutrition. 1999;69:1264-72.

238 Birch LL, Fisher JO, Davison KK. Learning to Overeat: Maternal Use of Restrictive Feeding Practices Promotes Girls' Eating in the Absence of Hunger. American Journal of Clinical Nutrition. 2003;78(2):215-220.

239 Lee Y, Birch LL. Diet Quality, Nutrient Intake, Weight Status, and Feeding Environments of Girls Meeting or Exceeding the American Academy of Pediatrics Recommendations for Total Dietary Fat. Pediatrics. 2002;54(3):179-186.

240 Blissett J, Haycraft E. Are parenting style and controlling feeding practices related? Appetite. 2008 Mar-May;50(2-3):477-85.

241 Goh JR, Russell CG, Liem DG. An Investigation of Sensory Specific Satiety and Food Size When Children Consume a Whole or Diced Vegetable. Foods. 2017 Jul 24;6(7).

242 Paloma Rohlfs Domínguez , et al. Providing choice increases children's vegetable intake. Food Quality and Preference 30 (2013) 108-13.

243 Klazine van der Horst, Aurore Ferrage, Andreas Rytz Involving children in meal preparation: Effects on food intake. Appetite April 2014 Aug;79:18-24.

244 Shehan CV, et al. Parents' reported food preparation time is inversely associated with energy density of children's ad libitum laboratory meals. Sociol Health Illn. 2013 Jul;35(6):906-23.

245 Birch LL. Effects of Peer Models' Food Choices and Eating Behaviors on Preschoolers' Food Preference. Child Development. 1980;51:489-96.

246 Skafida V. The family meal panacea: exploring how different aspects of family meal occurrence, meal habits and meal enjoyment relate to young children's diets. Sociol Health Illn. 2013 Jul;35(6):906-23.

247 Christian MS, Evans CE, Hancock N, Nykjaer C, Cade JE. Family meals can help children reach their 5 a day: a cross-sectional survey of children's dietary intake from London primary schools. J Epidemiol Community Health. 2013 Apr;67(4):332-8

248 Larson NI, Neumark-Sztainer D, Hannan PJ, Story M. Family Meals during Adolescence Are Associated with Higher Diet Quality and Healthful Meal Patterns during Young Adulthood. J Am Diet Assoc. 2007 Sep;107(9):1502-10.

249 Elsever. A Family Meal a Day May Keep Obesity Away. ScienceDaily. ScienceDaily, 3 October 2014

250 Furh SM, et al. The Surprising Benefits of the Family Meal. The Journal for Nurse Practitioners. 2011. 7(1);18-22.

251 Hoyland A, Dye L, Lawton CL. A systematic review of the effect of breakfast on the cognitive performance of children and adolescents. Nutr Res Rev. 2009 Dec;22(2):220-43.

252 Obesidad infantil y juvenil en España. Resultados del Estudio enKid (1998-2000).

253 http://www.aecosan.msssi.gob.es/AECOSAN/docs/documentos/nutricion/observatorio/Estudio_ALADINO_2015.pdf

254 Edefonti V, Bravi F, Ferraroni M. Breakfast and behavior in morning tasks: Facts or fads? J Affect Disord. 2017 Dec 15;224:16-26.

255 Mahoney CR, Taylor HA, Kanarek RB, Samuel P. Effect of breakfast composition on cognitive processes in elementary school children. Physiol Behav. 2005 Aug 7;85(5):635-45.

256 Ingwersen J et al. A low glycaemic index breakfast cereal preferentially prevents children's cognitive performance from declining throughout the morning. Appetite. 2007 Jul;49(1):240-4.

257 Ho CY et al. Breakfast is associated with the metabolic syndrome and school performance among Taiwanese children. Res Dev Disabil. 2015 Aug-Sep;43-44:179-88.

258 Guarino A, Albano F, Ashkenazi S, Gendrel D, Hoekstra JH, Shamir R, et al. European Society for Paediatric Gastroenterology, Hepatology, Nutrition/European Society for Paediatric Infectious Diseases: Evidence-based guidelines for the Management of acute gastroenteritis in children in Europe. J Pediatr Gastroenterol Nutr 2008; 46(suppl 2): S81-S84.

259 Gutiérrez Castrellón P, Polanco Allué MI, Salazar Lindo E. Manejo de la gastroenteritis aguda en menores de 5 años: un enfoque basado en la evidencia. An Pediatr (Barc) 2009; 71(Supl. 1): 1-19.

260 Brown KH, Peerson JM, Fontaine O. Use of nonhuman milks in the dietary management of young children with acute diarrhea: a metaanalysis of clinical trials. Pediatrics 1994;93:17-27.

261 Allen SJ, Okoko B, Martinez E, Gregorio G, Dans LF. Probiotics for treating infectious diarrhoea. Cochrane Database Syst Rev 2004; CD003048.

262 Van Neerven RJJ, Savelkoul H .Nutrition and Allergic Diseases. Nutrients. 2017 Jul 17;9(7).

263 Blackwell Publishing Ltd. Fruity Vegetables' And Fish Reduce Asthma And Allergies. ScienceDaily. ScienceDaily, 12 September 2007.

Equivalencias	
mcg	microgramos
Mg	miligramo
g	gramos
Kg	kilogramos
Mg/día	miligramos por día
kg/m²	kilogramos/metro cuadrado
nmol/L	nanomoles por litro
mg/100 g	miligramo por cien gramos
UI	Unidades internacionales